旅游城市空间布局

陈家刚　著

南开大学出版社
天　津

图书在版编目(CIP)数据

旅游城市空间布局 / 陈家刚著. —天津：南开大学出版社，2010.10

ISBN 978-7-310-03583-0

Ⅰ.①旅… Ⅱ.①陈… Ⅲ.①旅游业—城市规划—研究—中国 Ⅳ.①F592.3②TU984.11

中国版本图书馆 CIP 数据核字(2010)第 193387 号

南开大学出版社出版发行

出版人:肖占鹏

地址:天津市南开区卫津路 94 号 邮政编码:300071

营销部电话:(022)23508339 23500755

营销部传真:(022)23508542 邮购部电话:(022)23502200

*

天津泰宇印务有限公司印刷

全国各地新华书店经销

*

2010 年 10 月第 1 版 2010 年 10 月第 1 次印刷

787×960 毫米 16 开本 18.75 印张 2 插页 299 千字

定价:33.00 元

如遇图书印装质量问题,请与本社营销部联系调换,电话:(022)23507125

前言

城市既是现代旅游重要的资源，又是现代旅游的主体，也是旅游的六大要素——食、住、行、游、购、娱的主要载体。随着城市化进程的不断深入，我国旅游产业的生产要素和生产力都会有新的提升。城市化进程的加快，为旅游业发展在基础设施、市场需求、客源扩张等多方面都带来了前所未有的大好机遇。同时旅游产业的大发展也极大地推动了我国旅游城市化的进程。“中国优秀旅游城市”的崛起，就是我国旅游城市化发展的重要成就。

城市旅游的深度化发展要求城市的经营与旅游产业化之间互动的结合，对“旅游与城市发展”这一课题，提出了更高的要求。十多年来，中国优秀旅游城市的创建活动对于我国旅游城市的发展起到了促进、导向、规范和激励的重要作用。不仅有效地促进了城市旅游业的发展，提高了城市旅游的份额，更重要的是提高了旅游业的地位，使旅游成为中国社会、经济、政治的重要组成部分。

当今，我国正处在经济体制转轨和产业结构战略性调整的关键时期。面临着优化产业结构、转变增长方式、提升发展质量和水平的艰巨任务，迫切需要由粗放型经营向集约化经营转变，由数量扩张向素质提升转变，由满足人们旅游的基本需求向提供高质量的旅游服务转变，为此，优秀旅游城市将成为我国旅游产业发展的重要空间阵地。长期以来，我国在优秀旅游城市建设方面缺少整体布局观念，也缺少空间优化概念，更缺乏合理优化空间利用的技术和方法，这是造成我国优秀旅游城市无序发展、旅游经济水平差异显著、旅游经济联系严重割裂的重要根源之一。

本研究从剖析中国优秀旅游城市创建实践中存在的问题出发，用城市体系和城市空间布局理论作指导，运用归纳演绎、统计分析和试验性研究的方法，规划设计出了切合我国实际又科学合理的中国优秀旅游城市空间分布格局，提出了优秀旅游城市体系建设的基本思路及其空间布局优化的建设性意见。

首先，本研究对中国优秀旅游城市的地域结构作了全面、系统的分析。重点讨论了中国优秀旅游城市现状分布的地域结构特征、地理分布特征以及中国优秀旅游城市在地域空间上的聚集趋势，为国家结构下优秀旅游城市体系的空间布局设计，奠定了坚实的基础。

其次，用一般统计描述法对中国优秀旅游城市进行了城市旅游职能的划分，总结归纳了中国优秀旅游城市旅游职能的形成特点，规划设计了中国优秀旅游城市的职能体系及其地域组合规律。

第三，系统剖析了中国优秀旅游城市的等级规模关系，分析了中国优秀旅游城市等级规模的省际差异，运用相关的旅游统计数据划定了优秀旅游城市的等级层次，为构建科学的中国优秀旅游城市等级规模奠定了基础。

第四，根据城市等级规模序列分布规律，对中国优秀旅游城市的空间结构进行了分析，规划了中国优秀旅游城市的省域市场类型区，设计了理想化的中国优秀旅游城市空间分布格局，为中国优秀旅游城市实现跨地域的联合发展奠定了空间基础。

最后，从提升国家整体旅游水平、提高旅游城市总体效益的角度，系统地阐述了作者对中国优秀旅游城市体系建设的战略设想。

Preface

City is both the key resource and the main body of tourism. It also plays the role as the main carrier of the six tourism elements—food, housing, transport, tourism, shopping and recreation. With the deepening of urbanization process, the elements of production and the productivity in domestic tourism industry have experienced advancement. The speedy urbanization process brought incomparable and bright opportunities for tourism in the aspects of infrastructure, market demands and customer resource expansion. At the same time, the development of tourism industry has promoted the advancement of tourism urbanization. The establishment of "Chinese Excellent Tourism City" is the key achievement of domestic tourism urbanization development.

The deepen development of urban tourism demands the integration between urban operating and tourism industrialization, presenting higher demands to the subject of "tourism and city development". Over the past ten years, the creative activities of Chinese Excellent Tourism City played key role in the promotion, guidance, standardization and prompting of the development of domestic tourism city. This not only effectively promotes the development of urban tourism industry and increases the quotient of urban tourism, but also advances the status of tourism industry to make it the important part of Chinese society, economy and politics.

Currently, China is standing at critical period of economic structure transition and strategic restructuring, facing arduous targets of optimization of industrial structure, alteration of growth mode, and advancement of quality and level of development. It urgently demands the alteration from extensive operation to intensive management, the change from amount extension to quality advancement, the transformation from satisfying basic tourism demands of people to provide higher level tourism service. Therefore, excellent tourism city will become key spatial position of domestic tourism industry development. For a long time, domestic excellent tourism city construction lack overall distribution concept, space optimization and reasonable technology and methods of space utilization, constituting one of the key resources of disordered development of our excellent tourism city, obvious difference of tourism economic level and serious disseverment of tourism economical contact.

From the point of analysis existing problems in Chinese excellent tourism city construction, the thesis made urban system and urban spatial distribution theory as the guidance by the method of deduction, induction, statistical analysis and test research. It presents reasonable and scientific spatial distribution pattern for Chinese tourism city, basic thoughts of tourism city system construction at national strategic level (point) and suggestions of spatial distribution optimization.

First, this thesis analyses all-round and systematically the regional structure of Chinese excellent tourism cities. It stresses on the discussion of Chinese excellent tourism city's regional structure features, geographical distribution characters and gather trend in regional structure of city, to establish solid foundation for spatial design of excellent tourism city system under national structure.

Secondly, this thesis divides the function of urban tourism of Chinese excellent tourism city by the mode of general statistics description, summarizes the characters of tourism function and designs the function system and regional integrating rules of Chinese excellent tourism city.

Thirdly, it states in a systematic way the grade frame relations of Chinese excellent tourism city, makes clear the difference among provinces of grade frame in excellent city, delimits grade level of excellent tourism city by tourism statistics data, to establish scientific foundation for the construction of reasonable and scientific grade scale for Chinese excellent tourism city.

Fourthly, based on sequence distribution rule of urban grade scale, the thesis analyzes the spatial structure of domestic excellent tourism city, designs provincial market regions and ideal spatial distribution pattern, to set up spatial foundation for cross-region development of Chinese excellent tourism city.

Lastly, the thesis suggests combining the construction of Chinese excellent tourism city system into the general strategy of national tourism exploit to advance national tourism level, promote general benefit of tourism city and illustrates strategic concept of the writer for the construction of Chinese excellent tourism city system.

目　录

第一章　导　论

本章为导论部分，首先提出所要研究的问题；继而论述了本论文的研究意义，设定研究目标；最后拟定了研究方案，包括确定内容框架、研究工作的技术路线、研究方法，并概括本项研究的创新点。

三十年来的改革开放，极大地促进了旅游业的飞速发展。旅游业作为我国发展速度最快的产业之一，长期以来一直以高于国民经济整体增长的速度突飞猛进地发展，旅游收入相当于 GDP 的比重每年都能提高 0.2～0.3 个百分点[①]，旅游人次连年都创新高。尤其是最近十年来，我国旅游业发展的总体水平持续提高，旅游收入和旅游接待总人次屡创佳绩，图 1.1~1.3 反映了我国近年来旅游经济的增长状况。目前，旅游业已经成为我国国民经济中一个规模较大、产出水平较高的新型产业。

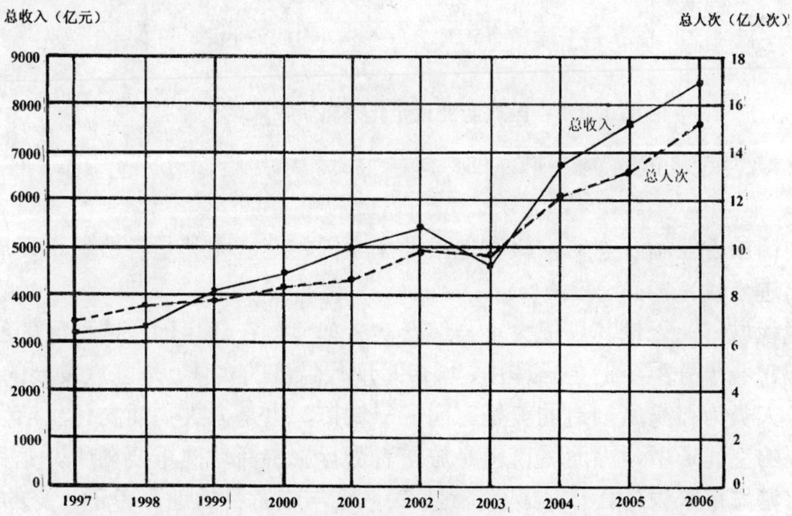

图 1. 1　中国旅游业近十年来旅游收入和旅游接待量的增长情况

资料来源：根据《中国旅游统计年鉴（1998~2007 年）》数据整理

① 张梦著. 区域旅游业竞争力理论与实证研究. 西南财经大学出版社, 2005. 2.

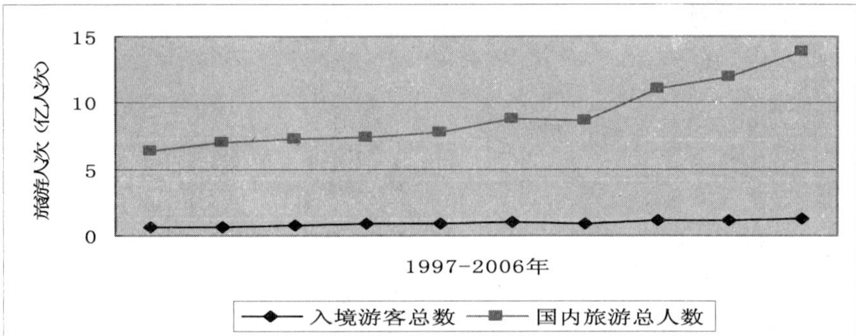

图 1.2　中国旅游业近十年来旅游接待人次增长情况

资料来源：根据《中国旅游统计年鉴（1998~2007 年）》数据整理

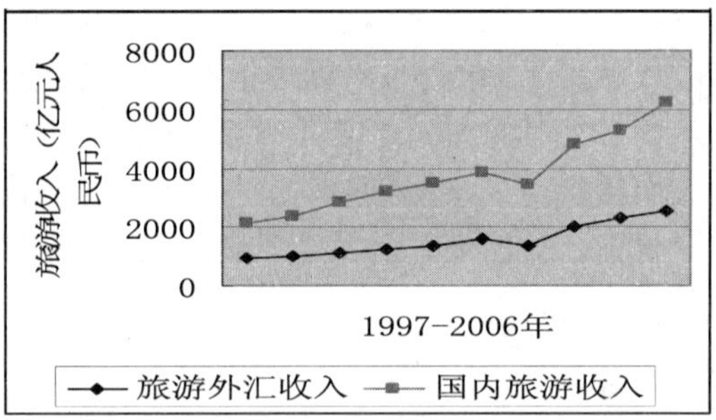

图 1.3　中国旅游业近十年来旅游收入增长情况

资料来源：根据《中国旅游统计年鉴（1998~2007 年）》数据整理

中国旅游业增长态势，极大地推动了全国各地区尤其是各级城市发展旅游业的前进步伐。

现代城市，无论其规模大小与综合实力如何，在任何国家或地区的经济发展中都起着十分重要的主导作用，城市是现代经济的实体，是区域发展的中心。同时，人类为自身所创造的美好家园——城市，也是人类物质文化生活发展的最重要的空间场所，因而城市也是旅游者进行旅游活动的重要场所。尤其是对那些旅游城市来说，由于它集客源地、集散地与旅游目的地三者于一身的角色，使其在旅游活动中担当着更为重要的任务，也是区域旅游发展的重要环节。然而，对旅游城市认识的不统一，多年来这方面的研究始终处于初期阶段[①]。

① 保继刚等著. 城市旅游 原理・案例. 南开大学出版社，2005. 399.

城市是旅游业发展的主体，旅游业发展的政策、管理最终在很大程度上要靠城市去实施，城市在旅游行业的综合管理方面具有不可替代的作用。国家和省级旅游行业管理部门的主要任务是制定实施政策，是宏观把握方向，随着国家机构改革的逐步实施，更加要求对城市在推动旅游业发展中的主导作用有更加充分的认识。

1995 年，出于推动中国旅游城市发展进而全面促进我国旅游业繁荣的需要，国家旅游局发起了在全国范围内创建优秀旅游城市的活动。十多年来，优秀旅游城市创建活动对于我国旅游城市的发展起到了促进、导向、规范、激励的重要作用。不仅有效地促进了城市旅游业的发展，提高了城市旅游的份额，更重要的是提高了旅游业的地位，使旅游成为中国社会、经济、政治的重要组成部分。虽然目前对旅游城市概念的界定还在争论之中，但中国优秀旅游城市创建工作的具体实践证明，旅游业的发展，对于促进城市的经济增长和社会进步，尤其是对于促进城市的现代化建设，所起的带动作用是巨大的。主要表现在：（1）旅游经济在城市 GDP 中已占有较高比重，在相当多的城市中都已达到了 10%左右，有的高达 30%以上①；（2）旅游业推动了产业结构的调整和优化，为城市发展找到了新的经济增长点；（3）旅游业创造了大量就业机会，在解决就业难问题中发挥了特殊作用；（4）旅游业发展不仅直接带动了交通、游览、住宿、购物和娱乐业的发展，而且还带动了城市金融、通讯、社会服务等第三产业以及第一、第二产业中众多相关行业的发展；（5）旅游业的发展还促进了城市、基础设施的现代化和城市环境的优化，提高了城市知名度和对外开放度，改善了招商引资环境，促进了城市的精神文明建设。中国优秀旅游城市的发展和完善，是旅游业健康快速发展的基础；旅游业的快速发展，又拉动了城市经济社会的发展。今天，优秀旅游城市已经成为拉动我国城市旅游蓬勃发展的主要力量，一个以不断壮大的中国优秀旅游城市队伍为代表的中国城市旅游发展的高潮已经形成。

第一节 研究背景

本节主要论述中国优秀旅游城市创建活动中出现的种种问题，从旅游实践的角度阐述本项研究的现实意义。

---

① 何光韦著. 朝阳产业 走向辉煌——蓬勃发展的中国旅游业. 中国旅游出版社，2007. 663.

一、优秀旅游城市数量大幅增加

自 1995 年国家旅游局向全国各城市发出创建优秀旅游城市的号召之后，经过三年的精心准备，1998 年国家旅游局正式下达了《关于印发〈中国优秀旅游城市验收办法〉的通知》，并得到了全国各城市的积极响应。经过激烈竞争，北京、天津、上海、秦皇岛等 54 座城市率先入选，成为我国首批优秀旅游城市；之后，2000 年产生了第二批 68 座优秀旅游城市；短短一年之后，又有第三批 16 座优秀旅游城市出现。在接下来的五年时间里，优秀旅游城市的数量平均每年递增 33 座。截至 2005 年底，优秀旅游城市的数量已达 247 座，已占到全国城市总数的 37.4%。

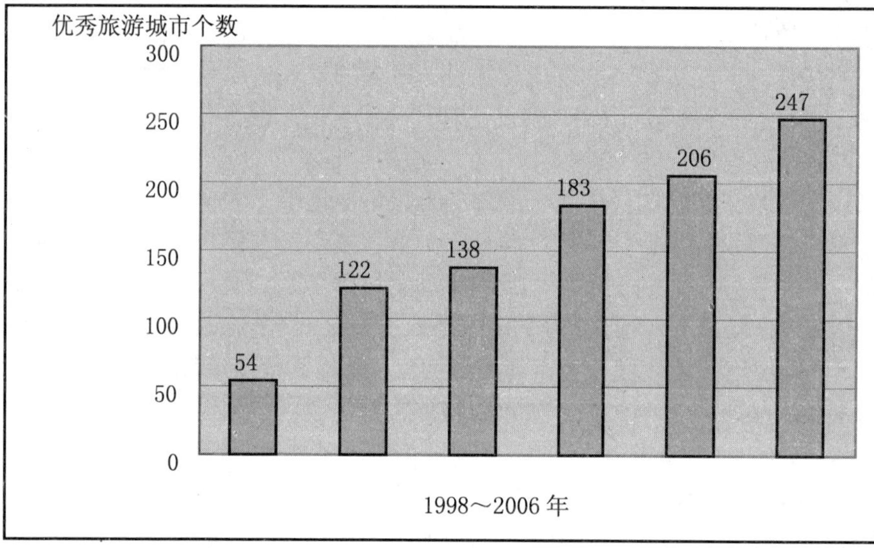

图 1.4 中国优秀旅游城市数量增长情况

资料来源：根据《中国旅游统计年鉴（1999~2006 年）》数据整理

二、优秀旅游城市已成为我国旅游业发展的空间依托

优秀旅游城市队伍的不断壮大，大大加快了城市旅游业发展的步伐，同时也提升了我国旅游业发展的整体实力，优秀旅游城市在国家旅游业发展中所占的份额也越来越大。仅从以下对 60 个主要旅游城市近 7 年来入境旅游收入情况的统计（如图 1.5 所示），就足以显示出优秀旅游城市在我国旅游业发展中所占据的重要地位。

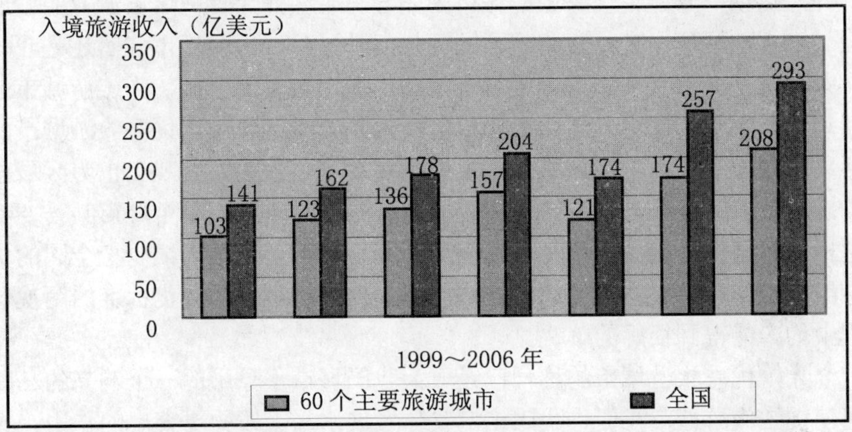

图 1.5 全国及 60 个主要旅游城市入境旅游收入比较（1999～2006 年）

资料来源：根据《中国旅游统计年鉴（2000~2006 年）》数据整理

三、优秀旅游城市创建活动饱受争议

然而在另一方面，创建优秀旅游城市的工作也产生了一些负面影响，最突出的问题就是它引发了很多城市为获取优秀旅游城市称号而竞相展开的攀比、摹仿和急功近利的城市建设之风。结果是徒有优秀旅游城市数量的虚增，而旅游城市总体的影响力并没有增加；优秀旅游城市在区域旅游发展中的带动作用也没有完全发挥出来；有些城市因盲目追求达到优秀旅游城市的标准，不惜牺牲该城市自身的特色，优秀旅游城市的评选活动走向了平庸化①。

2007 年 2 月，国家旅游局和世界旅游组织共同推出创建“中国最佳优秀旅游城市”的活动。这既是对我国现有优秀旅游城市发展的纠偏，也是为进一步提高中国旅游业的国际地位、提升中国旅游城市的国际竞争力、充分发挥旅游业在国民经济发展中的拉动作用的需要，更是把我国建设成为世界旅游强国和实施国家整体旅游发展战略的一个重要步骤②。自创建“中国最佳优秀旅游城市”活动开展以来，“中国优秀旅游城市”的建设工作还要不要继续搞下去？是“创最佳”还是“创优秀”的问题，常常使城市的决策者们为难，也引起了学术界的认真思考。

我以为，继续深入推进“中国优秀旅游城市”的创建活动是必要的。虽然近年来这一活动的开展出现了这样和那样的问题，例如，由于连年都搞的城市

① 宋河有，李辅斌. 浅论中国优秀旅游城市的旅游发展. 市场论坛，2006（2）：41-42.

② 柳振万. 创建中国最佳旅游城市的理论思考与实践探索. 中国旅游报，2007-1-24（13）.

创优评选活动，未能使优秀旅游城市的先导与带头作用在区域旅游业的发展中全面、真实地展现出来；轰轰烈烈的评优活动过后，很多城市依然还是我行我素，只不过是城市又多添了一张可资炫耀的城市名片而已，优秀旅游城市的评选活动形式大于了内容。然而，毋庸置疑的是，十几年中国优秀旅游城市的评选活动，在推动我国城市旅游业的发展上是功不可没的，客观上也为区域旅游业的发展注入了生机与活力。所不足的地方是：过于强调单个城市某一要素是否达标，忽略优秀旅游城市相互之间的作用与影响，以至于很少把全国的优秀旅游城市当作一个整体来考虑。这些问题在已经进行过的评优标准的两次修订过程中均未能得到很好的解决。

今天，优秀旅游城市的称号已经成为我国城市形象中的一个响亮的品牌，如何使优秀旅游城市在促进我国旅游整体发展水平上发挥更突出的作用，进一步使创建优秀旅游城市的活动成为推动我国城市旅游发展的强有力手段，问题愈加凸显。为此，我坚信：只要我们逐步加强对优秀旅游城市的整体建设，从整个国家的角度对优秀旅游城市进行科学的布局，中国优秀旅游城市定会在我国未来旅游业的全面发展中，发挥越来越重要的作用。

第二节 问题的提出与研究意义

本节从分析创建中国优秀旅游城市实践活动中所发现的问题入手，阐述作者对本项研究的缘起、对所研究问题的基本认识，并概括本项研究的理论与实践意义。

一、研究的缘起

选择以中国优秀旅游城市的空间布局问题作为研究课题，主要是基于以下几个方面的综合考虑：

首先，与轰轰烈烈的中国优秀旅游城市的评比活动相比，对中国优秀旅游城市的理论研究显得相对冷清。有关中国优秀旅游城市的研究大都只是从某一单个城市的角度，谈具体创建优秀旅游城市的措施与策略，很少有从全国总体的角度，来研究国家整体的优秀旅游城市体系的建设与空间布局的问题。换言之，在对优秀旅游城市体系与空间布局方面存在着很大的研究空间，甚至空白。

其次，进入新千年以来，在 WTO 的倡导下，优化旅游目的地管理和提升旅游目的地具有可持续性的竞争力一直是全球旅游研究领域中的前沿课题。另一方面，我国国内目前开展的关于旅游目的地问题的研究也多数是围绕着城市，尤其是围绕着旅游城市而展开。

再次，中国优秀旅游城市的创建与评比活动已经开展有十多年的时间了，有关中国优秀旅游城市的检查标准也修订过三次了。作为产生于不同历史阶段上的优秀旅游城市的评选与检查标准，已很难再适应今天我国飞速发展的旅游实践的需要。因此，将自己的理性思考与现实的旅游实践紧密结合，创造出对国家旅游实践有指导和借鉴意义的研究成果，既是我作为理论研究者的职责，同时，也是对自己所钟爱的旅游事业的最好报答。

二、研究的问题

具体到“中国优秀旅游城市体系及空间布局优化研究”这个论题的提出，我是寄希望于解决如下三个问题：

第一，就整个国家而言，中国优秀旅游城市的数量规模到底要多大？中国优秀旅游城市经过十几年的创建与发展，不仅为推动我国今天的城市国际化建设起到了积极的促进作用，而且“优秀旅游城市”也已经成为我国很多城市的一块招牌。然而，随着每年数量不等的城市加入到中国优秀旅游城市的行列中，从全国整体情况来看，优秀旅游城市的数量规模在不断壮大，是不是优秀旅游城市的数量越多越好？要不要限制优秀旅游城市数量的无序增长？今后优秀旅游城市该怎样持续发展下去？

第二，优秀旅游城市分布不均的现状能不能改变、怎么改变？本研究希望能从优秀旅游城市体系建设的角度，去探讨优秀旅游城市在全国范围内的空间布局设计。这既是对优秀旅游城市理论研究的深化，又是为实现优秀旅游城市的评选工作从被动的数量递增（即成熟一个发展一个）转变到主动的科学设计（有选择性地空间布点）所完成的一次质的飞跃过程。

第三，优秀旅游城市体系建设对整个国家旅游业的发展将起到怎样的作用？科学地安排中国优秀旅游城市在全国的分布、合理地控制优秀旅游城市的总体规模、最大限度地发挥优秀旅游城市在区域旅游发展中的作用，符合科学发展、和谐发展的当代中国特色社会主义的发展观要求。因此，从发展中国优秀旅游城市体系的角度，着眼国家、地方和人民群众利益相统一的新型优秀旅游城市的建设思路，将是旅游业践行科学发展思想的自觉行为。

以上的种种思考和对现实旅游实践的再认识，驱动着本研究的进行。

三、研究的意义

本研究的意义可以从理论意义和实践意义两个方面展开。

（一）理论意义

本研究的理论意义可以概括为以下三个方面：

1. 为中国优秀旅游城市的深入发展指明了方向

中国优秀旅游城市已经走过了十几年的发展历程，走过的是一条“成熟一个、发展一个”的自由式散点状布局的路子，这期间虽有优秀旅游城市在数量与规模上的机械增长，但优秀旅游城市在区域中的不平衡发展现象却是客观存在的普遍问题。在当今贯彻和落实“科学发展、协调发展、共享富裕”的新的历史时期，一个以科学发展思想为统领、以缩小地区间差异为目的的“全国一盘棋”整体发展战略思维正在形成。在这样的现实大背景下，中国优秀旅游城市的未来发展理应自觉地纳入到国家旅游发展的整体思维中去。一方面，在国家的整体推进下进一步健康发展；另一方面，最大限度地发挥优秀旅游城市作为全国旅游先锋地的优势，为区域旅游业的健康、持续发展作出更大的贡献。

2. 为优化中国优秀旅游城市的整体布局提供建议

中国优秀旅游城市在经历了数量激增的快速发展之后，今天已覆盖了全国（除港、澳、台地区）的各个省、市、区。然而，由于优秀旅游城市在空间分布上存在较大差异，而各优秀旅游城市之间又缺乏必要的协同发展意识，这导致优秀旅游城市整体的系统功能的发挥受到限制。本研究正是从分析中国优秀旅游城市的空间分布入手，从整体性和系统发展的角度，深入挖掘优秀旅游城市的发展潜力，借区域经济理论和中心地城市布局理论，为中国优秀旅游城市的整体结构优化提供有针对性的建设意见。

3. 丰富和完善了中国优秀旅游城市体系建设的理论

中国优秀旅游城市从发展到不断壮大的过程，是一个“先实践摸索、后理论提升，实践探索过热、理论创新慢热”的发展过程。在为数不多的有关优秀旅游城市理论问题的研究中，有关旅游城市的品牌建设问题、旅游城市的竞争力评价问题以及旅游城市可持续发展问题的理性探索较多，且逐渐趋于成熟。本研究所围绕的中国优秀旅游城市体系建设的研究，虽不是首创性研究，但却是对以往优秀旅游城市体系研究的全面深入，尤其是探寻在国家战略下实施的中国优秀旅游城市体系建设，将是对中国优秀旅游城市发展与建设理论的丰富和完善。

（二）实践意义

本研究的实践意义可以概括为以下两个方面：

1. 将中心地理论应用于优秀旅游城市的整体布局

中心地理论对解释城市空间布局问题有着极高的指导意义。将中心地理论引入到对优秀旅游城市空间布局的研究中来，并用以指导我国优秀旅游城市的整体结构优化，这不仅是一个理论探索性的问题，更是一个“洋为中用”的实践推广性问题。本研究正是在中心地理论思想的指导下，尝试性地对我国优秀旅游城市的等级类型与省域市场范围进行了划分，并对各级优秀旅游城市的规模和职能结构进行了初步的整体优化设计。试验结果显示，中心地理论可以为我国优秀旅游城市的整体布局建设提供具有参考意义的指导意见。

2. 为中国优秀旅游城市体系建设制定了具体的实施方案

中国优秀旅游城市体系的建设是一个庞大的系统工程问题。现行的基于完善城市自身建设为目的的优秀旅游城市遴选与检查标准，已难以为蓬勃发展的中国优秀旅游城市建设提供科学的指导。本研究提出的“以优秀旅游中心城市的旅游市场区建设为纽带的，基于城市等级规律基础之上的优秀旅游城市体系建设及其市场格局的划分”,将对指导我国基于国家体系下的优秀旅游城市建设具有一定的启发和参考意义。

第三节 研究方案

本节对所要进行的研究设定了研究目标，阐述了研究中拟涉及的研究方法，设计了本研究的技术路线和论文的基本框架，最后概括了本研究的创新点。

一、研究目标

本研究是在对中国优秀旅游城市创建活动的实践总结以及对优秀旅游城市的相关理论研究进行综述的基础上，以构建中国优秀旅游城市体系、优化优秀旅游城市的空间配置为导向，试图达到以下的研究目标：

第一，为搭建优秀旅游城市体系，全面又系统地分析我国现状的优秀旅游城市的地域结构、地理分布特征及其在空间地域上的集中性，为优秀旅游城市体系的建构进行基础性的地域结构分析。

第二，从构建中国优秀旅游城市等级结构体系的角度，系统地剖析优秀旅游城市的等级规模关系，摸清优秀旅游城市等级规模的省际差异，运用相关的旅游统计数据划定优秀旅游城市的等级体系，为构建科学、合理的中国优秀旅游城市等级规模提供科学依据。

第三，从分析中国优秀旅游城市空间结构的角度出发，按照城市等级规模序列规律，对全国省域的优秀旅游城市市场结构作出重新的划分，构造出理想化的优秀旅游城市市场空间格局，为实现优秀旅游城市的跨地域联合发展奠定空间基础。

第四，尝试着从提升国家整体旅游水平、提高城市旅游总体效益的角度，系统阐述作者对优秀旅游城市体系建设的战略设想。

二、研究思路

本研究以中国优秀旅游城市为研究对象，用区域经济理论和城市体系与城市空间结构布局理论作指导，以尝试构建中国优秀旅游城市体系及其空间结构优化为目标展开研究。这其中既有描述性也有解释性更有探索性的研究。本研究遵从的研究路线是这样的：首先，从对创建中国优秀旅游城市的实践历程中总结问题，从对中国优秀旅游城市相关理论研究的综述中发现本研究的切入点与研究空间；其次，从城市地理学和区域经济学的经典理论中找寻解决问题的理论依据，运用归纳法、统计分析和试验研究等方法，规划设计出既符合我国实际又科学合理的中国优秀旅游城市空间分布格局；最后，从国家整体的角度对中国优秀旅游城市体系的建设提出对策与建议。本研究的技术路线如图 1.6 所示。

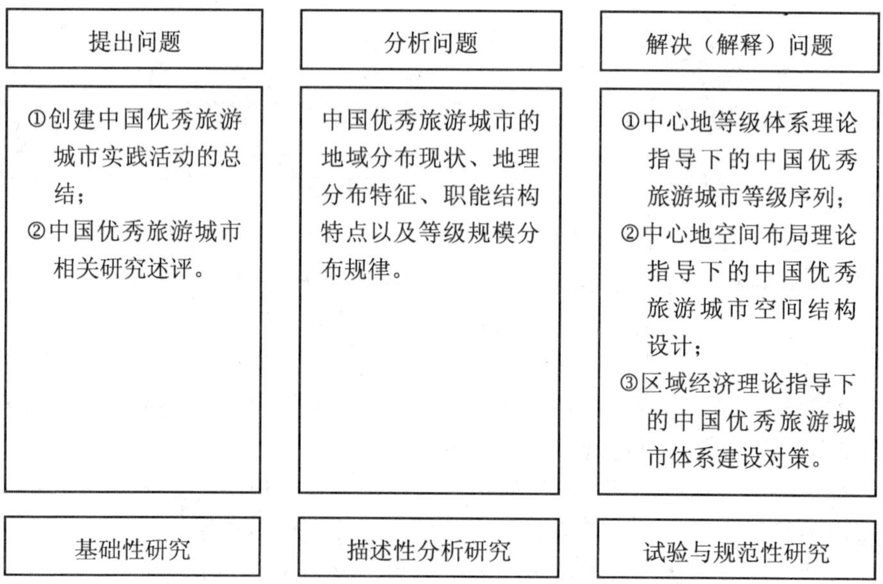

图 1.6　本研究的技术路线

资料来源：作者整理

三、研究方法

本研究涉及的主要研究方法有：

（一）文献研究法

查阅资料、获取数据、了解和掌握前人的研究贡献是社会科学研究最基本的手段，也是本研究采用的首要研究方法。本文主要是通过以下渠道收集相关文献：国内外的电子期刊数据库，包括中国学术期刊全文数据库、中国优秀博硕士学位论文数据库、万方数据库、维普中文科技期刊数据库、人大复印资料电子版、中国知网（中国宏观统计数据分析）、中国国家统计局电子统计年鉴、中国国家旅游局门户网站、全国各省市与地方政府的门户网站以及地理学、经济学、城市规划学等相关学科的学术刊物与专业会议文献等。

（二）跨学科研究法

对中国优秀旅游城市体系的建设及其空间布局的优化问题始终是本研究关注的主要落脚点。本文的主要理论基础是建立在城市地理学对城市空间分布体系的理论研究与实践探索上的，在考虑制定国家结构下优秀旅游城市体系格局对策建议的时候，区域经济学中的空间结构演变理论对本研究有着重要的启发意义和指导作用。因此说，集城市地理学和区域经济学等相关学科所长、为解决中国优秀旅游城市体系建设的旅游实践所用，本研究体现了跨学科综合研究的特点。

（三）试验分析与规范分析相结合的方法

试验分析与规范分析都是社会科学研究的主要方法。其中，试验分析主要是通过科学推理揭示现实世界是怎样的，旨在剖析社会现象的内在联系、分析和预测人们的行为后果。规范分析重在阐述客观世界应该是怎样的，旨在用于给出基于正确判断的解决社会实际问题的对策与措施的提出。两种方法具有极强的互补性。本文在对中国优秀旅游城市体系的研究中，构建了符合中心地等级体系规律的中国优秀旅游城市等级体系，回答了中国优秀旅游城市体系等级规模是什么的问题；又用区域空间布局理论作指导，阐述了国家结构下中国优秀旅游城市的空间布局设想，进而尝试着回答了中国优秀旅游城市的空间布局应该是什么的问题。体现了试验分析与规范分析相结合的特点。

（四）归纳、演绎、类比相结合的方法

归纳、演绎、类比三者的相互补充是社会科学研究中普遍采用并行之有效的科研方法。科学研究中的归纳法普遍应用于判明因果关系。演绎法则是从一般原理到特殊（个别）结论的思维过程。类比推论则是提出科学假设的重要途径，但结论的正确与否则需要实践的检验。本研究在对中国优秀旅游城市体系

建设及其空间布局问题进行研究时，其一般性可以理解为优秀旅游城市建设与城市建设的普遍性规律，而特殊性则是由于这两类城市在区域发展中所承担作用的不同所表现出的差异，最后再将城市体系建设中的职能、等级、规模体系的规律嫁接到中国优秀旅游城市体系的建设中去，并以此划分出了着眼全国布局的中国旅游市场类型区。当然，中国优秀旅游城市体系的合理与否，以及中国旅游市场类型区的划分，对国家结构下优秀旅游城市体系格局进行优化设计后的效果如何，还需要到现实的旅游实践中去检验、去修正。不过就这一科学逻辑的推演过程，还是体现了归纳、演绎、类比相结合的科学研究方法。

四、研究框架与主要内容

（一）研究框架

本研究共分为四个部分，第一部分包括第一章和第二章，主要内容是发现并提出问题，说明研究意义、研究方法、提炼创新点，并对目前国内关于中国优秀旅游城市的创建活动及相关的研究进行回顾和评述；第二部分包括第三、第四和第五章，这三章主要是从优秀旅游城市的地域结构、职能结构和等级规模结构的角度，全面系统地分析我国优秀旅游城市目前的分布状况、分布特征和分布中存在的主要问题，为中国优秀旅游城市体系的构建作必要的现状分析；文章的第三部分由第六、第七和第八这三章构成，主要是运用区域经济学中的空间结构理论和城市地理学中的中心地城市等级体系理论，进一步把我国优秀旅游城市的市场空间范围作了全新的划定，从“全国一盘棋”思想的角度，对优秀旅游城市的空间结构作了尝试性的设计，制定了相应的空间发展战略；第四部分是论文的第九章，阐述了本文的研究结论和研究展望。论文内容的总体框架结构，如图 1.7 所示。

（二）主要内容

本研究共分九章，各章主要内容如下：

第一章，从中国优秀旅游城市数量快速增长的现实问题出发，结合作者的理性思考，阐述了将要进行的研究内容，并设定了研究目标、制定了研究方案和拟采用的研究方法，设计了本研究的技术路线和论文的结构框架。最后，提炼并概括了本研究可能的创新点。

第二章，梳理了中国优秀旅游城市创建的实践历程，并对国内外城市旅游发展、旅游城市建设以及有关对中国优秀旅游城市的理论研究作了文献综述。

第三章，系统地分析了中国优秀旅游城市的地域分布、地理分布的特点及其在地域空间上的集聚趋势，为将要进行的优秀旅游城市的总体布局，打下坚实的基础。本章是对中国优秀旅游城市现状所作的描述性研究，也是全书的基

图 1.7 本研究的内容框架

资料来源：作者整理

础性分析之一。

第四章，用一般统计描述法对中国优秀旅游城市进行了城市旅游职能的划分，总结归纳了优秀旅游城市旅游职能的形成特点，规划设计了优秀旅游城市的职能体系及其地域组合规律。本章是对建构中国优秀旅游城市体系所作的城市旅游职能的基础性分析。

第五章，按照城市体系建设的思路，分别从优秀旅游城市的等级规模关系、省域分布差异和层次结构关系的角度对优秀旅游城市进行了全面的分析，为将要进行的国家体制下的优秀旅游城市体系的构建奠定基础，本章是全书的又一处基础性分析。

第六章，按照中心地理论中的城市等级规模序列理论和市场原则下的中心地空间布局结构模式，尝试着对中国优秀旅游城市的空间格局与市场类型区作全新的划定。它既是对我国优秀旅游城市体系所作的总体设计，又是对优秀旅游城市的空间布局所作的试验性研究。

第七章，是全书的核心内容之一。通过前面三至六章对中国优秀旅游城市所作的系统性分析，运用区域经济学的空间布局理论，从优秀旅游城市的区域分工、优秀旅游城市群的建设、区域旅游市场区的建设以及区域旅游开发战略四个方面，阐述了加强国家结构下优秀旅游城市体系建设的具体思路。

第八章，是本研究的另一处核心内容。在充分分析了中国优秀旅游城市在数量和空间环境上所表现出的激烈竞争态势的基础上，根据城市空间结构科学化发展的要求，提出了优化优秀旅游城市空间结构的具体对策，结合我国旅游发展实际，制定了差异化、乡村化和统筹协调发展的优秀旅游城市空间发展战略。

第九章，是对全书的概括与总结。即，归纳和提炼了本研究的主要结论，并对本研究需进一步深入努力的方向作了展望。

五、主要创新点

本研究起因于作者对中国优秀旅游城市建设中所出现的现实问题的思考，研究的目的是想通过借鉴相关理论为中国优秀旅游城市建设提供更加科学的理论依据，为促进今后中国优秀旅游城市的健康发展找寻对策，这种理论与实践并重下的研究，使其可能的特色与创新之处体现在以下三个方面：

第一，提出了优化中国优秀旅游城市空间布局，加强中国优秀旅游城市体系的建设的我国新时期优秀旅游城市持续发展、科学发展的战略构想。本研究提出：基于明确职能、限定规模、分级管理、优化空间分布结构的优秀旅游城市体系的建设思路，为国家旅游城市化战略增添了新的内容。中国改革开放30

年的伟大实践及其所取得的令人瞩目的成就（深圳特区的开发、上海浦东的发展、天津滨海新区的建设，以及中国经济奇迹的出现、载人航天的成功、抗击自然灾害的胜利、2008 北京奥运会的圆满落幕）都已经说明：中国特色社会主义的最大优势就是能够最大限度地调动全国的积极性、办好大事情。当前，世界经济变幻莫测，中国经济面临诸多全新的挑战。旅游业想要担承起我国现代服务业龙头的重任，就必须大力加强对优秀旅游城市整体队伍的建设，进一步优化国家结构下优秀旅游城市体系格局。这既是中国优秀旅游城市建设最现实的道路，也是优秀旅游城市建设践行科学发展观思想的最具体体现。

第二，在中心地理论指导下所建立起来的旅游城市市场空间体系，将有助于中国优秀旅游城市的区域发展。中国优秀旅游城市建设是国家旅游局为推动旅游业在城市中发展所采取的一项重要举措，多年来遵循着“成熟一个发展一个”的被动式原则。这一做法在启动优秀旅游城市建设的初期阶段，无疑有其必要性。然而，十几年的优秀旅游城市创建实践已使中国优秀旅游城市的总体规模不断壮大，其整体结构的设计与规模效益的发挥问题则是眼下急需要解决的问题。由于中心地理论是研究城市和城市体系问题时的最完善的理论工具，它对区域城市的总体架构设计具有普遍的指导意义。借鉴中心地理论思想，科学地布点并有针对性地建设我国的优秀旅游城市，可以使中国优秀旅游城市建设实现从被动式的发展向主动式建设的质的提升，进而逐步实现优秀旅游城市在全国范围内的均衡发展。本研究运用中心地等级序列规律，提出优化中国优秀旅游城市空间结构的设想，为优秀旅游城市在空间发展和等级序列的布局上，找到了可供遵循的客观规律，这对推动我国优秀旅游城市的持续性建设将产生积极的影响。

第三，从加强中国优秀旅游城市体系建设的角度，解决了目前我国优秀旅游城市建设中缺乏整体发展观念的问题。以往的中国优秀旅游城市建设中只注重对城市自身在单项指标上（如经济发展、产业定位、管理机制、旅游的现代化设施等等）是否达标进行考核，从未关注过旅游城市相互之间的关系以及旅游城市作为一个整体，它在区域旅游业发展中的作用是否得以发挥的问题。城市地理学中关于加强城市体系建设的思路，可以为当前中国优秀旅游城市缺乏整体建设的问题找到一条解决问题的途径。此外，本研究对中国优秀旅游城市所作的省域市场结构的划分，是在充分考虑了旅游市场需求与空间发展基础上的旅游城市区划，这对促进我国优秀旅游城市的区域间合作奠定了空间框架基础。

第二章　中国优秀旅游城市创建工作的实践与理论发展

20 世纪 90 年代中期，为推动我国旅游城市的发展进而全面促进我国旅游业的繁荣，国家旅游局发起了在全国范围内创建优秀旅游城市的活动。此举迅速得到了全国各级城市的积极响应，尤其得到了各级政府的大力支持。十多年来，创建优秀旅游城市的活动已成为国家推动城市旅游发展的一项常抓不懈的工作，也是各级城市促进旅游发展上档次、提高城市国际化水平的一项重要工作。

但是，也应该看到，优秀旅游城市的评定标准产生于中国旅游业蓬勃大发展的历史阶段，虽经过 1999 年、2003 年和 2007 年三次修订，仍表现出大发展阶段时期的特征。今天，随着优秀旅游城市数量的增加，旅游城市之间的竞争已变得日趋激烈，优秀旅游城市发展的重点正开始“由量的积累，向质的提升”方面转化，这对优秀旅游城市的评选标准和发展方向都提出了新的要求。目前除有少数学者对优秀旅游城市作出过理论上的阐述外（魏小安，2002），大部分的研究都是以具体的城市为例，探讨优秀旅游城市的创建措施和实施策略。

本章通过对我国优秀旅游城市的创建实践和发展历程的系统回顾，从理论和实践两个角度，对优秀旅游城市的相关研究作系统梳理，评述以往的研究成果与研究不足，为确立本研究的基本思路、提炼研究内容，提供理论基础与研究线索。

第一节　优秀旅游城市的创建活动

本节全面回顾了我国优秀旅游城市的创建与发展历程，对优秀旅游城市创建活动取得的成果和存在的问题作了客观的分析，以探寻本研究的实践意义。

一、旅游城市的发展

关于旅游城市的概念，目前还没有确切的定义，普遍形成的共识是把那些以旅游为主要职能的城市看作是旅游城市。赵黎明教授认为，所谓旅游城市：从城市设计的角度来看，是以城市规划、城市建设为基础，以满足旅游者的旅游需求为主要职能，以旅游经济、旅游资源的可持续发展为核心，以城市的经济与社会全面发展和进步为目标，按照系统原理、旅游业功能、经济学原则来规划、建设和管理的现代化城市。从经济学的角度来看，旅游城市是指在经济中的要素投入（如劳动力、资金等）不断向旅游部门集中且旅游部门的产出在经济中占有较大比例的城市。从生态学的角度来看，旅游城市又是以自然生态的良性循环和可承载力为基础，以提供风景游览条件为主要职能，以可持续发展为核心，以人与自然和谐共存为目标而建设并管理的城市[①]。

中国旅游城市的发展与建设实际上是伴着中国现代旅游业发展的脚步逐渐成长起来的。在新中国成立之后的相当一段时期里，中国的旅游业主要是依托着北京、天津、上海、广州、厦门、福州和西安等少数几个大城市、对入境的外国游客所开展的政治性接待。相对于广大国民而言，在那个温饱不足、长期受封闭禁锢思想影响的年代里，追求享受与愉悦、满足人们精神生活需要的旅游业基本上是不存在的。

改革开放，中国敞开了国门。在世界经济迅猛发展的年代里，先进的技术、科学的理念、发达的资讯、滚滚的外资，经由作为国家门户和窗口的城市流入中国大地，遍及祖国山川，中国经济获得了前所未有的发展。随即，一个以现代化、国际化城市的飞速崛起为标志的中国经济腾飞开始了。城市经济的发展，极大地刺激了我国区域经济的发展，也带动了全国经济的繁荣。富裕起来的城里人开始寻求满足自己精神生活消费的旅游目的地。于是，那些有着秀美的自然风光、悠久的历史古迹且交通便利、设施完备的城市型旅游目的地就最早成为了中国大众普遍追求的首选旅游目的地，这些城市在率先发展旅游业的过程中，不仅城市的旅游功能得到广泛发挥，城市的旅游经济也因此收获了巨大成果，中国的旅游城市随即产生。

20 世纪 90 年代后，中国旅游业取得了令世人瞩目的成绩，并迅速跨入了世界旅游大国的行列。此时的中国旅游业不仅被作为一种产业，而且更成为了带动第三产业发展的龙头。在市场经济的巨大推动下，全国各地的城市纷纷把眼光投向了旅游业，于是旅游被当作许多城市的支柱和主导产业来发展。在“旅

---

① 赵黎明，杨其元等著. 旅游城市系统. 华中科技大学出版社，2007. 27.

游发展、规划先行”的号召下，全国上下迅速掀起了以城市和旅游目的地为重点的旅游规划热潮，许多城市都自觉地将城市的未来发展与建设和旅游紧密地结合在一起，于是，旅游城市的自觉建设与旅游城市大发展的时代到来了。旅游城市的大发展在促进城市旅游经济增长的同时，也带动了城市自身在交通、住宿、餐饮、游览、文化、娱乐、购物、金融、通讯等基础设施方面的发展与完善，进而推动了我国城市建设向着更加适合人类生存的更高层次上发展。这当中，旅游城市的建设功不可没。

我国的旅游城市除了一批历史上形成的风景旅游城市以外，近年来，各级城市还结合自己的资源特点、区位优势和市场需求，因地制宜地将自身打造成各具特色的旅游城市，如历史文化名城、生态旅游城市、红色旅游城市、工业旅游城市、农业旅游城市等等。

可以这样说，是改革开放催生了中国城市旅游经济的发展；是城市旅游经济的繁荣引领了中国旅游城市建设高潮期的到来。有理由相信，中国旅游城市的广泛深入发展，不仅会促进我国旅游业的大发展，而且还会进一步提高我国旅游业的整体水平。

二、优秀旅游城市的提出

1993 年 11 月，正当中国旅游业蓬勃发展的时候，为了进一步提高我国城市的旅游综合接待能力和服务水平，推动城市旅游的健康持续发展，提高中国旅游业在国际上的信誉和影响，国家旅游局提出了评选“全国最佳旅游环境城市”的建议①。

1995 年 7 月，为配合贯彻落实《中共中央加强社会主义精神文明建设若干问题的决议》，大力加强旅游行业精神文明建设，全面提高我国旅游业的产业素质和发展水平，加快我国旅游城市与国际接轨的步伐，国家旅游局正式提出，在全国范围内组织开展创建“中国优秀旅游城市”的活动（简称“创优”）。此活动一经推出，在海内外引起很大反响，海外多家报纸都报道了此事，并迅速得到了国内 75 个城市的积极响应。各地区的市委和市政府都高度重视，并由市长亲自挂帅，积极推动“创优”工作的开展。

为推动创建中国优秀旅游城市工作沿着明确的目标进一步健康地发展，国家旅游局于 1996 年 7 月 8 日及时下发了《中国优秀旅游城市现场检查和评分标准（征求意见稿）》。经过两年多的实践摸索，在广泛调研、认真研究的基础上，于 1998 年 2 月颁布了《中国优秀旅游城市检查标准（试行）》，并正式推广实行。

① 魏小安著. 旅游目的地发展实证研究. 中国旅游出版社，2002. 148.

该标准共分成 18 个大类、152 项考核内容，按照满分 1000 分的标准执行检查，并以 850 分、800 分、750 分、700 分的达标标准对应于直辖市、副省级城市、地级市和县级市，自此，中国优秀旅游城市有了明确的产生标准。这 18 个大类标准的具体细则如表 2.1 所示。

表 2.1 中国优秀旅游城市检查标准（试行）

序号	项　目　分　类	最高得分
1	城市旅游经济发展	50
2	城市旅游产业定位	50
3	城市旅游业发展的主导机制	40
4	城市旅游业的管理体制	55
5	城市旅游行业的精神文明建设	60
6	城市的生态自然环境	40
7	城市的现代旅游功能	130
8	城市旅游教育和培训	40
9	城市旅游交通	70
10	城市旅游区（点）与市场促销	80
11	城市的旅游住宿设施	50
12	城市的旅行社	50
13	城市的旅游餐饮	45
14	城市的旅游购物服务	55
15	城市的旅游文化娱乐	50
16	城市的旅游厕所	50
17	城市及周边短线旅游的“一日游”管理	35
18	城市的旅游安全与保险	60

资料来源：《中国旅游年鉴 1999》，第 215 页

1998 年底，经过各地、市三年多的艰苦努力和国家旅游局严格、认真地审核，上海、深圳、无锡、峨眉山等 54 个城市被命名为第一批“中国优秀旅游城市”。国家旅游局在总结我国第一批优秀旅游城市的创建经验时说：“中国优秀旅游城市”的创建活动，是我国旅游业实现跨世纪大发展的重大战略举措，是旅游服务实现“三优一满意”（即优美环境、优良秩序、优质服务、游客满意）的重要载体和有力“抓手”。

在今天看来，“创优”工作不仅促使全国的旅游工作上了一个大台阶，而且还推动了我国政府主导型旅游业发展机制的形成。在各级政府的大力推动下，

创建“中国优秀旅游城市”活动对推动我国的城市发展、促进旅游业的繁荣与经济文化交流等都起到了巨大作用。

三、优秀旅游城市的发展

中国优秀旅游城市的创建工作从一开始就得到了国务院和中央文明办等单位的大力支持，更得到了全国各级城市的普遍响应。自第一批优秀旅游城市产生之后，全国又有百余个城市加入到创建中国优秀旅游城市的活动中来。到2000年下半年，国家旅游局对已经通过自检和省级初审的重庆、武汉、中山、昆山等68个城市进行了严格考核和认真验收，认定这68个城市已经达到了“中国优秀旅游城市”的标准，并予以命名。于是在2000年12月，我国又产生了第二批68个优秀旅游城市。

接着，国家旅游局又先后在2001年、2003年、2004年和2005年接连命名了125座城市为优秀旅游城市，截至2006年6月，全国共有247座城市先后获得了“中国优秀旅游城市”的称号（优秀旅游城市名录详见表2.2）。这其中包括我国全部的直辖市、副省级城市以及省会城市，还有121个地级市和90个县级市，优秀旅游城市数量已达全国城市总数的37.4%。

表2.2 中国优秀旅游城市名录（截至2006年6月）

1998年第一批（54）	直辖市	上海市、北京市、天津市
	副省级市	深圳市、杭州市、大连市、南京市、厦门市、广州市、成都市、沈阳市、青岛市、宁波市、西安市、哈尔滨市、济南市、长春市
	地级市	无锡市、扬州市、珠海市、肇庆市、苏州市、黄山市、桂林市、昆明市、威海市、烟台市、秦皇岛市、海口市、长沙市、岳阳市、南宁市、绍兴市、合肥市、三亚市、承德市、镇江市、泰安市、北海市、郑州市、咸阳市
	县级市	峨眉山市、都江堰市、亳州市、敦煌市、曲阜市、武夷山市、吐鲁番市、韶山市、库尔勒市、景洪市、井冈山市、大理市、瑞丽市
2000年第二批（68）	直辖市	重庆市
	副省级市	武汉市
	地级市	中山市、乐山市、佛山市、福州市、江门市、泉州市、汕头市、徐州市、金华市、惠州市、开封市、丹东市、柳州市、石家庄市、吉林市、玉林市、南昌市、宜昌市、鞍山市、马鞍山市、嘉峪关市、乌鲁木齐市、宝鸡市、安庆市、常德市、芜湖市、银川市、张家界市、濮阳市、牡丹江市、抚顺市、太原市、贵阳市、荆州市、十堰市、伊春市、本溪市、大同市、大庆市、包头市、拉萨市

续表 2.2

2000 年第二批（68）	县级市	昆山市、南海市、江阴市、吴江市、宜兴市、常熟市、临安市、诸暨市、济源市、句容市、琼山市、阿城市、永安市、儋州市、建德市、蓬莱市、登封市、文登市、锡林浩特市、荣城市、崇州市、钟祥市、绥芬河市、胶南市
2001 年第三批（16）	地级市	九江市、常州市、锦州市、淄博市、三明市、洛阳市、韶关市、清远市、阳江市、温州市、梧州市
	县级市	都匀市、青州市、东阳市、桐乡市、涿州市
2003 年第四批（45）	地级市	廊坊市、保定市、呼和浩特市、呼伦贝尔市、葫芦岛市、齐齐哈尔市、南通市、连云港市、湖州市、嘉兴市、漳州市、赣州市、潍坊市、聊城市、日照市、三门峡市、安阳市、焦作市、鹤壁市、襄樊市、荆门市、鄂州市、郴州市、东莞市、潮州市、湛江市、河源市、绵阳市、广安市、自贡市、延安市、天水市
	县级市	永济市、满洲里市、扎兰屯市、临海市、温岭市、乳山市、灵宝市、新郑市、赤壁市、开平市、琼海市、格尔木市、喀什市
2004 年第五批（23）	地级市	邯郸市、赤峰市、辽阳市、临沂市、济宁市、许昌市、兰州市、西宁市、克拉玛依市
	县级市	尔山市、兴城市、蛟河市、集安市、铁力市、溧阳市、富阳市、海宁市、资兴市、桂平市、阆中市、凯里市、潞西市、哈密市
2005 年第六批（41）	地级市	晋城市、铁岭市、盘锦市、盐城市、淮安市、衢州市、舟山市、鹰潭市、景德镇、新乡市、商丘市、南阳市、梅州市、茂名市、宜宾市、泸州市、攀枝花市、雅安市、丽江市、遵义市、张掖市、武威市
	县级市	霍林郭勒市、虎林市、张家港市、太仓市、如皋市、瑞安市、兰溪市、奉化市、邹城市、寿光市、禹州市、长葛市、舞钢市、浏阳市、江油市、阿克苏市、伊宁市、阿勒泰市、石河子市

资料来源：中国国家旅游局网站：http://www.cnta.gov.cn:8000/Forms/ExcellentDes

四、优秀旅游城市创建工作的成果

从 1998 年第一批优秀旅游城市产生至今已经有十多年的时间了。十多年来，从旅游业发展的业绩来看，各优秀旅游城市和参创城市的旅游总收入均保持了高速增长，旅游总收入占该市国内生产总值的比例也进一步提高，一些传统旅游城市，在旅游产业规模已经比较大的情况下，仍继续保持了较快增长；新兴旅游城市的增长速度更加迅速，有些旅游城市的旅游业总收入已经占到该市国内生产总值的20%、30%甚至60%[①]。“创优”城市在我国旅游业发展中占有突出重要的地位，基本成为了我国旅游业发展的主体和基础。通过这些旅游城市的发展，带动了全国旅游业的发展，形成了以旅游城市辐射周边地区旅游业发展的良好态势。

“中国优秀旅游城市”是按照国家旅游局颁发的优秀旅游城市评选标准，经过严格的评选而产生的旅游城市，“城如其名”。从理论上讲，中国优秀旅游城市是我国旅游城市的代表[②]。今天，占全国城市总数三分之一还多的中国优秀旅游城市，其强大的旅游经济实力必将对我国区域经济的整体发展起到巨大的关联带动作用。国内外旅游业发展的实践都已证明，城市是旅游业发展的主体，旅游城市则是推动国家旅游业发展的强劲动力所在。中国优秀旅游城市的创建实践正是把握了城市经济发展的这一基本规律，通过发展城市、特别是发展旅游城市的经济，带动全国城市经济的发展，促进整个国家旅游产业的全面发展。

综观中国优秀旅游城市创建实践所走过的路程，它已成为改革开放以来我国旅游业发展历程中的一件大事，对于促进我国旅游业的大发展有着特别重要的意义[③]。

首先，创建中国优秀旅游城市的实践极大地改善了我国旅游业的发展环境。历次的“创优”实践活动都表明，无论是否获得了“中国优秀旅游城市”的称号，都为促进城市旅游环境的改善、强化城市的旅游功能、探索加快城市旅游经济的发展做出了贡献、积累了经验。最突出的表现就是：“创优”工作得到了各级市委、市政府的高度重视，党政主要领导亲自挂帅，多数城市的“创优”工作都形成了“一把手工程”，每一个城市都自觉地把“创优”工作纳入到城市经济和社会发展的总体格局中去，使政府主导型发展战略落到了实处；此外，“创优”活动还强化了城市的旅游功能，有效地改善了旅游城市治理中的重点和难点问题，为旅游者创造了一个良好的旅游环境；“创优”实践在使城市旅游设施（诸如旅游城市公共信息图形符号系统的普及与规范、旅游厕所环境等）得到了很大改善的同时，还唤起了旅游相关单位和部门对创建中国优秀旅游城市的关心与自觉地支持，这一切都为旅游企业的经营与管理创造了良好的条件。

其次，创建中国优秀旅游城市的实践促进了城市向国际化、现代化方向发展。中国优秀旅游城市评比和验收标准，既是对城市旅游业发展提出的具体要求，也为城市的国际化和现代化描绘了一个基本轮廓，各参创城市都积极围绕

① 窦群. 创建中国优秀旅游城市活动总结. 中国旅游年鉴（2001）. 中国旅游出版社，2001. 56.

② 潘建民著. 旅游城市产业结构优化研究. 中国旅游出版社，2008. 19.

③ 何光韦. 在1999年全国旅游工作会议上的讲话. 中国旅游报，1999-1-5（D1）.

中国优秀旅游城市目标，狠抓具体工作的量化落实，开创了城市规划、建设和管理向更高层次迈进的新局面。通过“创优”，使旅游城市在城市风貌（城市绿化、美化、净化、亮化）和综合功能上都有了很大提高，极大地改善了城市投资环境，促进了城市外向型经济的发展，也改善了城市居民的生活环境，得到了广大市民的支持。

同时，创建中国优秀旅游城市的实践还促进了旅游相关行业的发展及其精神文明建设。多年的“创优”实践表明：争创中国优秀旅游城市既是改善旅游城市硬件环境的过程，更是提升旅游城市文明程度的过程。因此，加强旅游城市精神文明建设始终是“创优”工作的重要内容。例如，在“创优”实践中，有的城市提出“人人都是旅游形象，处处都是旅游环境”、“让心灵与山水同美”的口号；城市中与旅游业相关联的各行各业，围绕“创优”工作纷纷开展了优美环境、优良秩序、优质服务、让游客满意的“三优一满意”活动，极大地促进了城市管理和城市服务水平的提高。

此外，创建中国优秀旅游城市的实践还为旅游业的加快发展积蓄了强大后劲。最显著的标志就是：城市旅游业在国家旅游业发展中的基础地位更加突出。目前，一个以旅游城市为主导、带动乡村、拉动区域旅游发展的中国旅游业大发展的格局已经形成。通过“创优”，提高了城市的现代旅游功能和文化品位，推动着城市树立起更加鲜明的旅游形象，为进一步拓展海外旅游市场奠定了基础，也培养了一大批既精通城市旅游经济规律又具有极高现代服务意识的各级旅游管理人才，为旅游城市的进一步大发展积累了宝贵的人力资源。

五、优秀旅游城市发展中出现的问题

中国优秀旅游城市发展中存在一个很大的不足就是模式化问题①。从中国旅游城市的发展历程上看，多数旅游城市所走的都是“集散中心加旅游景区模式”的发展道路。有些时候，那些有着悠久历史的旅游景区的名气甚至还会压倒城市的名气。当今多数的旅游城市，只是在全力地发展自己的旅游景区，甚至错误地认为：一个城市只要是能开发出一个好的旅游景区，这个城市的旅游形象和地位就能够树立起来了。再加上为片面追求中国优秀旅游城市的若干规定条件，结果，反倒使旅游城市的发展渐渐地失去了自身的个性与特色，出现“千城一面”的局面。

如今，越来越多的城市加入到争创“中国优秀旅游城市”的活动中来。当越来越多的城市获得了优秀旅游城市的称号之后，客观上必然会加剧优秀旅游

① 魏小安. 旅游城市与城市旅游——另一种眼光看城市. 旅游学刊，2001（6）：8-12.

城市之间的激烈竞争。本来，通过竞争是可以激发旅游城市不断扩大自身的接待能力、提高城市的旅游服务质量水平、改善城市旅游环境状况的。但是，当游客总量一定的条件下，在面对巨大的经济利益再分配的时候，难免会使一些城市降低其作为国家“优秀旅游城市”的标准，甚至放弃当初申请优秀旅游城市时所作出的某些承诺。其结果，轻者，有损于其作为全国优秀旅游城市的形象；重者，既玷污了优秀旅游城市的称号，又降低了优秀旅游城市作为我国旅游城市的杰出代表在公众心目中的地位。

中国优秀旅游城市创立于中国旅游业高速、快进的特定历史时期，它的出现唤起了许多城市回归到城市以居住、休闲和旅游为目的的城市本质属性上来的积极性，同时，也引领了我国城市大力发展旅游业的热潮，为当代中国城市的宜人化发展起了必要的推动作用。然而，在今天，中国的旅游正处在向世界旅游强国行列迈进的关键时刻，时代的发展赋予了作为中国旅游业发展主体与核心地位的优秀旅游城市以更新的标准和更高的要求。可是，仅有数量迅速扩张的优秀旅游城市的发展，而优秀旅游城市本身作为一个体系在整个国家旅游业发展中的地位不够突出的现实，是跟不上时代发展步伐的。比如，在旅游业发达的国家中，早已位居城市旅游经济总量第一的城市会展旅游，在我国的优秀旅游城市中却表现得不尽如人意，多数优秀旅游城市的会展旅游经济的总量与规模都很小，高收入展会寥寥无几，且城市普遍缺乏对发展会展旅游的有力支撑①。例如，在 2002 年北京召开的 140 个会议中，占主办会议 27.1%的 5 家大单位，收获了全部会议总收入的 95.7%，其余的均为小规模企业，还有相当数量的会展经营亏损。也同样是 2002 年在北京举办的 152 个展览中，占举办展览 13.8%的单位收入了全部展览收入的 76.5%。质量不高的展会极大地影响了北京展览业的声誉和会展业的发展②。近年来，尽管北京的会展设施发展的比较快，但设施滞后、供需矛盾紧张的局面始终未能得到改变③。且许多展览场馆的通讯、水电等设施陈旧落后，公共交通、停车位、住宿、餐饮服务不配套，会展场馆靠近城市中心区，给城市交通带来巨大压力。作为首都的北京，城市会展业的情况尚且如此，全国其他旅游城市的情况可想而知。

中国优秀旅游城市建设走过了十几年的路程，其评价标准虽已经历了 1999 年、2003 年、2007 年三次修订，却始终围绕的是城市自身旅游氛围的营造、旅游设施的建设、旅游环境改善和制度体制保障等方面的单个城市在旅游功能的建设与完善，很少把优秀旅游城市作横向比较，更没有把全国的优秀旅游城市

---

① 保继刚等著. 城市旅游 原理·案例. 南开大学出版社，2005. 410.

② 邬春仙，牛小慧. 会展业——北京市的朝阳产业. 北京统计，2003（5）：34.

③ 殷敏. 论北京商务旅游的发展. 北京社会科学，2008（2）：39.

当作一个整体、作为国家旅游业发展的中坚力量，全面考察其整体质量与各自在整体中所充当的角色和所发挥作用的大小等问题。以 2005 年的数据为例，在全国的 247 个优秀旅游城市中，全年接待游客量最高与最低的城市之间竟有 476 倍的差距；其全年旅游收入的差距更是高达 4849 倍。同为优秀旅游城市，在旅游经济上有如此大的差异，不仅会极大地挫伤处于领先地位的旅游城市持续发展的积极性，而且也不利于优秀旅游城市整体实力的均衡发挥。

中国优秀旅游城市走过的路程告诉我们：优秀旅游城市的评判标准需要调整，优秀旅游城市的整体布局需要优化，优秀旅游城市的结构体系有待进一步完善。

第二节　中国优秀旅游城市研究综述

对中国优秀旅游城市的专题研究成果目前还十分有限。系统的理论著述主要有魏小安的《旅游目的地发展实证研究》（2002）、潘建民的《中国创建与发展优秀旅游城市研究》（2004）和《旅游城市产业结构优化研究》（2008）、保继刚的《城市旅游　原理・案例》（2005）和赵黎明的《旅游城市系统》（2006）。

通过检索 1999~2008 年“中国期刊全文数据库”[①]作者发现，按照“主题→关键词→篇名”这样的检索路线，所得的文献相关性有逐渐加强的趋势。遂以“旅游”为篇名检索到相关论文 36558 篇，以“旅游城市”为篇名检索到 361 篇论文，再以“中国优秀旅游城市”为篇名检索得到 47 篇相关论文。从而看出，涉及“旅游城市”的论文篇目只占到全部“旅游”类论文总数的 0.99%；而专门研究“中国优秀旅游城市”的论文，也只占到研究“旅游城市”类论文总数的 13%。再以“旅游城市体系”为篇名进行论文检索，只检索到 3 篇论文，单纯以“中国优秀旅游城市体系”为研究题目的论文只有 1 篇[②]。

检索中还发现，只有 2 篇博士学位论文和 19 篇硕士学位论文是以“旅游城市”为题名的，检索中没有发现以“中国优秀旅游城市”为题名的博士学位论文。在已检索到的这两篇题为“旅游城市”的博士学位论文中，其内容涉及的是“旅游城市的可持续发展”问题[③④]。在 19 篇题为“旅游城市”的硕士学

① 网络数据截至 2008 年 7 月 31 日。

② 张蕾. 中国优秀旅游城市体系分析. 城市问题，2005（5）：33-37.

③ 连晓燕. 旅游城市的发展动力与路径研究. 浙江大学：2007 博士学位论文.

④ 陶晓燕. 海滨旅游城市可持续发展研究. 河海大学：2006 博士学位论文.

位论文中，其涉及的研究范围则较广，主要是围绕旅游城市形象传播、国际化旅游城市标准及其建设、旅游城市环境承载力问题、旅游城市竞争力问题和旅游城市行政管理系统等的研究。其中，有两篇论文（张蕾，2006，华东师范大学；陈志钢，2004，南京师范大学）涉及了优秀旅游城市体系与旅游城市的空间布局问题，但这两篇论文只是分别讨论了我国某一特定地区的旅游城市体系及其空间布局的问题，没有就全国范围内的优秀旅游城市整体作深入系统的探究。

作者在检索中还发现：目前国内针对“旅游城市”作专门研究的学者中，尤以地理学、城市规划学、旅游学、园林、建筑设计等为专业背景的研究者居多；绝大多数的研究成果也主要集中发表在与地理类、旅游类、城市类等相关的学术期刊上。

由于对中国优秀旅游城市进行专题研究的相关成果十分有限，故作者在文献检索时适当地将检索范围扩大到与旅游城市相关的范围。为了便于统计，这里粗略地将对中国优秀旅游城市的研究分为“优秀旅游城市创建的实践性问题研究”和“优秀旅游城市的理论问题研究”两大类。

一、优秀旅游城市创建的实践性问题研究

在检索出的全部以“旅游城市”为篇名的361篇文章中，仅就对“中国优秀旅游城市创建实践的经验介绍与工作总结”这方面的论文数量就占到全部检索论文总数的一半以上。凸现出了我国对优秀旅游城市的研究“重实践应用而轻理论探索”的特点。但从对近十年来发表的学术论文数量的统计中（见表2.3）可以发现，有关“旅游城市的理论性研究”的论文数量还是逐年有所上升的，这表明学术界已经开始自觉地加强了对旅游城市相关理论问题的研究。

表2.3　对“旅游城市”理论性研究的论文数量统计（1999～2008年）

	1999	2000	2001	2002	2003	2004	2005	2006	2007	2008
发表论文总数	33	21	36	22	25	30	25	53	84	32
实践性研究论文占%	58	91	78	55	56	63	64	47	43	38
理论性研究论文占%	42	9	22	45	44	37	36	53	57	62

资料来源：作者整理

在对优秀旅游城市创建实践的研究中，尤其以对大连、青岛、杭州、桂林、厦门、三亚等这类传统的旅游城市在“旅游城市建设与管理”、“旅游城市发展

对策与建议”、“旅游城市景观宣传与介绍”等方面的研究居多。此外，还有多篇“表彰历年来荣获优秀旅游城市”的宣传性报道。其中，有关河南省“表彰其省内优秀旅游城市”的专题报道为最多。

在检索到的47篇以“中国优秀旅游城市”为篇名的论文中，光是探讨“中国优秀旅游城市创建实践”的实践性研究的文章就有40篇之多，占全部论文总数的85%。在这40篇关于实践性研究的文章中，关于优秀旅游城市创建实践与经验总结性的文章有28篇，展示优秀旅游城市风采及其景观介绍性的文章有12篇。

二、优秀旅游城市的理论性问题研究

从上面表2.3对旅游城市相关理论问题研究的统计上不难看出，近十年来，国内对旅游城市理论问题的研究走过了一个“高——低——高——低——高”的波浪式发展的过程。仔细分析其原因，其实也不难理解。客观上，学术界对旅游城市理论问题的研究走过的是一条“从实践摸索到理论提高；深入实践、加深认识，再到进一步理论提高”的这样一个循序渐进的发展过程，这完全符合马克思主义认识论中对新生事物螺旋上升式的理性认知过程。

1999年是我国第一批优秀旅游城市产生后的第一年，学术界迅速捕捉到了旅游城市作为“推动我国城市旅游业发展”的新生事物，率先从“理论基础”和“国际视野下旅游城市发展与建设”的双重角度对旅游城市展开了研究，于是出现了许多富有开创意义的理论性的研究文章。代表性的研究如：彭华、钟韵的“创建优秀旅游城市思考——旅游开发与城市建设一体化”[①]，李明德“试论国际旅游城市的标准”[②]，周玲强“国际风景旅游城市指标体系研究”[③]，金波、吴小根“中国旅游城市体系研究”[④]，杨英“广州旅游城市形象的定位及有效推广探析”[⑤]等等。

自2000年起，随着中国优秀旅游城市创建实践的深入进行，大量的关于旅游城市创建实践的报道、经验总结、发展思路的探索等这类重点针对实践性研究的文章数量急剧增多。这是旅游实践发展的必然结果，因为中国旅游城市创建的实践客观上需要去总结，为此，这一时期有关旅游城市纯理论性的研究成果不多。

---

① 彭华，钟韵. 创建优秀旅游城市思考——旅游开发与城市建设一体化. 旅游学刊，1999（2）：42-46.

② 李明德. 试论国际旅游城市的标准. 旅游学刊，1999（6）：45-49.

③ 周玲强. 国际风景旅游城市指标体系研究. 杭州大学学报（理学版），1999（1）：32-36.

④ 金波，吴小根. 中国旅游城市体系研究. 城市研究，1999（5）：31-34.

⑤ 杨英. 广州旅游城市形象的定位及有效推广探析. 经济前沿，1999（1）：72-78.

2002年，中国优秀旅游城市建设已经发展到第三批，当时全国已有138座城市被命名为“中国优秀旅游城市”。优秀旅游城市数量的增多，唤起了人们对优秀旅游城市的标准、对优秀旅游城市作用的发挥等问题的深入思考，此时理论性的研究成果开始增多，这是学术界对旅游实践中所遇难题的理性思考的结果。具代表性的理论研究成果有魏小安“旅游城市与城市旅游——另一只眼看城市”①，王大悟“论旅游城市环境的好客性”②，谢雨萍、邓祝仁“中国旅游城市深发展原则问题初探”③，袁亚忠、张冬梅“构建旅游城市体系，推动西部旅游发展”④，周玲强、冯晓虹“论旅游城市总体形象与综合环境的资源价值”⑤等等。

2006年，中国优秀旅游城市已增加到247座，分布遍及全国31个省、市、自治区。众多优秀旅游城市的出现并没有真正带来整个中国旅游业的全面、均衡的发展，倒是旅游城市建设中所暴露出来的诸多问题更多地困扰着优秀旅游城市的创建实践。此时有关旅游城市的理论性研究更多地是围绕着旅游城市的可持续发展、提升旅游城市的竞争力、旅游城市间的相互协作等问题展开的。代表性的研究成果主要有曹诗图“旅游城市空间竞争探析”⑥，吴必虎、冯学钢、武咪咪“中国最佳旅游城市标准的理论与实施”⑦，潘建民、黄进“论旅游城市的竞争力”⑧，赵兵“旅游城市可持续发展研究”⑨，张蕾“中国优秀旅游城市体系分析”⑩，朱弘、吴旗韬“中国省际及主要旅游城市旅游规模”⑪，金丽、赵黎明“国际旅游城市形成发展的动力机制”⑫等等。

综上，通过对旅游城市理论研究历程的梳理来看，多年来，国内对旅游城市的理论性研究主要是围绕着旅游城市（国际旅游城市）的标准问题，旅游城市的形象与品牌建设问题，旅游城市的可持续发展问题，旅游城市的竞争力问题，旅游城市之间的合作发展问题这样五个方面展开的。

---

① 魏小安. 旅游城市与城市旅游——另一只眼看城市. 旅游学刊，2001（6）：8-12.

② 王大悟. 论旅游城市环境的好客性. 旅游科学，2001（2）：8-9.

③ 谢雨萍，邓祝仁. 中国旅游城市深发展原则问题初探. 北京第二外国语学院学报，2002（4）：6-15.

④ 袁亚忠，张冬梅. 构建旅游城市体系，推动西部旅游发展. 新疆社科论坛，2002（6）：47-48.

⑤ 周玲强，冯晓虹. 论旅游城市总体形象与综合环境的资源价值. 经济地理，2002（S1）：317-320.

⑥ 曹诗图. 旅游城市空间竞争探析. 地域研究与开发，2003（6）：69-72.

⑦ 吴必虎，冯学钢，武咪咪. 中国最佳旅游城市标准的理论与实施. 旅游学刊，2003（6）：40-44.

⑧ 潘建民，黄进. 论旅游城市的竞争力. 桂林旅游高等专科学校学报，2004（2）：9-12.

⑨ 赵兵. 旅游城市可持续发展研究. 南京林业大学学报（人文社科版），2004（4）：59-63.

⑩ 张蕾. 中国优秀旅游城市体系分析. 城市问题，2005（5）：33-37.

⑪ 朱弘，吴旗韬. 中国省际及主要旅游城市旅游规模. 地理学报，2005（6）：919-927.

⑫ 金丽，赵黎明. 国际旅游城市形成发展的动力机制. 社会科学家，2007（6）：113-116.

（一）旅游城市（国际旅游城市）标准问题

关于旅游城市的确切定义目前学术界还没有统一的说法，但是，自国家旅游局于 1998 年出台了《中国优秀旅游城市评选标准》之后，学术界对“旅游城市”及“国际旅游城市”标准问题的探讨就一直没有停止过。

据资料检索发现，最早探讨国际旅游城市标准问题的国内学者是李明德教授[①]，在与美国的纽约、英国的伦敦、日本的东京、法国的巴黎这 4 个被誉为“国际旅游城市”所表现出的关键性指标进行比较之后，李教授从城市经济水平、城市生态环境、城市交通状况和城市社会环境 4 个方面，归纳概括了国际旅游城市所应具有的 10 项标准。

李志刚在论述“桂林争创中国最佳旅游城市可能性”的研究中，阐述了他对中国最佳旅游城市标准的定性认识。他认为[②]：中国最佳旅游城市应首先是旅游者人数较多的旅游城市并且是中国优秀旅游城市，中国最佳旅游城市应该是拥有中国最佳旅游资源的城市，中国最佳旅游城市应该是具备满足游客需求设施的城市，中国最佳旅游城市应该是能够提供旅游者高水平服务的城市，中国最佳旅游城市应该是政府高度重视旅游业发展并采取了有力措施的城市，中国最佳旅游城市应该是城市其他行业和广大市民支持参与创造良好旅游氛围的城市，中国最佳旅游城市应该是在国内外都有着相当高旅游知名度和美誉度的城市，中国最佳旅游城市应该是发展城市旅游具有较好条件的城市，中国最佳旅游城市应该是环保卓有成效和旅游业能够实现可持续发展的城市，中国最佳旅游城市应该是制定了旅游发展规划对旅游业今后发展有长远考虑的城市。

吴必虎、冯学钢、武咪咪于 2003 年撰文专门阐述了国家旅游局推出《中国最佳优秀旅游城市》评选标准的总体原则、基础标准和专项标准。此外，文章还对中国最佳旅游城市的创建策略、实施步骤与影响进行了阐述。该研究对指导各地创建国际旅游城市，起到了提高理论认识、强化实践指导的双重作用。

然而，名目繁多的各种“中国××旅游城市”的头衔与称号，难免会引起人们对旅游城市评价过高、过滥的议论，甚至招致反感。其实，谁是“优秀”、谁是“最佳”并不十分重要；用若干个单项“优秀”换回一个总体“最佳”，这种简单意义上的“最佳”头衔的罗列，并不能真正起到对旅游城市的促进作用，反倒容易亵渎了旅游城市本身的价值与内涵。我以为，从更高的层面（全国范围）和全新的角度（基于优秀旅游城市体系的角度）去引导优秀旅游城市的评选，促进旅游城市的科学发展、合理发展，在全国范围内有针对性的培育优秀

---

① 李明德. 试论国际旅游城市的标准. 旅游学刊，1999（6）：45-49.

② 李志刚. 关于“中国最佳旅游城市”标准问题的探讨——兼谈桂林入选“中国最佳旅游城市”的可能性. 桂林旅游高等专科学校学报，2001（3）：74-76.

旅游城市，是解决当前我国优秀旅游城市建设问题饱受争议的关键之所在。

（二）旅游城市形象与品牌建设问题

旅游城市形象是目前我国旅游城市研究中探讨较多的热点问题。白祖诚是较早介入这一研究的学者，他以国外许多城市的旅游定位为例，说明城市的总体旅游形象一旦较为鲜明丰富，并广为人知，就将产生巨大的吸引力[①]。屈海林、邱汉琴详细分析了香港旅游形象的构成要素，总结得出了香港在旅游形象促销方面的成功经验与失败教训[②]。李蕾蕾在《旅游地形象策划：理论与实务》[③]一书中，对北京市旅游形象的构成、定位进行了详细的分析，并从地理景观感知系统和社会人文感知系统两个角度，整合设计了北京市的旅游形象，给出了相应的旅游形象传播策略。李家龙、李家齐最早提出了旅游城市的品牌建设问题[④]，他们从塑造城市品牌重要性的角度出发，提出城市品牌的塑造可以通过创建城市的旅游品牌来提升城市的整体形象，而在城市旅游品牌的塑造过程中，城市的标志性工程和高尚、文明的人文环境是城市旅游品牌建设的关键。梁明珠等指出：在旅游者对旅游目的地和旅游产品的选择更加注重文化内涵的今天，用城市文化来构建旅游城市品牌，有利于城市形成持续发展的动力，提高旅游城市的竞争力[⑤]。尤晨、潘颖颖认为[⑥]：进行旅游城市品牌建设是增强旅游城市竞争力的有效手段，她们还结合现代营销理念，从挖掘城市特色、满足游客需求、内外营销相结合的角度阐述了其构建现代旅游城市品牌的策略和措施。曲颖、李天元[⑦]教授从科学地确立旅游城市定位主题口号的角度，探讨了优秀旅游城市品牌管理的问题。

（三）旅游城市可持续发展问题

关于可持续发展问题的讨论由来已久。对旅游城市可持续发展的讨论其实是源于对旅游城市创建实践的深入思考而延伸出来的论题。就检索到的资料显示，国内最早探讨旅游城市深入发展问题的学者是魏小安教授[⑧]。他在分析了中国优秀旅游城市创建实践的意义和对促进我国城市旅游发展所起的巨大作用后指出：旅游城市的发展需要克服模式化倾向的问题，中国旅游城市的建设亟

① 白祖诚. 建设北京雄美迷人的旅游形象. 旅游学刊，1994（3）：17-21.

② 屈海林，邱汉琴. 香港都市旅游的形象及其竞争优势. 旅游学刊，1996（1）：36-39.

③ 李蕾蕾著. 旅游地形象策划：理论与实务. 广东旅游出版社，1999. 218-252.

④ 李家龙，李家齐. 创建深圳旅游的城市品牌. 特区经济，2004（8）：31-33.

⑤ 梁明珠，陈小洁，廖慧娟. 论城市文化与旅游城市品牌构建. 商业经济文荟，2005（1）：63-65.

⑥ 尤晨，潘颖颖. 基于现代营销理念的旅游城市品牌建设. 现代管理科学，2007（7）：70-71.

⑦ 曲颖，李天元. 基于旅游目的地品牌管理过程的定位主题口号评价——以我国优秀旅游城市为例. 旅游学刊，2008（1）：30-35.

⑧ 魏小安. 旅游城市与城市旅游——另一只眼看城市. 旅游学刊，2001（6）：8-12.

待升级。谢雨萍、邓祝仁在详细列举了旅游城市在现实生存环境下所面临的诸多问题之后，从经营旅游城市的角度探讨了中国旅游城市的深入发展及其旅游城市的升级问题①。此后，有学者②③④从分析旅游城市可持续发展的制约因素出发，运用多种数学模型构建了指导旅游城市可持续发展的指标体系，使对旅游城市可持续发展的研究从理性分析走向定量研究。

（四）旅游城市竞争力问题

竞争力问题的研究是目前学术界研究的热点问题。自美国学者迈克尔·波特出版《国家竞争力优势》一书和“世界经济论坛”每年发布《全球国际竞争力报告》以来，关于竞争力问题迅速成为了学术界研究的一个热点。旅游城市竞争力问题的研究是源于对城市竞争力问题的深入探讨后引申出来的。多数学者都是根据波特的国家竞争力理论，以区域经济为研究对象，在经营城市理念的指导下，以使城市获得永保竞争优势、健康持续发展的目的。潘建民、黄进⑤是较早介入旅游城市竞争力研究的学者，他们从分析目前关于城市竞争力的各种观点入手，最早给出了旅游城市竞争力的概念，并依据主体性、系统性、潜能性和实用性原则，构建出了以旅游城市的环境因素、经济实力、制度要素为一级指标，将区位、社会秩序、旅游设施、旅游综合实力、旅游城市管理能力等 12 项因子为二级指标，还包括 49 个三级指标在内旅游城市竞争力的测度标准，为衡量各个旅游城市在不同层面上的发展差距，提供了一个可资参考的指标体系。此后，黄进⑥又将上述旅游城市竞争力测度指标扩展为由 4 个一级指标、14 个二级指标和 96 个三级指标共同构成的旅游城市综合竞争力评价指标体系。然而，有关旅游城市竞争力指标的量化标准及其科学的计量模型的选择问题等，都是亟待深入研究的问题。

（五）旅游城市之间的合作发展问题

对旅游城市合作问题的普遍重视，是学者们在解决旅游城市间竞争日益加剧的问题时所提出的。郑坚强、黄伟雄、黄耀丽⑦在深入剖析珠江三角洲地区旅游城市发展中所存在问题时认为：由于珠三角地区众多的城市在旅游发展过程中缺乏统一的大区域总体发展规划，加上有效的组织与协调能力的不足，致

---

① 谢雨萍，邓祝仁. 中国旅游城市深发展原则问题初探. 北京第二外国语学院学报，2002（4）：6-15.

② 李艳双，韩文秀，曾珍香，傅惠敏. DEA 模型在旅游城市可持续发展能力评价中的应用. 河北工业大学学报，2001（5）：62-66.

③ 赵兵. 旅游城市可持续发展研究. 南京林业大学学报（人文社科版），2004（4）：59-63.

④ 戴永光. 旅游城市可持续发展评价指标体系. 云南地理环境研究，2006（1）：35-42.

⑤ 潘建民，黄进. 论旅游城市的竞争力. 桂林旅游专科学校学报，2004（2）：9-12.

⑥ 黄进. 旅游城市竞争力研究. 改革与战略，2005（12）：17-20.

⑦ 郑坚强，黄伟雄，黄耀丽. 珠三角旅游城市一体化研究. 资源开发与市场，2002（6）：48-50.

使珠三角地区各旅游城市在发展势头上自成体系，缺乏“整体”意识，过分看重眼前利益，导致某些旅游城市不切实际的模仿与攀比，从而造成某些项目在旅游城市中的重复建设问题，其结果必然使珠三角地区的旅游城市缺乏特色且整体旅游效益不高。在强调了实施珠三角地区旅游城市一体化发展的重要性之后，他们提出：转变观念，树立全新的旅游产业发展观；统筹规划，促进区域旅游的协调发展；强化管理，精心打造旅游城市整体形象品牌的三大合作发展战略。此外，2003 年 7 月 5 日，参加“长江三角洲旅游城市 15+1 高峰论坛”的代表们，就长江三角洲地区旅游城市发展共同关心的问题进行了深入的探讨后，发表了著名的“长江三角洲旅游城市合作”《杭州宣言》①，与会的 16 个城市一致达成了实施长江三角洲旅游城市间的区域合作、共同打造长三角旅游经济圈、共同整合长三角旅游资源、将长三角旅游城市论坛制度化的 4 项基本措施，由此拉开了探讨区域旅游城市合作发展问题的序幕。然而，对旅游城市合作中所遇到的具体技术性操作问题的探讨与深入的研究成果目前还比较少见。

三、国外学者在旅游城市方面的研究综述

为检索国外学者有关“旅游城市”方面的相关研究成果，作者着重在 CSA ILLUMINA（Canbridge Scientist Abstrict Illumina）和 EBSCO-HOST 这两个数据库中，分别以(DE="tourism") and(DE="urban development" or DE="urban planning")为题，从 1995 年至 2008 年 9 月间的电子文献中共检索到 393 篇相关论文，其中涉及“旅游城市”方面的研究论文有 49 篇，占检索到的全部外文文献总数的 12.5%。从国外学者对旅游城市的研究角度上看，主要是集中在旅游城市的营销、旅游城市的形象建设与形象再造问题、旅游对城市的影响问题以及旅游城市的可持续发展问题这四个方面。

（一）旅游城市的营销问题

Dennis R. Judd 通过分析美国的一些大型城市的旅游发展战略后指出：发展旅游是促进城市经济发展的重要途径。他还进一步指出：作为旅游目的地的城市应该树立鲜明的城市旅游形象，可以采用招徕商务会议、建设大型购物商场和狂欢地带等措施来不断拓展城市的旅游市场，以振兴城市经济②。Bill Bramwell 通过对英国的伯明翰、布拉德福、曼彻斯特、谢菲尔德和特伦特河畔的辛斯托克这 5 个老工业城市的旅游形象进行比较，归纳了这些城市在旅游营

① 长江三角洲旅游城市合作“杭州宣言”. 风景名胜，2003（8）：18-19.

② Dennis R. Judd. Promoting tourism in US cities[J]. *Tourism Management,* 1995, 16(3): 175-187.

销组织上的类型与属性，总结出了城市在旅游营销组织上的两种发展趋势[①]。Sheehan Lorn, Brent Ritchie 和 Hudson Simon 在讨论旅游目的地城市的营销组合问题时首次提出了城市旅游营销推广的主体问题。他们认为：城市旅游促销的核心主体应该是城市（政府）、酒店（住宿业）和城市的营销管理机构，同时他们还指出：政府、酒店和城市营销管理机构三者能否有效的相互关联并实现资源整合，是关系到城市旅游促销能否取得成功的重要的决定性因素[②]。

（二）旅游城市形象问题

城市旅游形象的好坏直接关系到城市旅游吸引力的大小和城市旅游的发展。因此有关城市的旅游形象塑造的问题也就成为学者们讨论的焦点问题。Heidi Dahles 于 1998 年最早提出了旅游城市形象的重塑问题，他以荷兰首都——世界著名的旅游城市阿姆斯特丹市为例，探讨了旅游城市形象的重塑战略，指出：塑造以当地特色文化为主题的旅游形象，是阿姆斯特丹市走向世界旅游中心城市的重要前提[③]。Richards Greg 和 Wilson Julie 以欧洲最大的港口城市鹿特丹市为例，通过分析该城市举行“2001 年欧洲文化之都”的特定事件，探讨了文化性事件对城市旅游形象的影响问题。作者指出：旅游城市通过举办大型事件（特别是文化事件）不仅可以改善和提高其城市的旅游形象，同时也可以达到刺激城市经济发展、吸引游客和外来投资的目的[④]。Bennet Susan 以加拿大多伦多市为例，分析了经济发展对城市文化发展的促进作用，并指出：加强对城市中文化性景观的宣传，是塑造城市旅游形象的重要途径[⑤]。此外，近来学者们对城市旅游形象塑造问题的研究有具体化和模式化的趋势，典型的研究则是 Gotham 在 2007 年对美国路易斯安那州新奥尔良市的城市旅游形象的塑造研究，作者认为：城市旅游形象作为一个能够代表城市标志和特色的集合体，它对潜在的旅游者会产生重要的影响作用；Gotham 更突出地指明，城市旅游形象的塑造需要一些相关正式组织的配合才能取得更好的效果，这些组织需要通过

① Bill Bramwell and Liz Rawding. Tourism marketing images of industrial cities. *Annals of Tourism Research*, 1996(1): 201-221.

② Sheehan Lorn, Brent Ritchie and Hudson Simon. The destination PromotionTriad: Understanding Asymmetric Stakeholder Interdependencies Among the City, and DMO. *Journal of Travel Research*, 2007, 46(1): 64-71.

③ Heidi Dahles. Redefining amsterdam as a tourist destination. *Annals of Tourism Research*, 1998, 25(1): 55-69.

④ Richards Greg and Wilson Julie. The Impact of Cltural Event on City Image: Rotterdam, Cultural Capital of Europe 2001. *Urban Studies,* 2004, 41(10): 1931-1951.

⑤ Bennet Susan. The Spectacular Scene Toronto. *Sociologgieet Societes*, 2005, 37(1): 109-123.

制定相关的规则及程序才可以共同完成对城市旅游形象的完美塑造[①]。

（三）旅游对城市的影响

在研究旅游对城市产生的经济影响方面，Marks Rafael 最早是以桑给巴尔岛的石头城的旅游开发计划为案例，详细地讨论了资本、旅游业、传统与城市社区居民之间的相互作用，其得出的基本结论是：城市旅游的发展引起并促进了城市中商业的发展、房价的上涨、传统的物质与社会环境的改变，同时，城市旅游业的发展也加剧了社会的贫富差距[②]。另一篇关于旅游对城市经济影响方面的研究出自 Wilkerson Chad，作者运用管理学的基本理论，通过对美国的纽约和洛杉矶这两个城市在旅游经济、旅游产业的空间分布特点以及劳动力市场方面的比较，分析了城市经济、文化、地方自治和城市制度对旅游管理的影响[③]。

在研究旅游对城市产生的社会影响方面，Mullins P 认为：城市旅游的发展引起了社会阶层的变化，特别是促进了城市中小资产阶级的重新出现[④]。Drake Circus 以澳大利亚的约克角为例，说明：城市旅游的发展带来了城市管理的变化和相关群体的利益再分配问题[⑤]。Gladstone 和 David L 以美国的城市为例，指出：城市旅游的发展将引起城市的旅游化现象，而城市旅游化的最终结果将形成两种类型的旅游城市，一种是以“3S”旅游为主的旅游城市，另一种则是以资金密集型景点旅游为主的旅游城市[⑥]。此外，Grant Elizabeth 在 2005 年以研究生活在美国费城的非洲裔美国人的旅游活动为例，讨论了城市的旅游发展对促进城市发展进程中政治与种族融合的可能性问题[⑦]。

在研究旅游对城市产生的环境影响方面，多数的研究结论都是：反映城市的旅游发展给城市环境带来了诸多不利的影响。比如 Newman Harvey K 以美国的亚特兰大市为例，说明该市为推动城市旅游发展而广泛建造的大量建筑设施挤占了当地黑人居住区的问题[⑧]。Teo Peggy 以马来西亚的槟榔屿为例，说明：

① Gotham Kevin Fox. Destination New Orleans. *Journal of Consumer Clture*, 2007, 7(3): 305-334.

② Marks Rafael. Conservation and community: the contradiction and ambiguities of tourism in the stone town of Zanzibar. *Habitat international,* 1996, 20(2): 256-278.

③ Wilkerson Chad. Tourism in US global cities: a comparison of New York and Los Angeles. *Journal of urban affairs.* 2001, 23(1): 23.

④ Mullins P. Class relations and tourism urbanization: the regeneration of petite bourgeoisie and the emergence of a new urban form. *International journal of urban and regional research*, 1994, 18(4): 591-608.

⑤ Drake Circus. York: managing the city. *Cities*, 1997, 14(6): 333-342.

⑥ Gladstone David L. Tourism urbanization in the united states. *Urban affairs reviews*, 1998, 34(1): 3-27.

⑦ Grant Elizabeth. Race and tourism in America's first city. *Journal of urban history*, 2005, 31(6). 850-871.

⑧ Newman Harvey K. Race and the tourist bubble in downtown Atlanta. *Urban affairreviews*, 2002, 37(3): 301-321.

该岛的旅游发展在极力满足游客需求的同时，却忽视了对当地居民生活环境的考虑问题，呼吁政府采取措施，为游客也为当地居民创造可持续的生存环境[①]。

（四）旅游城市的可持续发展研究

旅游的可持续发展问题一直是专家学者们研讨的热点，旅游城市作为旅游系统中的一个重要组成部分，它的可持续发展问题也同样受到了广泛的重视。国外学者在对旅游城市可持续发展问题的研究上，与国内学者最大的不同点就在于，所研究的问题相对微观、具体，更富于可操作性。如 Hinch Thomas D 从以下四个视角阐述了可持续旅游城市的概念：（1）城市应还原其旅游功能的本质特点，旅游城市更应首当其冲；（2）可持续性概念同城市的旅游功能的发挥之间具有高度一致性；（3）旅游城市的可持续性问题应主要从城市的景观环境，尤其是城市建筑以及城市的自然与文化环境等方面来加以研究；（4）可持续旅游城市至少需要具备以下四个条件，即：开放的市场、政府管制、行业领导地位的确立、监管与广泛的合作[②]。Melendez Anaida 在分析发展可持续城市旅游对社区居民的重要性时指出：城市应当提供更多的公共场所和绿色区域，这不仅能够改变人们对城市环境的感知、提高城市环境的质量，而且还有助于社区居民更好的度过其休闲时光。在制定可持续旅游城市的发展策略时，他认为：城市的相关旅游部门要对游客的活动内容与范围进行适当的管制，同时，城市旅游发展所需的各类设施的建设要以适用且不损害环境为基本准则[③]。Byrd Erick T 等人在讨论美国北卡罗莱纳州的城市旅游发展时提出：社区居民应从自然资源、旅游规划、经济问题、教育需要和旅游意识等方面来更好地理解旅游城市的可持续发展问题[④]。

除了以上这些专题性的研究之外，还有一些零散性的研究。如 Pipan Tatiana 和 Porsander Lena 分别以意大利的罗马和瑞典的斯德哥尔摩为例，分析了大城市应该怎样组织和管理好大型的节事活动[⑤]。Agyei mensah 和 samuel 以加纳共和国（西非国家）海岸角的城市发展经历为例，说明发展遗产旅游可以提升城

---

① Teo Peggy. The limits of Imagineering: a case study of Penang. *International journal of urban and regional research,* 2003, 27(3): 545-563.

② Hinch Thomas D. UrbanTourism: Perspectives on Sustainability. *Journal of Sustainable Tourism*, 1996, 4(2): 95-110.

③ Melendez Anaida. Sustainable tourism and Recreation in the Public Urban Space. International Sociological Association, 1998.

④ Byrd Erick T, Cardenas David A and Greenwood Jerusha B. Factors of stakeholder understanding of tourism: The case of Eastern North Carolina. *Tourism & Hospitality Research*, 2008, 8(3): 192-204.

⑤ Pipan Tatiana and Porsander Lena. Imitating uniqueness: How big cities organize big events organizations studies. *Organizations studies*, 2000, 21: 1-27.

市的地位[①]。Rogerson Christian 研究了南非最大的城市约翰内斯堡市，通过发展创新性产业给城市旅游带来的重大转变[②]等等。

综上，同国内在旅游城市方面的研究情况相类似，国外学者对旅游城市的专门性研究成果也不是很多，且也是主要偏重于对旅游城市建设问题的探讨，较少涉及旅游城市系统，探讨其整体的发展及其管理问题。而在大量的有关城市旅游方面的研究成果中，Go & Govers 于 2000 年发表在《旅游管理》（Tourisn Management）上的题为"旅游目的地全面质量管理——欧盟旅游目的地竞争力展望[③]"一文，则是为数不多的对城市型旅游目的地管理问题作了深刻阐述的文章之一。文章指出：在欧盟国家推广的对城市型旅游目的地的全面质量管理所针对的是那些成熟型旅游目的地城市的再发展问题。这与处在成长期的新型旅游目的地城市有所不同，成熟型的旅游目的地城市已经具备了相对完善的旅游基础设施，它所面临的主要问题不再是城市的旅游开发问题，而是怎样应对新型旅游目的地城市的挑战并保住其市场份额的问题。另外，由于城市在旅游发展初期时所获得的超额效益已经不存在了，因此，成熟型旅游目的地城市的旅游行业必须通过调整内部结构、优化外部环境和完善商业服务等手段，才能达到增值提效的目的[④]。这一论断对指导当前我国优秀旅游城市的管理有着重要的启发价值。

第三节 中国优秀旅游城市体系及其空间布局的理论基础

从上节中文献综述的结果来看，目前国内对优秀旅游城市的研究虽已扩展到了诸如"旅游城市的标准问题、旅游城市的品牌营造与形象设计问题、旅游城市的竞争力与可持续发展的问题，以及旅游城市之间的合作"等问题上，但大多数的研究还都是就某一个城市或某一个地区的旅游城市问题展开研究的，对全国范围内旅游城市整体性的结构关系以及空间分布问题的研究还为数不

① Agyei mensah and samuel. Marketing its colonial heritage: a new lease of life for Cape Coast, Ghana. *International journal of urban and regional research*, 2006, 30(3): 705-716.

② Rogerson Christian M. Creative Industries and Urban Tourism: South African Perspectives. *Urban Forum*, 2006, 17(2): 149-166.

③ Go. F. M. and R. Govers, Integrated Quality Management for Tourism Destinations: A European Perspective on Achieving Competitiveness. *Tourisn management*, 2000, 21(1): 79-88.

④ 保继刚等著. 城市旅游　原理·案例. 南开大学出版社，2005. 415.

多。本研究正是针对我国旅游城市系统性的组织结构与整体性的空间布局问题所展开的研究，在这方面，城市体系理论和区域空间结构演变理论最具指导意义。

一、城市体系理论

对区域城市体系的研究早在 20 世纪二三十年代就已经开始了，然而，正式提出城市体系的概念却是始自 1960 年美国学者邓肯（Otis D. Duncan）发表的《大都市和区域》一书[①]。在书中，邓肯重点讨论了美国城市的专业化作用在国际系统中的变化以及在区域之间、大都市区之间的相互依存关系，书中首次使用了“城市体系”（City System）一词。

城市体系是由一组城市构成的城市群体，城市体系实际上就是城市的空间系统[②]。城市体系概念的出现，实际上是经济发达国家城市化进入高级阶段的产物。随着城市经济的发展，城乡简单的二元区域结构已经不能满足经济社会发展的要求，城市的概念已延伸到与中心城市在职能上联系密切的广阔地域，提出了诸如大都市区、通勤场、大城市带等许多新的城市地域概念。这种趋势促使了人们对城市体系的研究。同时，越来越多的国家也逐渐认识到：要实现经济的均衡、协调发展，经济与环境的协调关系已经不能仅仅考虑单个城市，而是需要考虑一个区域内城市系统的整体获得发展的国家战略问题，从而刺激了国家尺度上的，甚至是国际尺度的城市研究。

关于城市体系的形成，马克思曾经指出：“……随着商业来往集中在特殊阶级手里，随着商人所促成的同近郊以外地区的通商的扩大，于是在生产和商业之间也立即产生了相互作用。城市之间彼此发生了联系，新的劳动工具从一个城市运往另一个城市，生产和商业间的分工随即引起了各城市间在生产上新的分工，由于每个城市中都有自己特殊的、占有优势的工业部门，于是，城市在地域上的局限性逐渐消失了[③]。”

城市之间分工的发展必然形成以中心城市为核心和依托的城市体系。现代城市是作为大工业配置基地，同时也是作为商品市场而存在的。这样，它一方面要受到生产在空间上集中规律作用的支配，呈现集中的趋势；另一方面，城市也会受到现有生产力制约的限制，使城市规模又不可能无限制地扩大。为适应大工业配置和商品市场交换的需要，就必须要求城市之间呈一定的等级序列结构并表现出在面上分布的特点才能满足要求。于是，城市相互之间开始有了

① 杜宁睿著. 区域研究与规划. 武汉大学出版社，2004. 115.

② 杨吾扬，梁进社著. 高等经济地理学. 北京大学出版社，1997. 389.

③ 马克思恩格斯全集（第 3 卷）. 59.

联系并逐渐进行分工，形成了各种专业城市，综合性多功能城市，规模不同的大、中、小城市，经济联系区域范围不同的全国性、地区性中心城市和一般性城市组成的城市体系。只有通过以中心城市为依托的城市体系的这种联结，才能把社会经济活动中的点与面、集中与分散、节约时间与合理空间结合起来，实现社会资本的再生产①。

城市体系的正常结构应当是以大城市为龙头的大、中、小城市相结合的“金字塔”结构。根据城市体系的一般规律：所起作用愈大的城市，其规模愈大，影响地区的范围愈广，但这种城市的数量少，仅分布在少数地点。相反，小城市所起的作用小，影响的地区范围也小，但数量众多，分布比较普遍。中等城市的特点介于大、小城市之间。由于各个区域自然条件、社会经济情况的不同，城市体系一般规律的具体表现是允许互有差异的。

按照城市体系的发展规律：城市是分等级的，不同等级的城市共同组成了统一的城市体系。因此，大、中、小城市间的关系具有这样的特点：（1）大、中、小各级城市各司其职，各有不同的功能、服务不同的范围；（2）大、中、小城市间的关系是互相协作、彼此配合的关系，并共同为一个国家或一个地方的发展服务；（3）大、中、小各级城市既不能互相替代，又不能互相排斥，它们是构成整个城市体系不可或缺的各个功能因子②。

我国的城市规划历程走过了“就城市论城市”的以单个城市的合理发展为目标，制定城市发展战略的初级阶段，正朝着着眼区域、放眼全国的城市总体规划的高级阶段迈进。改革开放30年的实践证明，这种以经济比较发达的城市为核心，带动周边地区，统一组织生产与流通，逐步形成以核心城市为依托的各种规模、各种类型经济区的城市整体发展的路子是完全正确的。

今天，对旅游城市虽没有统一且明确的概念，但建立在城市旅游功能获得强力发挥基础之上的中国优秀旅游城市，已经走过了其相对自发性的生长阶段，在中国旅游业这个庞大且开放的巨型社会经济系统中，全国各地的旅游城市之间已经很难再保持那种相互隔绝又彼此独立的封闭环境了。一定地域内不同规模等级、不同职能性质的旅游城市之间的相互联系，随着往来游客的传递而变得日益紧密。于是，一个更大范围、更广联系的具有一定结构和功能的旅游城市有机整体正呼之欲出，这就是旅游城市体系。

对于整个国家而言，旅游城市体系是区域旅游经济发展的骨架，是带动区域旅游增长的极核。同时，旅游城市体系内的各级各类城市又在一定的规律作

① 马野等著. 中心城市的经济理论与实践. 中国展望出版社，1986. 37-38.

② 胡兆量主编. 中国区域发展导论. 北京大学出版社，1999. 202.

用下形成有机的结合。因此说，旅游城市体系的出现，将昭示中国旅游城市发展的高级阶段的到来。

所谓旅游城市体系，指的是在一个较大的区域或国家中，不同职能分工、不同等级规模、联系密切、互相依存的旅游城市集合体。它是在旅游发展过程中逐步形成的，是旅游城市间相互作用的结果。对旅游城市体系的研究，是以一定区域内的旅游城市群体为研究对象的，而不是把某一个旅游城市当作一个系统来研究。

如果把对城市体系的安排与设计看作是城市体系规划的话，那么，对我国正在走向成熟的旅游城市系统进行统一的设计与安排也可以被看作是对旅游城市体系的规划，其目的在于：通过合理组织旅游城市体系内各旅游城市之间、旅游城市与旅游城市体系之间以及旅游城市体系与其外部环境之间的各种经济、社会方面的相互联系，运用系统理论与方法探究整个旅游城市体系的整体效益。在开放系统条件下，强化旅游城市作为整体与外界进行的联系，促使旅游城市体系向着有序化发展的方向转化，以达到社会、经济、环境效益最佳的发展目标。虽然本研究对旅游城市体系的规划是粗线条的和战略性的，但对指导整个中国旅游城市全局的发展，是十分必要的。

二、空间相互作用理论

城市之间的空间相互作用(Spatial Interaction)主要有三种类型①：第一类，是以城市间的物质和人的移动为特征，即生产资料与工业制成品的交换、人员的移动和各种物品的输送等；第二类，是指城市间进行的各种交易，如金融方面、财政方面等；第三类，指信息的流动和新思想、新技术等在城市间的扩散。

城市之间的相互作用必须要满足这样三个基本条件。第一，城市之间存在着某种互补性，从供给与需求的角度出发，如果两个城市之间恰巧存在着供给与需求的关系，它们之间才会产生货物和人的相互流动。城市之间的经济作用取决于城市的产业结构以及由此而引起的经济职能的差异。第二，城市之间存在着可通达性。两个城市之间要实现人员和物资上的流动，则必然要求其各自之间具备有可实现顺畅联系的交通廊道。第三，城市之间没有中间干扰机会。即两城市间彼此联系的唯一性，不存在有第三方的干扰。倘若在两城市间还有其他中间要素出现，就会引起流动起始点的替换，这样必然导致原来两个城市间的相互作用的中断。

一般情况下，两个城市间相互作用的大小与两个城市的规模成正比，与城

① 杨万钟主编. 经济地理学导论. 华东师范大学出版社，1999. 234.

市间的距离成反比，这就是引力模型。即：

$$I_{ij}=K\frac{M_i\times M_J}{D_{ij}\times b}\qquad（公式 2.1）$$

式中，I_{ij} 表示城市 i 和城市 j 之间的相互作用量；M_i 和 M_j 表示城市的质量规模（通常用城市的人口规模）；D_{ij} 表示两个城市间的距离；K 为经验确定的质量权数。

由此可见，城市间的相互作用量 I_{ij} 是随着两个城市间距离的增大而减小的，这就是地理学中经典的空间作用的距离衰减法则。根据引力模型，可以测定一对城市之间理论上的相互作用量。引力模型是空间相互作用理论的最基本模式，它已经被经济地理和地理计量学者们所熟知并广泛应用。

中国优秀旅游城市是我国旅游城市中的杰出代表。然而，从几经修订的优秀旅游城市检查与验收标准来看，以往我们对旅游城市的研究很少考虑各个城市之间的相互作用问题，优秀旅游城市的产生主要是遵循“成熟一个、发展一个”的原则，致使优秀旅游城市只是在数量上的逐年递增，却缺少城市间的彼此合作与协调；徒有单个旅游城市“一支独秀式”的发展，却很少被视为一个整体，因而也就降低了其对区域旅游业的带动作用。本研究引入城市间相互作用原理，通过引力模型的计算，求解各省域优秀旅游城市间的相互作用强度，为划定省域优秀旅游城市的市场空间范围提供科学依据。

三、区域空间结构类型分异理论

地球上任何一个城市都不可能是孤立存在的。这是因为，城市既是物质生产者，又是物质消耗者。城市活动的主要部分就是物质的生产与消耗的过程。为了维持城市正常的活动，城市与城市之间、城市与外部区域环境之间总是在不断地进行着物质、能量、人员、信息的交换与相互作用。正是这种相互作用，才把地表上彼此分离的城市结合成为具有一定结构和功能的有机整体。一个国家或一个地区内，一系列规模不等、职能各异、相互联系、相互制约、相互依存的城市集合体，这就是城市体系①。

城市体系的类型可以根据城市之间的不同组合特征，大致分为以下三种主要类型。

1. 单一核心（以某一大城市或特大城市为核心）的城市体系

这种类型的城市体系是在大城市向心增长（集聚）作用下形成的。居于该城市体系中心地位的某一城市，因其在社会、经济、科技、文化等方面的特殊

① 中国大百科全书·地理学. 中国大百科全书出版社，1990. 42.

优越的条件，逐步确立了它作为区域发展的中心地位。随着社会财富的积累，城市规模的扩大，这一中心城市对周围地区的城市产生了巨大的吸引作用，进而形成了一定范围内具有高度向心吸引性的城市聚集体。目前，世界上一些特大城市及其周围的中小城市群即属这一类型。

2. 多核心（以若干规模相仿的大中型城市为核心）的城市体系

这类城市体系的形成最初也是以大城市为中心发展起来的，在“向心——离心”[①]机制作用下，形成多中心的城市群，由于这些城市在空间距离上比较接近，城市之间在相互作用和影响下，彼此间的经济联系日益密切，并逐渐形成了分工协作关系，进而构成一组以一个以上的城市为发展带动中心，其余多个城市彼此协调、有机合作、共同发展的城市群组。我国长江三角洲地区的城市群就属于此种类型。

3. 行政型（依托各级行政中心）的城市体系

这类城市体系的形成，行政的因素在其中起了很大的作用。在这种类型城市体系中的城市规模、职能等均与其各自所属的行政级别相对应，城市之间的相互联系是在行政命令的指导下逐步建立和完善起来的。虽然这类城市间的联系过于依赖行政从属关系，但却具有极强的执行力，因而被广泛使用，我国目前的省、区内的各类城市体系大多都属于此类。

中国优秀旅游城市作为城市中旅游职能特别突出的一类城市，由于受城市自身综合旅游职能与所处区位等条件的限制，再加上多年来缺乏整体发展的概念，致使各旅游城市的发展参差不齐。特别是随着优秀旅游城市整体数量的不断增多，优秀旅游城市之间的发展差异日益加大。为适应优秀旅游城市差异化发展的需要，更为了最大限度地发挥优秀旅游城市整体的作用，有必要对各个优秀旅游城市在未来的发展规模、发展速度和发展趋势等方面上给以区别对待，有重点、有针对地使各级各类的优秀旅游城市都能分别得到发展。这样既可以进一步调动各级城市发展旅游业的积极性，同时也有利于密切各优秀旅游城市之间的联系，逐步形成全国范围内优秀旅游城市整体之间的分工与协作局面，切实带动区域旅游业的发展。

---

① 向心作用与离心作用是城市形成和发展的内在机制。在一定区域内，城市以其优越的社会、经济、科技、文化等活动条件确立其作为区域发展的中心地位，随着社会财富积累，城市规模的扩大，从而产生巨大的吸引力，导致周围地区工业和人口的进一步集聚，这就是城市的向心增长。在城市集聚增长的同时，由于环境容量和经济容量的限制，集聚效益在逐渐下降，导致城市企业向周围地区扩散，从而形成新的工业、经济乃至人口中心，相对于原有中心，呈现出城市的离心增长。向心与离心增长是城市或区域在一定条件下不断向前推进的发展过程，这一过程将逐步形成在一定区域内具有层次性的城市群体，即城市体系。

四、中心地理论

中心地理论（Central Place Theory）是由德国地理学家克里斯塔勒（W. Christaller）建立的关于城市区位的标准化理论之一，是探索城市体系内城市等级规模结构和地域空间结构规律的一种具有代表性的学说[①]，该理论主要探讨的是城市作为商业、服务业中心的等级体系问题。所谓中心地，是指向周围地区提供货物或服务的地方，由中心地提供的货物或服务被称为中心地职能。一般地讲，中心地的等级愈高，它所担负的中心地职能也就愈多。由于空间距离的衰减作用，周围地区对中心地的需求会随着距离的增加而相对减少。根据这样的思想，克里斯塔勒对德国南部进行了实地考察研究，抽象演绎出了中心地等级序列及其市场区的六边形镶嵌规律，建立了中心地理论。

克里斯塔勒的中心地理论是进行旅游中心地分析的原始理论基础。吴必虎教授在中心地理论的有关概念的基础上，结合旅游业特点，构建了关于旅游中心地的基本概念[②]。

1. 中心吸引物

中心吸引物是指在少数的地点（中心地）生产、供给，而由多数客源市场来消费的商品。旅游中心地的职能就是提供中心吸引物，旅游中心地实际上也就是提供中心吸引物的旅游场所。

2. 中心性和市场区域

中心性是相对于旅游中心地周围地区而言的，它是指从中心地供给其周围地区的中心吸引物的数量。以旅游中心地为中心的旅游客源市场的分布区域就是旅游中心地的市场腹地，亦可称为旅游市场区域或旅游中心地区域，也就是由旅游中心地周围地区向其中心输送旅游客源的地区。在旅游中心地，中心吸引物的供给有剩余，而在中心地的周围地区刚好缺少这种吸引物，旅游中心地之中心吸引物的这种剩余又便于供给到周围的区域，当两者（供给与需求）达到均衡时的区域范围就是旅游中心地的市场区域。

3. 中心地的服务范围

旅游吸引物的服务范围也有上、下限之分。服务范围的上限即中心地吸引物能够吸引客源市场的空间边界，也就是旅游中心地的市场区域范围。服务范围的下限就是为供给某种旅游产品或服务而必须达到的该产品的最小限度的需求量，也就是旅游中心地覆盖最小限度的客源市场范围。

---

① 杨万钟主编. 经济地理学导论. 华东师范大学出版社，1999. 193.

② 李悦铮，俞金国著. 区域旅游市场发展演化机理及开发. 旅游教育出版社，2005. 16-18.

4. 中心地的等级性

根据中心吸引物服务范围的大小，可将其划分为高级中心吸引物和低级中心吸引物。高级中心吸引物是指服务范围的上、下限都大的中心吸引物。具有这种高级中心地职能的中心就是高级中心地，反之就是低级中心地。按照等级性规律，一般地讲，高级中心地的数量少、服务范围广，提供的旅游产品和旅游服务的种类多、档次高；而低级中心地的数量多、分布广、服务范围小，提供的旅游产品和旅游服务的种类也少、档次也低。此外，在二者之间还存在着一些中级中心地，其供应的吸引物和服务范围介于两者之间。每个高级中心地统领着几个中级中心地和更多的低级中心地，由此构成了各级旅游中心地之间的相互关联。

5. 市场空间结构

在市场原则下形成的旅游中心地系统与传统的中心地系统一样，旅游中心地的市场空间结构也表现为六边形的网状结构。

中心地理论是在探索一定空间范围内城市的数量、规模及其分布规律时最具指导性的理论。借助该理论中关于中心地的等级和市场结构分布规律的指导，可以更好地对我国现有的优秀旅游城市进行等级区分和数量规模限制，为中国优秀旅游城市体系的建设提供可资参考的建议。

五、区域空间结构演变理论

区域空间结构是指各种经济活动在区域内的空间分布状态及空间组合形式。区域空间结构是区域经济的一种重要结构，因为区域经济活动是在地理空间上进行的。一方面各种经济活动的产生需要把分散在地理空间上的相关要素组织起来，形成特定的经济活动过程；另一方面，各种经济活动之间需要相互联系、相互配合，但是它们的区位指向又不尽相同，于是就需要考虑如何克服地理空间的约束而把这些要素相互连接起来，形成一个大的经济系统[①]。在区域经济发展中，始终都要考虑如何实现要素的空间优化配置和经济活动在空间上的合理组合，从而克服空间距离对经济活动的约束，降低成本，提高经济效益。

区域空间结构不是单纯的空间构架，它是通过一定的空间组织形式把分散在地理空间上的相关资料和要素连接起来，进而实现区域的各种经济活动。同时，区域还可以依托科学合理的空间布局形式，创造出诸如节约、集聚和规模等特有的经济效益。

---

① 李小建主编. 经济地理学. 高等教育出版社，1999. 173.

区域空间结构是在一定的发展时期和条件下，由区域内各种经济组织进行空间分布与组合的结果。随着时间的推移，这种结构也在发生着演变。

区域发展与区域规划专家弗里德曼（J.R.Friedman）在 1966 年提出的“核心——边缘”模式则是解释区域空间结构演变的最具代表性的一种理论。该理论试图解释一个区域如何由互不关联、孤立发展，变成彼此联系、发展不平衡，又由极不平衡发展变为相互关联的平衡发展的区域系统[①]。

弗里德曼是于 1966 年在研究委内瑞拉的区域发展变化时，把区域空间结构的演变划分为四个阶段的[②]，在每个阶段中，区域空间结构都表现出自己特有的形式（如表 2.4 所示）。

表 2.4　弗里德曼“核心——边缘”理论的基本内容

经济结构的变化阶段	经济增长的动态过程	经济活动的空间结构特征	经济活动的空间结构形态
前工业化阶段	以农业为主的经济结构 生产力水平低下 工业产值比重小于 10% 商品生产不活跃 经济发展水平差异小	城市规模都比较小 城市化水平低 社会经济不发达 区际间经济联系不紧密 城镇职能单一 城镇等级不完整	离散型 （低水平均衡阶段）
工业化初期阶段	社会分工更加深化 商品交换日益频繁 工业产值在经济中的比重一般达 10% 至 25% 核心区的加工与制造业得到发展 核心区与边缘区的经济差异加大	城镇之间相互联系逐步加强 城市化进程加快 核心城市逐步显现 边缘向核心的集聚现象明显	集聚型
快速工业化阶段	工业产值在经济中的比重在 25% 至 50%之间 核心区发展很快 核心区与边缘区的发展不平衡 核心区效益驱动明显 核心区对边缘区起着支配的作用	中心城市规模扩大 边缘区域内相对优越的地方出现规模较小的次级核心区域 城市等级序列规模逐渐形成 城市职能分工和互补性明显	扩散型

① 李悦铮，俞金国著. 区域旅游市场发展演化机理及开发. 旅游教育出版社，2005. 21.

② Friedman J. R. Regional development policy: a case study of Venezuela. Cambridge: MIT Press, 1996, p.127.

经济结构的变化阶段	经济增长的动态过程	经济活动的空间结构特征	经济活动的空间结构形态
后工业化阶段	核心区对边缘区的扩散作用加强 资金、信息、技术等从核心区向边缘区流动加强 边缘区域得到进一步发展	边缘区内逐渐有次级中心生成 次级中心在核心区与边缘区内的发展达到动态平衡状态 次级中心外依次产生下一级新核心，形成新的核心与边缘区 网络化城市体系形成 城市间联系更加紧密	均衡型 （高级均衡阶段）

资料来源：根据崔功豪等《区域分析与规划》，高等教育出版社，1999，第230页整理

我国学者许学强、周一星、宁越敏教授在将“核心——边缘”理论引入到对我国城市空间分布的研究时认为：城市空间分布是动态的，随着区域经济、社会的发展，城市的空间分布也会相应地进入离散、极化、扩散和成熟四个明显的阶段[①]。各个阶段的城市分布特征如表2.5所示。

在将“核心——边缘”理论应用到旅游研究中，我国的一些学者也作了大量的探索性研究。比如，吴必虎教授等的研究发现，都市居民出游率呈现距离衰减规律[②]；保继刚教授率先开展了对都市旅游核心区的游憩商业中心区（RBD）的研究[③]；吴必虎教授还提出了环城游憩带的概念，并构建了上海大都市区的环城游憩带圈层结构[④]；骆静珊对昆明作为国际旅游城市的资源环境系统结构和区域特征作了类似“核心——边缘”结构的空间解释[⑤]。以上学者们的研究表明，“核心——边缘”理论及其相关的空间圈层理论对解释旅游空间的发生过程和不平衡格局是具有积极意义的，特别是对区域旅游格局的空间认知和在旅游规划的布局方面是有重要指导意义的。正如汪宇明教授所说：“核心——边缘”理论的价值就在于，它提供了一个关于区域空间结构和形态变化的解释模型，并把这种区域空间结构关系与经济发展的阶段相联系，为区域旅游规划工作的开展提供了有效的理论工具[⑥]。

① 许学强，周一星，宁越敏编著. 城市地理学. 高等教育出版社，1997. 155-156.

② 吴必虎. 区域旅游规划原理. 中国旅游出版社，2001. 119-120.

③ 保继刚，古诗韵. 城市RBD初步研究. 规划师，1984（4）：59-65.

④ 吴必虎. 区域旅游规划原理. 中国旅游出版社，2001. 344-345.

⑤ 骆静珊. 略论国际旅游城市的基本特征. 城市旅游的理论与实践. 科学出版社，2001. 128.

⑥ 汪宇明. 核心——边缘理论在区域旅游规划中的运用. 经济地理，2002（3）：373.

表 2.5 中国城市发展不同阶段的空间分布特征

发展阶段	城市分布特征	对应图示
第一阶段（离散）	缺少重点城市，没有核心结构，构不成等级系统	图 2.1（a）
第二阶段（极化）	城市工业化兴起，城市主导产业明确，中心城市强化	图 2.1（b）
第三阶段（扩散）	城市工业化后期，中心城市扩散带动中小城市发展	图 2.1（c）
第四阶段（成熟）	城市信息化、高技术化，城市分布向均衡网络化发展	图 2.1（d）

资料来源：根据许学强等编著《城市地理学》，高等教育出版社，1997，第 156 页整理

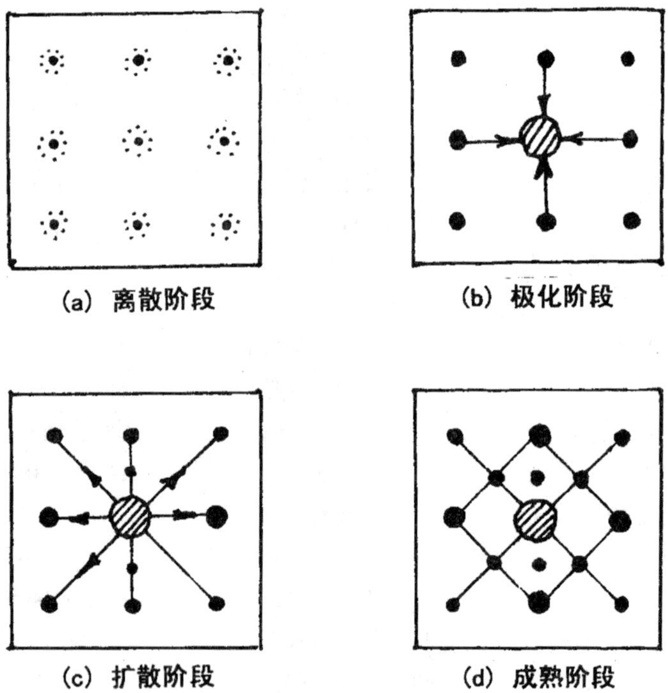

图 2.1 城市空间分布发展演变模式

资料来源：转引自许学强等编著《城市地理学》，第 156 页

中国优秀旅游城市从产生到壮大的发展进程，与“核心——边缘”理论所描述的城市空间分布发展演变规律基本一致。为此，本研究尝试运用“核心——边缘”理论的思想精髓，来探寻中国优秀旅游城市在空间上的合理布局问题，主要是基于如下的考虑。

第一，中国优秀旅游城市的创建走过了十几年艰难的发展历程，就全国范

围而言，优秀旅游城市已经具备了一定的数量规模，在“成熟一个、发展一个”的优秀旅游城市的遴选原则的指导下，优秀旅游城市在全国范围内的分布基本上是呈离散状的。

第二，在国内旅游持续大发展的大好形势下，全国各地的城市都纷纷融入到了以旅游促进城市经济发展的热潮中。那些在城市经济、文化遗存、旅游资源、人口数量等方面占有优势的城市，则率先在城市的旅游发展上抢占了先机，获得了发展。随即便出现了旅游客流、旅游经济流以及旅游信息流向这些城市的汇集，旅游中心城市就这样慢慢地出现了。

第三，伴着旅游中心城市队伍的不断壮大，其旅游职能日益强大、产业化发展趋势明显，此时旅游中心城市的发展迫切需要得到市场的补充。于是，旅游中心城市的影响力开始慢慢向周边城市扩散，或是在其周边出现次一级的旅游中心城市，这样，旅游城市的等级序列逐渐形成。

第四，伴着旅游城市间的相互联系与相互作用的日益加强，旅游城市间的层级序列日益显著，且呈网络形式向外扩展，各等级的旅游城市之间在城市旅游职能和旅游市场范围上获得均衡、协调的发展，旅游城市的空间结构日趋合理，旅游城市的空间发展逐步走向成熟，旅游城市体系由此出现。

在中国优秀旅游城市日益壮大的今天，这样一个从自由式增长、离散状分布发展起来的具有中国特色的旅游城市队伍，正逐步告别数量激增的初级发展阶段，走向规模一定、等级分明、结构合理的成熟发展阶段。为此，区域空间结构演变理论正好为指导中国优秀旅游城市的空间布局起到理论支撑的作用。

第三章 中国优秀旅游城市的地域结构

我国是一个幅员辽阔、地形复杂、人口众多、历史悠久的大国，也是一个资源丰富、客源充足的旅游大国。由于在旅游资源环境、城市开发历史等方面的差别，使各地的旅游发展很不平衡。反映到旅游城市体系的地域空间结构上，也充分表现了体系内旅游城市分布、排列、组合的地域差异和不平衡性的特征。导致这种地域分布差异的原因有很多，但归根到底还是地理基础的影响。为此，讨论中国优秀旅游城市体系的地域结构特征，可以从空间分布和地理分布两大方面去考虑。

第一节 优秀旅游城市的空间分布特征

中国优秀旅游城市遍布全国各地，截至2006年，全国31个省、区、市（未包括港、澳、台地区）均有优秀旅游城市分布。然而，就优秀旅游城市的总体分布格局而言，全国各地的分布差异是十分明显的，这是由于历史、地理和社会经济发展等多种因素的影响所造成的。虽然近年来国家在中西部地区加大了对优秀旅游城市建设的步伐，但从总体上看，优秀旅游城市“东多西少、东密西疏”的整体格局还是没有根本性的改变。

一、东多西少的整体格局

从图 3.1（图见下页）中可以清楚地看到，优秀旅游城市大多集中在我国的东部地区，尤其是集中分布在长江三角洲、珠江三角洲、黄河下游、京津地区和辽中南这几片城市密集区。截至2006年的统计数据表明：上述这5个地区的总面积仅占国土总面积的 12.9%，但却密布着占全国总数 51.4%的优秀旅游城市，可以说，这5个地区是我国优秀旅游城市分布最为密集的地区。若以东经105度经线把我国分成东、西两部分，那么，东、西两侧优秀旅游城市的分布差异就更为显著了。在东经 105 度以西，占国土面积一半的中国西部，只零星分布着 35 座优秀旅游城市，仅占全部优秀旅游城市总数的 14.2%，其余的 212 座优秀旅游城市均分布在东经 105 度以东的东部地区，东部地区的优秀旅游城市数量是西部的 6 倍多。

图 3.1 中国优秀旅游城市的空间分布（2006 年）

资料来源：作者自绘，底图据中国地图出版社 2000 年版 1:8000000《中国名胜旅游图》

再从东、中、西三大经济地带①看我国优秀旅游城市的分布。表 3.1 显示，优秀旅游城市在我国东、中、西三大经济地带上的分布数量与分布密度是逐渐递减的，这与我国的城市数量在东、中、西部地区的分布规律及其密度变化规律几乎是一致的。但是，对比三大地带上城市分布的递减规律来看，优秀旅游

① 1984 年 4 月，经六届人大四次会议原则批准，在随后公布的“七五”计划中，把全国划分成为东、中、西三大经济地带，其划分的依据就是充分考虑了地理位置、经济建设条件和现实经济技术水平等因素。迄今，三大经济地带的划分已经成为我国政府组织国民经济活动的一种重要的地域依托。东部地带包括京、津、沪、冀、辽、鲁、苏、浙、闽、粤、桂、琼 12 个省、市、区；中部地带包括晋、内蒙古、吉、黑、皖、赣、豫、鄂、湘 9 个省、区；其余为西部地区——李振泉，杨万钟，陆心贤主编. 中国经济地理（修订第四版）. 华东师范大学出版社，1999. 199。

城市占其各自地区城市密度比重的变化规律却是有所不同的（见表 3.2）。其中，东部地区城市中优秀旅游城市的密度比重是最高的，平均每 2.3 座城市中就有 1 座城市是优秀旅游城市；西部地区次之，约每 2.7 座城市中有 1 座优秀旅游城市；中部城市中优秀旅游城市密度的比重为最低，平均约每 3.3 座城市中才有 1 座优秀旅游城市。这表明：我国中部地区创建优秀旅游城市的步伐较东部和西部地区慢。

表 3.1 中国优秀旅游城市在三大经济地带上的分布（2006 年）

	优秀旅游城市数（个）	城市数（个）	区域面积（万 km^2）	优秀旅游城市密度（个/万 km^2）	城市密度（个/万 km^2）
东部地区	124	284	130	1.0	2.2
中部地区	74	247	288	0.3	0.9
西部地区	49	130	542	0.09	0.24

资料来源：根据 2006 年《中国旅游统计年鉴》和《中国城市年鉴》数据整理

表 3.2 三大经济地带上的优秀旅游城市密度比较（2006 年）

	优秀旅游城市总数 / 城市总数	优秀旅游城市占其城市总数之比例
东部地区	124 / 284	43.7
中部地区	74 / 247	30.0
西部地区	49 / 130	37.7

资料来源：根据 2006 年《中国旅游统计年鉴》和《中国城市年鉴》数据整理

二、省域分布差异显著

中国优秀旅游城市虽遍布全国，但具体到各省、区上看，其分布的差别还是十分显著的。表 3.3（见下页）分别列出了 2001 年和 2006 年两个年度里，中国优秀旅游城市在全国各省、区内的分布情况。从表中可以看到，位于长江三角洲地区的江苏省、浙江省和上海市是优秀旅游城市分布密度最高的三个地方，而西部的青海、西藏、新疆、甘肃以及内蒙古是优秀旅游城市分布密度最低的五个省、区。

具体到 2001 年的统计数据，上海市的优秀旅游城市密度最高，大约是全国平均水平的 11.4 倍。优秀旅游城市密度居全国前五位的省、市是（每万平方公里的土地上有 0.8 个以上的优秀旅游城市）上海市、海南省、江苏省、浙江省和天津市；每万平方公里的土地上有 0.4~0.8 个优秀旅游城市的有北京、辽宁、安徽、福建、山东和广东 6 个省、市；优秀旅游城市密度低于 0.4 且高于全国平均水平（0.14 个/万 km^2）的是河北、河南、湖北、湖南、广西、陕西和宁夏 7 个省、区，优秀旅游城市密度在 0.1~0.14 之间的有山西、吉林、黑龙江、江西、重庆、四川、贵州和云南 8 个省、市，优秀旅游城市密度最低的（密度小于 0.1 个/万 km^2）是内蒙古、西藏、新疆、甘肃和青海 5 省、区，其中，2001 年时青海省尚无一座优秀旅游城市。

表 3.3　优秀旅游城市省域密度差异表（2001、2006 年）

密度单位：个/万平方公里

省市区	2001 年		2006 年		省市区	2001 年		2006 年	
	优秀旅游城市个数	密度	优秀旅游城市个数	密度		优秀旅游城市个数	密度	优秀旅游城市个数	密度
北京	1	0.60	1	0.61	湖北	5	0.27	9	0.48
天津	1	0.84	1	0.84	湖南	5	0.24	8	0.38
河北	4	0.21	7	0.37	广东	13	0.72	20	1.12
山西	2	0.13	4	0.25	广西	6	0.25	7	0.30
内蒙古	2	0.02	9	0.08	海南	4	1.18	5	1.41
辽宁	7	0.48	12	0.81	重庆	1	0.12	1	0.12
吉林	2	0.11	4	0.21	四川	5	0.10	14	0.29
黑龙江	6	0.13	9	0.20	贵州	2	0.11	4	0.23
上海	1	1.59	1	1.59	云南	4	0.10	6	0.15
江苏	14	1.37	22	2.14	西藏	1	0.008	1	0.008
浙江	10	0.98	21	2.06	陕西	3	0.15	6	0.19
安徽	6	0.43	6	0.43	甘肃	2	0.04	6	0.13
福建	6	0.49	7	0.58	青海	0	0	2	0.03
江西	3	0.18	6	0.36	宁夏	1	0.19	1	0.15
山东	12	0.77	20	1.28	新疆	3	0.02	10	0.06
河南	6	0.36	19	1.14	全国	138	0.14	247	0.26

资料来源：根据 2006 年《中国区域经济统计年鉴》数据整理

2006 年的数据显示，中国优秀旅游城市密度增幅最快的是河南省、山东省和广东省 3 省（见下页图 3.2 和图 3.3）。其中，优秀旅游城市密度最高（密度在 1.0 个/万 km^2 以上）有 7 个省、市，即江苏省、上海市、浙江省、山东省、

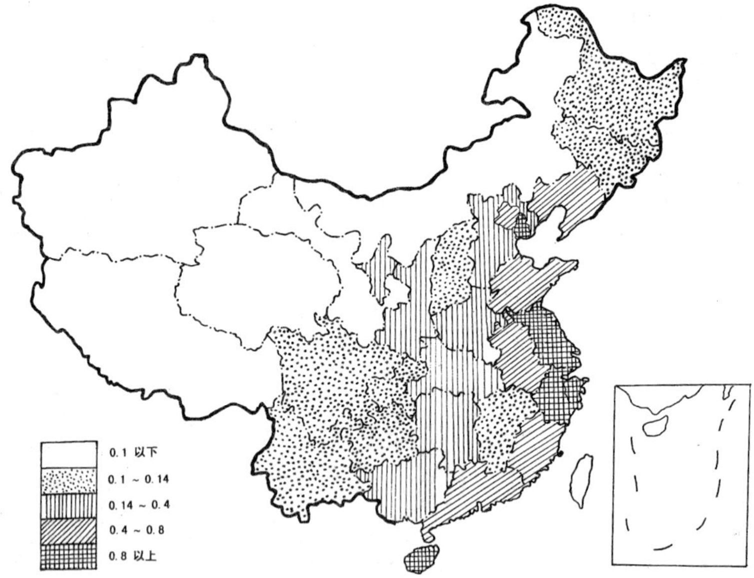

图 3.2 中国优秀旅游城市分布密度图（2001 年）

资料来源：作者自绘，底图据中国地图出版社 2000 年版 1:8000000《中国名胜旅游图》

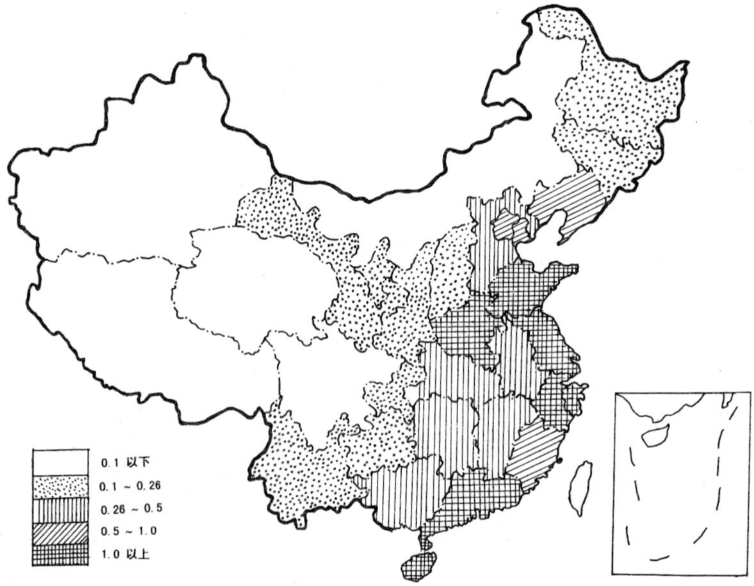

图 3.3 中国优秀旅游城市分布密度图（2006 年）

资料来源：作者自绘，底图据中国地图出版社 2000 年版 1:8000000《中国名胜旅游图》

河南省、广东省和海南省；北京、天津、辽宁和福建4省、市的优秀旅游城市密度均在0.5~1.0之间；优秀旅游城市密度在0.26~0.5之间（0.26个/万平方公里是当年全国优秀旅游城市密度的平均水平）的是河北、安徽、江西、湖北、湖南、广西、四川7个省、区；优秀旅游城市密度在0.1~0.26的是重庆、云南、陕西、甘肃、宁夏、山西、吉林、黑龙江和贵州9省、区、市；优秀旅游城市密度最低（0.1以下）的仍然还是内蒙古、西藏、新疆和青海4省、区。

三、集中分布的趋势明显

中国优秀旅游城市虽广泛分布于全国各省、区，但其相对集中的趋势还是十分明显的。这里，采用经纬网内城市分布的测定方法，即可准确获得优秀旅游城市集中分布的主要位置。下面是对中国优秀旅游城市在经纬网内分布情况的测定过程。

图3.4和图3.5分别是对2001年和2006年两个年度的中国优秀旅游城市进行经纬向统计时所作的统计分析图。

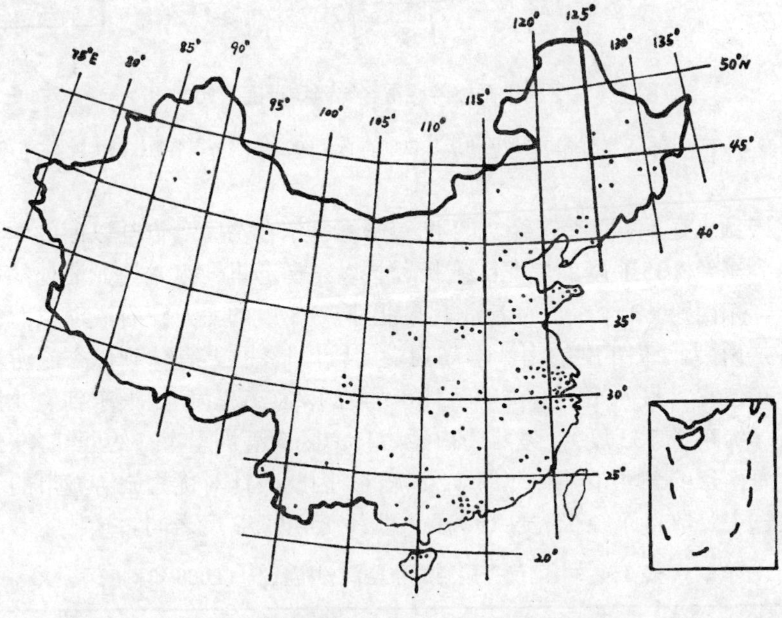

图3.4　中国优秀旅游城市经纬网统计图（2001年）

资料来源：作者自绘，底图据中国地图出版社2000年版1:8000000《中国名胜旅游图》

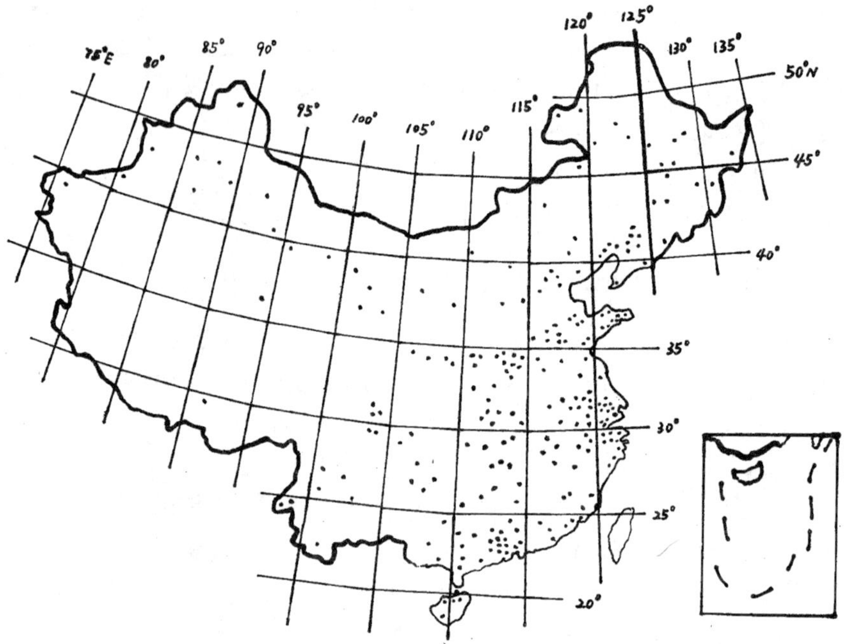

图 3.5　中国优秀旅游城市经纬网统计图（2006 年）

资料来源：作者自绘，底图据中国地图出版社 2000 年版 1:8000000《中国名胜旅游图》

我国领土辽阔，西起东经 73.2 度新疆维吾尔自治区乌恰县以西的帕米尔高原，东到东经 135.1 度的黑龙江省抚远县以东乌苏里江汇入黑龙江处的耶字界碑东角，东西跨 62 个经度；最北起自北纬 53.5 度的黑龙江省漠河以北的黑龙江江心，南到北纬 4 度的南沙群岛南端的曾母暗沙①。具体到优秀旅游城市的实际分布位置，最西始于新疆的喀什市（约东经 76.5 度），最东到黑龙江省的虎林市（约东经 133 度），最北为内蒙古自治区的满洲里市（约北纬 49.5 度），最南到海南省的三亚市（约北纬 12.5 度）。因此，针对优秀旅游城市的经纬网格设定，主要取自东经 75 度~135 度、北纬 15 度~50 度之间。

表 3.4　中国优秀旅游城市空间分布状况（2006 年）

北纬 东经	50~45	45~40	40~35	35~30	30~25	25~20	20~15	合计
135~130	1	1						2

① 华东师范大学等 8 院校合编. 中国经济地理. 华东师范大学出版社，1986. 1.

北纬 东经	50~45	45~40	40~35	35~30	30~25	25~20	20~15	合计
130~125	5	5						10
125~120	3	11	8	19	8			49
120~115	3	3	20	20	12	6		64
115~110		2	9	21	12	21	2	67
110~105		1	2	6	6	3	2	20
105~100			4	5	9	1		19
100~95			1		2			3
95~90		2	1		1			4
90~85	1	4						5
85~80	1	2						3
80~75			1					1
合计	14	31	46	71	48	33	4	247

资料来源：根据 2006 年《中国旅游统计年鉴》数据整理

从表 3.4 的统计中不难发现，我国的优秀旅游城市主要集中分布在北纬 20 度~40 度及东经 110 度~125 度之间的地区，分布在这一地区内的优秀旅游城市大约占了全国优秀旅游城市总数的四分之三，且这些地区恰好是与我国经济发达、人口众多、资源丰富的华北、华东和华南地区相吻合。因此上说，现状的中国优秀旅游城市的分布主要与该地区的人口密度和区域经济繁荣程度相关度较高（详见表 3.5）。尤其是江苏、浙江、山东、河南、广东 5 省的相关程度最为明显，只有河南的情况稍微特殊，其人均 GDP 水平稍差。

表 3.5 中国各省区旅游经济统计（2006 年）

密度单位：个/万平方公里

序号	省市名称	优秀旅游城市个数	优秀旅游城市密度	人口密度人/平方公里	旅游接待万人次	旅游收入亿元	人均 GDP 万元
1	河北	9	0.4	0.036	26041	2572	1.5
2	山西	4	0.3	0.022	6587	291	1.2
3	内蒙古	9	0.08	0.021	2551	276	1.6
4	辽宁	12	0.8	0.029	13296	955	1.9
5	吉林	4	0.2	0.015	3230	274	1.3
6	黑龙江	9	0.2	0.009	5276	339	1.4
7	江苏	23	2.1	0.073	26834	3401	2.5
8	浙江	21	2.1	0.048	13106	1377	2.8

序号	省市名称	优秀旅游城市个数	优秀旅游城市密度	人口密度人/平方公里	旅游接待万人次	旅游收入亿元	人均 GDP 万元
9	安徽	6	0.4	0.047	4747	304	0.9
10	福建	7	0.6	0.029	5881	682	1.9
11	江西	6	0.4	0.026	5095	320	0.9
12	山东	20	1.3	0.059	14255	1037	2.0
13	河南	19	1.1	0.059	10105	800	1.1
14	湖北	9	0.5	0.031	7713	473	1.1
15	湖南	8	0.4	0.032	7172	452	1.0
16	广东	20	1.1	0.052	12282	1880	2.4
17	广西	7	0.3	0.021	6641	307	0.9
18	海南	5	1.4	0.024	1516	125	1.1
19	四川	15	0.3	0.018	19288	1022	0.8
20	贵州	4	0.2	0.022	3128	251	0.5
21	云南	6	0.2	0.011	7011	428	0.8
22	西藏	1	0.008	0.0003	180	20	0.9
23	陕西	4	0.2	0.018	6081	352	1.0
24	甘肃	6	0.1	0.006	1237	63	0.7
25	青海	2	0.03	0.0008	637	26	1.0
26	宁夏	1	0.2	0.009	501	17	1.0
27	新疆	10	0.06	0.0013	1498	132	1.3

资料来源：作者整理

下面分别再从经向、纬向和重心分布三个方面，对中国优秀旅游城市的分布状况作进一步的详细分析。

（一）经向分布特征

从经向上看，中国优秀旅游城市主要集中分布在东经 105 度~130 度之间，其间分布的优秀旅游城市约占优秀旅游城市总数的 92.7%，东经 130 度以东的我国东北最东端地区和东经 105 度以西的广大西部地区，优秀旅游城市分布的则十分零星。

表 3.6 列出了 2001~2006 年度各经度地带优秀旅游城市的数量变化情况，从中可以看出：在 2001 至 2006 年间，东经 110 度~130 度内新增的优秀旅游城市数量为最多，占同期全国新增优秀旅游城市总数的 74.3%；同期，东经 100 度~110 度之间优秀旅游城市的新增数量也有大幅度提高，占同期全国新增优秀旅游城市总数的 16.5%；而在东经 100 度以西的广阔地区，优秀旅游城市的增加幅度在全国是最低的。

表 3.6　中国优秀旅游城市经向分布统计表（2001~2006 年）

经度	2001 年		2006 年		2001~2006 年间的变化	
	城市数	%	城市数	%	城市数	%
135~130	1	0.73	2	0.81	1	0.08
130~125	7	5.07	10	4.05	3	–1.02
125~120	30	21.74	49	19.84	19	–1.9
120~115	37	26.81	64	25.91	27	–0.9
115~110	35	25.36	67	27.12	32	1.76
110~105	13	9.42	20	8.09	7	–1.33
105~100	8	5.80	19	7.69	11	1.89
100~95	3	2.17	3	1.22	0	–0.95
95~90	1	0.73	4	1.62	3	0.89
90~85	3	2.17	5	2.02	2	–0.15
85~80	0	0	3	1.22	3	1.22
80~75	0	0	1	0.41	1	0.41
合计	138	100	247	100	109	—

资料来源：根据 2002、2006 年《中国旅游统计年鉴》和《中国城市年鉴》数据整理

（二）纬向分布特征

纬向分布上，中国优秀旅游城市集中在北纬 20 度~40 度之间的趋势是很明显的，其间共分布着 198 个优秀旅游城市，占全国优秀旅游城市总数的 80.2%；北纬 40 度以北的北部地区的优秀旅游城市数量居其次，占总数的 18.2%；北纬 20 度以南地区，由于只有海南一个省分布在这里，因而，优秀旅游城市的分布自然也就少了许多。

从 2001~2006 年优秀旅游城市的变化情况来看，北纬 30 度~40 度的中纬度地带优秀旅游城市的新增数量最多，占同期全国新增优秀旅游城市总数的 48.6%。自北纬 30 度往北，随着纬度的增加，优秀旅游城市的年变化百分比呈递增趋势；自北纬 30 度往南，随着纬度的降低，优秀旅游城市的年变化百分比呈递减的趋势（见表 3.7）。

表 3.7　中国优秀旅游城市纬向分布统计表（2001~2006 年）

纬度	2001 年		2006 年		2001~2006 年间的变化	
	城市数	%	城市数	%	城市数	%
50~45	4	2.9	14	5.67	10	2.77
45~40	15	10.87	31	12.55	16	1.68

纬度	2001 年		2006 年		2001~2006 年间的变化	
	城市数	%	城市数	%	城市数	%
40~35	25	18.11	46	18.62	21	0.51
35~30	39	28.26	71	28.75	32	0.49
30~25	30	21.74	48	19.43	18	–2.31
25~20	21	15.22	33	13.36	12	–1.86
20~15	4	2.9	4	1.62	0	–1.28
合计	138	100	247	100	109	—

资料来源：根据 2002、2006 年《中国旅游统计年鉴》和《中国城市年鉴》数据整理

（三）重心分布特征

表 3.8 和表 3.9 分别是从经向和纬向两个方向计算得出的中国优秀旅游城市空间分布的重心点位。结果显示：2001 年时的中国优秀旅游城市重心位于东经 112.95 度、北纬 31.88 度（大约位于湖北省襄樊市以南的地方），2006 年时这一重心点向东、向北移动，位于东经 113.86 度、北纬 32.99 度（大约位于河南省信阳市以北的地方），虽然优秀旅游城市重心从 2001 年到 2006 年表现出向东北方向缓慢移动的趋势，但是，对比我国国土的几何中心（约东经 103 度、北纬 37 度，即甘肃省兰州市东北 20 公里处）①来看，优秀旅游城市的总体分布重心仍是偏向东南沿海地带的。

表 3.8　中国优秀旅游城市空间分布重心经向计算表（2001、2006 年）

平均经度 E	2001 年		2006 年	
	城市数 n1	E×n1	城市数 n2	E×n2
132.5	1	132.5	2	265
127.5	7	892.5	10	1275
122.5	30	3675	49	6002.5
117.5	37	4347.5	64	7520
112.5	35	3937.5	67	7537.5
107.5	13	1397.5	20	2150
102.5	8	820	19	1947.5
97.5	3	292.5	3	292.5
92.5	1	92.5	4	370
87.5	3	0	5	437.5
82.5	0	0	3	247.5

① 顾朝林等著. 中国城市地理. 商务印书馆, 1999. 151.

平均经度 E	2001 年		2006 年	
	城市数 n1	E×n1	城市数 n2	E×n2
77.5	0	0	1	77.5
合计	138	15587.5	247	28122.5
平均经向重心	–	112.95	–	113.86

资料来源：据 2002、2006 年《中国旅游统计年鉴》和《中国城市年鉴》数据整理

表 3.9　中国优秀旅游城市空间分布重心纬向计算表（2001、2006 年）

平均纬度 N	2001 年		2006 年	
	城市数 n1	N×n1	城市数 n2	N×n2
47.5	4	190	14	665
42.5	15	637.5	31	1317.5
37.5	25	937.5	46	1725
32.5	39	1267.5	71	2307.5
27.5	30	825	48	1320
22.5	21	472.5	33	742.5
17.5	4	70	4	70
合计	138	4400	247	8147.5
平均纬向重心	–	31.88	–	32.99

资料来源：据 2002、2006 年《中国旅游统计年鉴》和《中国城市年鉴》的数据整理

第二节　优秀旅游城市的地理分布特征

中国优秀旅游城市呈现如上分布趋势，除了与各地争创优秀旅游城市的积极性和城市旅游发展条件有关以外，还与地理环境的影响不无关系。下面从地势、水热条件、旅游资源禀赋与交通通达度条件等方面，分析一下我国优秀旅游城市的地理分布特征。

一、主要分布在东部地势低平的地区

我国是一个高低错落、地势高差悬殊的国家。地理学上，常以七条主要山脉（它们是：昆仑山、祁连山、横断山、大兴安岭、太行山、巫山、雪峰山）

为界，将我国分为由高到低的三级地势阶梯。其中，青海和西藏两省区雄居西南，平均海拔在4000米以上，号称世界屋脊，为我国地势的第一阶梯；在青藏高原的西北和东边，海拔迅速下降到1000~2000米左右，局部地区低于500米，为我国地势的第二阶梯，它大体包含了我国新疆、内蒙古、宁夏、甘肃、云南、贵州、四川、重庆、山西和陕西在内的10个省、区、市；第二阶梯以东的广大地区，海拔多在500米以下，这里有众多东流入海的江河，将携带的泥沙沉积下来，形成依山傍海、纵贯南北的冲积平原，因而成为了我国人口与城市集中分布的地区，这里自然也是我国优秀旅游城市最密布的地区。表3.10通过对我国优秀旅游城市垂直分布的统计结果中不难看出：平均海拔在500米以下，广大的东部平原、丘陵地带，聚集了全部优秀旅游城市的74.9%，足见优秀旅游城市“东密西疏”的水平分异规律。

表3.10 中国优秀旅游城市垂直分布统计表（2006年）

	第一阶梯 海拔2000米以上		第二阶梯 海拔500~2000米		第三阶梯 海拔500米以下	
土地面积占全国%	37		47		16	
城市个数及占全国%	5	0.8	167	25.3	489	73.9
优秀旅游城市数及占全国%	3	1.2	59	23.9	185	74.9

资料来源：根据2006年《中国旅游统计年鉴》和《中国城市年鉴》数据整理

二、地处亚热带与暖温带地区者居多

我国南北跨纬度很大，由于地理纬度的影响，南北气温呈现出较大差异。根据气温的南北差异，结合农业生产的实际，我国从北到南被划分成5个温度带：即寒温带、中温带、暖温带、亚热带、热带[①]。另外，还有一个地高天寒、面积广大的高原气候区。

水热条件制约着农业生产，也同样影响着人们的生活。自古以来，气候条件就是人类聚落分布的最主要依据，城市的分布历来是向着适于人类生产与生活的地域聚集。优秀旅游城市作为当今中国人国内旅游的主要目的地城市，这些能够广泛吸引人们前往观光、游览、消费的旅游城市，就更是主要分布在那些水热、温湿等自然环境最适于人们舒适生活的地方。

从表3.11对优秀旅游城市在我国主要气候类型区的分布上可以清楚地发现，暖温带和亚热带是我国优秀旅游城市主要集中分布的地区，这里大约聚集

① 中国自然地理图集. 地图出版社，1984. 94.

了 87.5%的优秀旅游城市，其中以分布在亚热带地区的优秀旅游城市为最多。最主要的原因就是，暖温带和亚热带地区的城市所独有的自然环境，即充沛的水分、充足的热量和温润宜人的气候。

表 3.11　优秀旅游城市在我国主要气候类型区上的分布（2006 年）①

	中温带	暖温带	青藏高原气候区	亚热带	热带
占全国土地面积总数的%	25.9	18.5	26.7	26.1	1.6
城市数占全国城市总数的%	13.0	34.0	0.8	51.0	1.2
优秀旅游城市数占全国的%	9.3	34.0	1.2	53.4	2.1

资料来源：据中国地图出版社《中国自然地理图集》中国气候区划的资料整理所得

三、省域分布与高等级旅游资源数量呈正相关

众所周知，旅游资源是旅游业得以发展的前提和基础。大到一个区域，小到一座城市，其旅游业的发展与其自身旅游资源的禀赋状况应该是相互关联的。那么，是不是优秀旅游城市就是旅游资源数量和种类最多的城市呢？优秀旅游城市在全国各省、区的分布与其各自所拥有的旅游资源数量之间有什么相关性吗？

王凯在《中国主要旅游资源赋存的省际差异分析》一文中，运用反映旅游资源丰富程度的丰裕度指标，定量分析了我国各省区旅游资源的总丰度，得出了这样分析结果。（见表 3.12）

表 3.12　中国省域旅游资源总丰度（F 值）②

省　份	F　值	省　份	F　值
北京	0.584	河南	0.615
天津	0.370	湖北	0.567
河北	0.519	湖南	0.563
山西	0.814	广东	0.616
内蒙古	0.223	广西	0.397
辽宁	0.689	海南	0.440
吉林	0.405	四川	0.565

① 表中各气候类型范围是根据《中国自然地理图集》中的中国气候区划整理而得。为便于计算，中温带主要包括吉林、黑龙江、内蒙古、宁夏；暖温带包括辽宁、河北、北京、天津、山东、山西、河南、陕西、甘肃、新疆大部分地区；青藏高原气候区包括青海省和西藏自治区；亚热带包括江苏、上海、浙江、江西、安徽、湖北、湖南、贵州、广西、重庆、四川、广东和云南大部分地区；热带主要包括海南省。

② 王凯. 中国主要旅游资源赋存的省际差异分析. 地理学与国土研究，1999（3）：72.

省　份	F　值	省　份	F　值
黑龙江	0.394	贵州	0.435
上海	0.342	云南	0.721
江苏	0.600	西藏	0.420
浙江	0.707	陕西	0.696
安徽	0.589	甘肃	0.456
福建	0.641	青海	0.192
江西	0.455	宁夏	0.417
山东	0.603	新疆	0.206

资料来源：转引自王凯《中国主要旅游资源赋存的省际差异分析》，1999

王凯得出的旅游资源总丰度指数居前列的省份依次是山西、云南、浙江、山西、辽宁、福建、广东、河南、山东和江苏。这样的排列次序与优秀旅游城市在各省的分布数量并不完全一致。这里，利用王凯计算所得的省域旅游资源丰度指数，将其与我国各省区所含优秀旅游城市个数作相关分析，结果显示：我国各省域优秀旅游城市的数量分布与其所拥有的旅游资源丰度这两个变量之间没有相关性。也就是说，并非是哪个省的旅游资源数量多且种类丰富，该省分布的优秀旅游城市数量就越多。相关分析具体的输出结果见表 3.13。

表 3.13　我国省域优秀旅游城市数量与其旅游资源数量相关分析结果

Correlations

			优秀旅游城市数	资源丰度
Spearman's rho	优秀旅游城市数	Correlation Coefficient	1.000	.237
		Sig. (2-tailed)	.	.233
		N	27	27
	资源丰度	Correlation Coefficient	.237	1.000
		Sig. (2-tailed)	.233	.
		N	27	27

资料来源：Spss13.0 相关关系计算结果输出

为了进一步揭示优秀旅游城市的数量分布与旅游资源状况之间的规律，本研究又对全国 27 个省区所含的 7 项国家最高等级的（国字号或顶级的）旅游资源数量作了重新的统计。被统计的 7 项高等级旅游资源分别是：中国的世界遗产、历史文化名城、国家级风景名胜区、国家 4A 和 5A 级旅游景区、国家地质公园、国家级森林公园。具体统计结果见表 3.14 所示。

表 3.14　全国 27 个省份高等级旅游资源统计①

序号	省区	世遗（30）	历史文化名城（99）	国家级风景名胜区（177）	5A 景区（至 2007 年）	4A 景区（至 2006 年）	国家地质公园（85）	国家森林公园（433）	总计
1	河北	7	6	10	9	89	8	29	158
2	山西	2	5	5	2	18	1	18	51
3	内蒙古	0	1	1	0	16	2	14	34
4	辽宁	0	1	9	2	49	2	23	86
5	吉林	1	2	4	2	17	1	16	43
6	黑龙江	0	1	2	1	12	3	30	49
7	江苏	1	8	7	6	76	1	13	112
8	浙江	0	5	14	3	60	4	20	106
9	安徽	2	3	9	2	31	5	25	77
10	福建	1	4	13	2	25	5	8	58
11	江西	1	3	6	2	18	2	16	48
12	山东	2	6	7	3	34	3	29	84
13	河南	1	7	6	3	50	6	19	92
14	湖北	1	5	7	2	31	1	17	64
15	湖南	1	3	8	2	27	3	24	68
16	广东	0	6	7	2	37	4	14	70
17	广西	0	2	3	2	28	3	12	50
18	四川	5	8	19	5	61	10	30	138
19	贵州	0	2	12	2	4	4	6	30
20	云南	2	5	12	2	33	5	25	84
21	西藏	1	3	1	0	8	1	1	15
22	陕西	1	6	5	3	21	2	14	52
23	甘肃	1	4	3	2	19	4	11	44
24	青海	0	1	1	0	9	1	4	16
25	宁夏	0	1	1	2	1	1	3	9
26	新疆	0	1	4	3	8	2	7	25
27	海南	0	1	1	2	10	1	5	20

资料来源：作者根据相关统计整理

① 说明：河北省含（北京、天津），江苏省含（上海），四川省含（重庆）。

统计结果显示，我国高等级旅游资源在省域的分布上大体可以分为四个等级：其中，河北、四川、江苏、浙江是我国旅游资源等级最高的省份，四省中均分布有 100 个以上的高等级旅游资源。省域旅游资源居第二位（即高等级旅游资源数在 100 个以下、50 个以上）的省份依次是河南、辽宁、山东、云南、安徽、广东、湖南、湖北、福建、陕西、山西、广西。省域旅游资源等级排在第三位（高等级旅游资源数量在 20 个到 50 个之间）的省份分别是黑龙江、江西、甘肃、吉林、内蒙古、贵州、新疆。海南、青海、西藏和宁夏四省为旅游资源等级较低的省份，它们所拥有高等级旅游资源数量均不足 20 个。

把上述 27 个省份所含的高等级旅游资源数与各省所拥有的优秀旅游城市数再做进一步的相关分析，计算结果如表 3.15 所示。

表 3.15　我国省域优秀旅游城市数量与其高等级旅游资源数量相关分析结果

Correlations

			优秀旅游城市数	国字号资源数
Spearman's rho	优秀旅游城市数	Correlation Coefficient	1.000	.728**
		Sig. (2-tailed)	.	.000
		N	27	27
	国字号资源数	Correlation Coefficient	.728**	1.000
		Sig. (2-tailed)	.000	.
		N	27	27

**. Correlation is significant at the 0.01 level (2-tailed).

资料来源：Spss13.0 相关关系计算结果输出

Sig.(2-tailed)是双尾检验的显著性水平。可以看出，相关系数 0.728 的显著性水平为 0.000，表明总体中两个变量（即各省优秀旅游城市数与各省所含国字号旅游资源数）是显著相关的。0.728 的“**”和表下面的英文说明：Correlation is significant at the 0.01 level (2-tailed)(相关系数在 0.01 的水平上显著)，即说明了这一点。

相关分析的结果表明：中国省域优秀旅游城市的分布数量与其各省所拥有的高等级旅游资源数量具有较好的相关性。这也就是说，高等级旅游资源多的省份，其优秀旅游城市的数量就多。

以上的分析结果说明：我国各省优秀旅游城市的数量多少并非取决于该省所拥有旅游资源数量与种类的多少，但各省在旅游资源的质量、级别、垄断程度的高低则直接关系着该省优秀旅游城市数量的多少。

第三节 优秀旅游城市的地域集聚

上面两节分别是从地域结构与地理环境的角度来分析优秀旅游城市在全国各地的分布差异。这一节里，再从优秀旅游城市在地域分布上的空间紧密程度，来进一步揭示优秀旅游城市的地域分布规律。

一、优秀旅游城市的地域聚集区

中国优秀旅游城市在地域空间上集聚的形势是十分明显的。这可以从优秀旅游城市在不同年度省域分布密度的变化中找到答案。下面的图 3.6 就是把 2001 年和 2006 年这两个年度的优秀旅游城市省域分布密度图叠加后（即将图 3.2 与图 3.3 叠加）所得出的中国优秀旅游城市主要聚集区图，图中清楚地勾勒出了优秀旅游城市在我国主要聚集的 6 个区域。

1. 冀、辽带状优秀旅游城市聚集区

本聚集区主要是指河北与辽宁境内的优秀旅游城市，该区内的优秀旅游城市整体上形成为一个东北、西南向的条带状优秀旅游城市聚集区。从东北向西南，依次分布着：铁岭、抚顺、沈阳、本溪、辽阳、鞍山、丹东、盘锦、锦州、葫芦岛、兴城、秦皇岛、大连、承德、北京、廊坊、天津、涿州、保定、石家庄、邯郸共 21 座优秀旅游城市。

2. 鲁、豫条带状优秀旅游城市聚集区

河南、山东境内的优秀旅游城市也构成了一个呈东北、西南走向但总体呈条带状分布的优秀旅游城市聚集区。说它是条带状，主要是因为该区域内的优秀旅游城市带状分布的厚度较冀、辽带状区大了许多，这里汇集了多条优秀旅游城市聚集带。按照从西北向东南递推的顺序，这些城市依次是，河南境内的济源、三门峡、灵宝；安阳、鹤壁、焦作、新乡、洛阳；濮阳、开封、郑州、登封；新郑、长葛、禹州；商丘、许昌、舞钢、南阳，共计 19 座河南境内的城市。向东南延伸还有 19 座山东境内的城市，它们依次是寿光、淄博、聊城、潍坊、青州、泰安、曲阜、邹城、济宁和临沂，加上环山东半岛的蓬莱、烟台、威海、荣成、文登、乳山、青岛、胶南、日照，两省在这一带状区内总计聚集了 38 座优秀旅游城市。

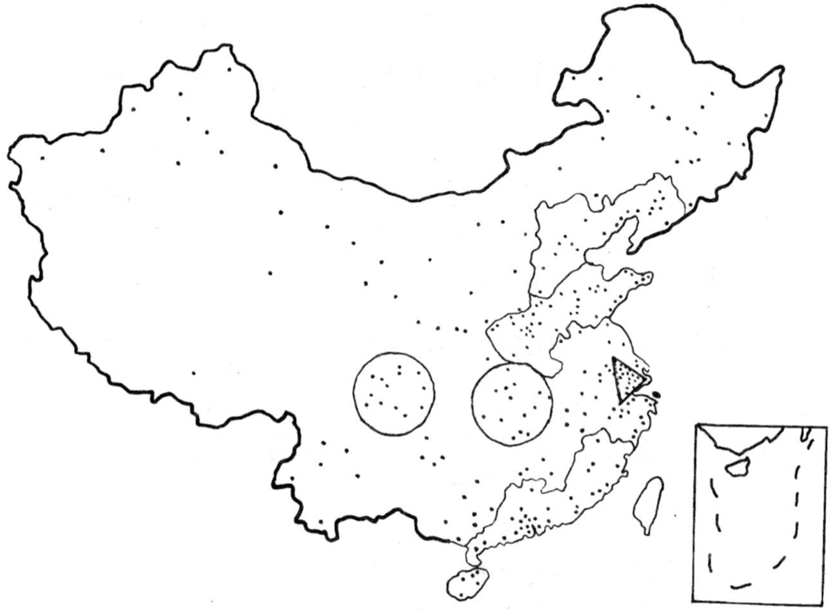

图 3.6　中国优秀旅游城市主要聚集区（2006 年）

资料来源：作者自绘，底图依据中国地图出版社 2000 年版 1:8000000《中国名胜旅游图》

3. 江、浙密集型优秀旅游城市聚集区

浙江和江苏两省是我国优秀旅游城市分布最为密集的地区。在不足全国总面积 8%的狭小地域范围内，聚集了占全国 17%、总计 44 座的优秀旅游城市，是我国优秀旅游城市密度最高的两个省区。在这一区域中密布的优秀旅游城市，主要聚集在以上海、南京和杭州三城市为顶点所构成的三角形区域内，这些城市是：无锡、扬州、苏州、镇江、徐州、昆山、江阴、吴江、宜兴、常熟、句荣、吴县、常州、南通、连云港、溧阳、盐城、淮安、张家港、太仓、如皋、宁波、绍兴、金花、临安、诸暨、建德、温州、东阳、桐乡、湖州、嘉兴、临海、温岭、富阳、海宁、衢州、舟山、瑞安、兰溪、奉化。

4. 闽、粤、琼条带状优秀旅游城市聚集区

福建、广东和海南三省的优秀旅游城市基本上是沿着海岸线的方向层层密布的，由此形成了闽、粤、琼优秀旅游城市条带状的总体聚集格局，这里总计汇聚了 32 座优秀旅游城市。自沿海向内陆依次有：福州、泉州、厦门、漳州、汕头、惠州、深圳、珠海、阳江、茂名、湛江、海口、琼山、儋州、琼海、三

亚；潮州、东莞、南海、中山、江门、开平；梅州、河源、广州、佛山；韶关、清远、肇庆；武夷山、三明、永安。

5. 川、渝团块状优秀旅游城市聚集区

在以成都和重庆为核心的四川省东部地区，各优秀旅游城市基本上呈等距离团块状的均匀分布。这也是我国优秀旅游城市分布得最为均匀的一个地域，这里一共团聚着重庆、泸州、宜宾、峨眉、雅安、崇州、江油、阆中、广安、成都、都江堰、自贡等共14座优秀旅游城市。

6. 湘、鄂团块状优秀旅游城市聚集区

湖南和湖北境内的优秀旅游城市除了湖北北部的十堰市和湖南南部的郴州和资兴市外，其余的14座优秀旅游城市都均匀地分布在以湖北荆州为圆心的区域内，整体构成一个团块状聚集的趋势。这14座优秀旅游城市依次是武汉、宜昌、荆州、钟祥、襄樊、赤壁、长沙、岳阳、常德、韶山、张家界、浏阳等。

截至2006年，全国共有163座优秀旅游城市集聚在上述这6个区域内，剩下占全部优秀旅游城市总数不到四分之一的优秀旅游城市，散布在黑龙江、吉林、山西、陕西、甘肃、江西、广西、贵州、云南和新疆这10个省、区内。在广阔的内蒙古、青海、宁夏和西藏这4个西部省、区中，只零星地分布着13座优秀旅游城市。

二、优秀旅游城市地域集聚的原因

上述这6片区总共聚集了全国163座优秀旅游城市，占全部中国优秀旅游城市总数的66%。如此强大的空间集聚是偶然还是必然，从表3.16的统计对比

表3.16 中国优秀旅游城市聚集区基本情况（2006年）

比较项目		占全国的%
优秀旅游城市数量		66.0
城市数量		61.0
高等级旅游资源①数量		62.2
非农人口数量		61.9
国内生产总值		63.5
旅游经济水平	旅游接待总人次	72.1
	旅游总收入	67.0

资料来源：根据2006年《中国旅游统计年鉴》和《中国城市年鉴》数据整理

① 这里所指的高等级旅游资源主要包括：中国的世界遗产、历史文化名城、国家级风景名胜区、国家4A和5A级旅游景区、国家地质公园、国家级森林公园这7项国家最高等级（国字号）的旅游资源。

中，可以得出这样一些初步结论：

第一，优秀旅游城市是产生于中国城市基础之上的新型城市群落，它的分布与区域内城市数量的多少紧密关联。换句话说就是，中国优秀旅游城市广泛分布在我国城市最密集的地区。

第二，优秀旅游城市是我国的城市中旅游职能特别突出的城市。城市的旅游职能如何，一定程度上讲是与该城市的旅游吸引力有着直接关系的，而诸如中国的世界遗产、历史文化名城、国家级风景名胜区等这些国家最高等级的或是国家顶级的国字号旅游资源，又是最能彰显旅游吸引力的核心要素。因此，优秀旅游城市集中分布在我国那些拥有较多高等级旅游资源的城市中是不足为奇的。即，城市中拥有较多高等级旅游资源的地区，就是中国优秀旅游城市的主要聚集区。

第三，优秀旅游城市还密集分布在那些城市非农业人口比重和城市经济水平（主要指城市 GDP 水平）较高的地区中。城市中非农人口比重较高，说明该城市中第二、三产业劳动力的比重较大，客观上能够为以服务业为主的旅游业储备较多高素质的人力资源；而城市经济水平的高低正直接影响着城市接待和旅游服务业的水平。因此，那些能够提供众多高水准服务业劳动力且服务业质量与水平较高的城市地区就是中国旅游城市密布的地区。

第四，优秀旅游城市还密布在那些城市旅游业水平较高的地区。目前，反映城市旅游业水平的主要指标中，旅游接待总人次和旅游总收入这两项指标是最重要的参数。因此，那些每年接待的游客数量多且旅游收益好的城市就是中国优秀旅游城市密集分布的地区。

第四章　中国优秀旅游城市的职能结构

在有关城市体系的研究中，城市职能的划分及其等级结构规律性的问题，是揭示城市间相互关系的关键性问题。本章从前辈学者们对我国城市职能的研究中汲取灵感，对我国优秀旅游城市的职能结构展开深入探讨，以期对中国优秀旅游城市体系的构建提供基于城市职能结构方面的分析依据。

第一节　优秀旅游城市的职能类型

本节运用定性分析的方法，对全国 247 个优秀旅游城市（截至 2006 年）作了城市旅游职能的分类。在此基础上，分析了各类优秀旅游城市职能的形成特点，结合优秀旅游城市在地域集聚上的特征，概括归纳出了我国优秀旅游城市的地域组合类型。

一、城市职能类型及其划分方法

城市职能指的是某城市在国家或区域中所起的作用和所承担的分工。城市基础理论的研究表明（周一星，1995，第 203 页）：城市的政治、经济、文化等各个领域的活动是由两部分组成的。一部分是为本地居民正常的生产和生活服务的，另一部分则是为本地以外的区域服务的。这两部分活动的发展常常交织在一起，但主动和主导的因素一般来说是后者。城市职能所关注的也主要是这方面的内容。或者说，城市职能的研究就是从整体上看一个城市的作用和特点，主要考虑的是城市与区域的关系以及城市与城市的分工问题，属于城市体系的研究范畴。

现代城市，社会经济、政治、文化生活日益广泛而深入，单一职能的城市是很少的。在国家或区域的发展中，一个城市或多或少地会承担国家或区域所赋予的多方面的职能，只不过有的职能影响的区域面广，有的则影响面小；有的职能强度大，有的职能强度弱；有的城市主要显示一个或两个主要的职能，有的则是几个职能不分上下。按照相似性和差异性原则区分城市在区域发展中所起的作用，这就是城市职能分类。

对城市职能的分类，目前主要有三种分类的方法：

1. 一般描述法城市职能类型划分

以英国学者奥隆索（M.Auronsseau）的分类方法为代表，这种分类方法主要是从城市的性质出发，抓住城市的最基本特征，进行简单而通俗的定性划分。此分类法强调城市职能的专门化，只突出城市的一项职能，没有涉及城市综合功能的分析，更缺少量化的概念。奥隆索的城市职能分类结果如下表所示：

表 4.1　描述性城市职能分类结果

类别	职能类型	城 市 类 型
1	行政城市	首都、税收城市
2	生产城市	加工制造业城市
3	交通城市	交通运输城市、贸易城市
4	防御城市	要塞城市、驻军城市、海防城市
5	文化城市	大学城、艺术中心城市、宗教中心城市
6	娱乐城市	旅游观光城市、休疗养胜地、度假城市

资料来源：张敦富主编《区域经济学原理》，第 66 页，中国轻工业出版社，1998

2. 统计法城市职能类型划分

以美国学者哈里斯（C.D.Harris）的分类法为代表。这种分类方法主要是借助统计学的分析方法，利用统计资料，用各行业的就业人数占城市就业总人数的比例作为主要的标识，并根据职能专门化相似程度进行分类。这种分类方法虽然克服了一般描述法中的个人主观判断，但在具体指标量化过程中仍不能完全摆脱经验判断模式，所不同的是将奥隆索的定性描述变成了数量描述。该分类法除增加了综合性城市类型以外，仍没有解决城市分类中只反映一个主导职能的局限性。哈里斯对美国城市所作的职能分类结果如下表所示：

表 4.2　哈里斯的美国城市职能分类标准

类别	类型号	总量个数	比重（%）
加工工业城市	M′	118	19.50
制造业城市	M	140	23.14
综合城市	D	130	21.49
零售商业城市	R	104	17.19

类别	类型号	总量个数	比重（%）
交通运输业城市	T	32	5.29
批发商业城市	W	27	4.46
娱乐休闲城市	X	22	3.64
教育城市	E	17	2.81
矿业城市	S	14	2.31
行政城市	P	1	0.17
总计		605	100.00

资料来源：孙久文《区域经济规划》，第 248 页，商务印书馆，2004

3. 多变量城市职能类型划分

以韩国学者成俊庸的分类法为代表。这种分类方法一般采用因子分析方法，通过主成分分析，将众多的变量压缩为一些具有代表性的合成变量，这些合成变量被称为因子。根据各城市对这些因子的得分，再通过聚类分析，把最相似的城市聚为一类。成俊庸使用的包括人口、家庭、年龄，学历，住宅条件，职业、产业构成，生活水准及其他等 5 组 34 个变量对韩国城市类型进行了类别划分。具体的分类结果如下表所示：

表 4.3　成俊庸的多变量城市职能分类结果

城市类别	城市名称
综合性大城市	汉城
大城市、工业城市	釜山、仁川、浦项、大丘、水原、大田、光州、群山、马山、蔚山
汉城近郊城市	城南、议政府、安养、富川
综合职能城市	春川、全州、青州、晋州、安东、镇海、木浦
停滞型城市	原州、丽水、江陵、庆州、天安、三千浦
孤立型城市	济州

资料来源：孙久文《区域经济规划》，第 248 页，商务印书馆，2004

从上面对城市职能分类方法的介绍中不难发现：对城市职能的分类走过了一个从简单到复杂、从定性到定量、从采用单指标到多指标的发展过程。我国的城市职能研究，以前多集中在城市规划学科。近年来，地理学家们已将城市职能类别的划分引入到指导区域开发的具体实践中去，并取得了较好的社会效益。在区域性的城市职能分类研究中，孙盘寿先生的“西南三省城市职能类型”[①]

① 孙盘寿，杨廷秀. 西南三省城镇的职能分类. 地理研究，1984（3）：17-28.

是最典型的例子；在全国性城市职能分类研究中，周一星先生的“中国城市工业职能分类”[①]是最为经典的一个。顾朝林教授等在对中国城市现状特征分析的基础上，基于对现代城市是经济、社会（含政治、文化等）和物资三位一体的有机实体的认识，将中国城市基本职能类型定性地划分为如下几种类型：

表 4.4　中国城市基本职能类型表

<table>
<tr><th>地域主导作用</th><th colspan="2">城市基本职能类型</th></tr>
<tr><td rowspan="3">1. 以行政职能为主的综合性城市</td><td rowspan="3">行政中心城市</td><td>全国性中心城市</td></tr>
<tr><td>区域性中心城市</td></tr>
<tr><td>地方性中心城市</td></tr>
<tr><td rowspan="8">2. 以交通职能为主的城市</td><td rowspan="3">综合交通枢纽城市</td><td>水陆空综合运输枢纽城市</td></tr>
<tr><td>水、陆运输枢纽城市</td></tr>
<tr><td>陆、空运输枢纽城市</td></tr>
<tr><td rowspan="2">部门交通性城市</td><td>铁路枢纽城市</td></tr>
<tr><td>港口城市</td></tr>
<tr><td rowspan="3">口岸城市</td><td>水运口岸城市</td></tr>
<tr><td>空运口岸城市</td></tr>
<tr><td>陆运口岸城市</td></tr>
<tr><td rowspan="13">3. 以工业职能为主的城市</td><td rowspan="6">重型工业城市</td><td>煤矿城市</td></tr>
<tr><td>石油工业城市</td></tr>
<tr><td>冶金工业城市</td></tr>
<tr><td>电力工业城市</td></tr>
<tr><td>化学工业城市</td></tr>
<tr><td>建材工业城市</td></tr>
<tr><td rowspan="7">轻工业城市</td><td>机械（含电子）工业城市</td></tr>
<tr><td>食品工业城市</td></tr>
<tr><td>纺织工业城市</td></tr>
<tr><td>森林工业城市</td></tr>
<tr><td>皮革工业城市</td></tr>
<tr><td>造纸工业城市</td></tr>
<tr><td>其他类型</td></tr>
<tr><td rowspan="3">4. 以流通职能为主的城市</td><td rowspan="3">贸易中心城市</td><td>地方贸易中心城市</td></tr>
<tr><td>对外贸易中心城市</td></tr>
<tr><td>旅游城市</td></tr>
</table>

资料来源：顾朝林等著《中国城市地理》，第 185 页，商务印书馆，1999

① 周一星，R. 布雷特肖. 中国城市（包括辖县）的工业职能分类：理论、方法和结果. 地理学报，1988（43）：287-298.

总之，在中国的城市职能分类中，较多使用的还是统计描述的方法。这一方法简单又直观，分类时所依据的数据主要是城市职能部门的专业化程度和职能规模这两个方面。然而，对全国的综合性城市职能分类的研究目前还没有理想的研究结果。主要的障碍不在于研究方法与技术，而是普遍地缺乏可以系统使用的统计资料（许学强等，1997）。

二、优秀旅游城市的职能类型与划分方法

中国优秀旅游城市是诞生于上世纪 90 年代中期的我国旅游业大发展时期，为促进城市旅游业发展而在全国城市中推出的一种新型城市类型。它的出现原本没有赋予更多的实际含义，只是一个城市符号而已。然而，随着旅游业在全国广泛深入地发展，旅游在城市的经济、社会、环境发展中的地位与作用不断被提升，城市的旅游功能不断得到提高与加强，旅游功能型城市正逐渐从城市的诸多职能中分离出来，成为了主导某些城市发展的核心动力。今天，当越来越多的城市获得了“中国优秀旅游城市”称号之后，对旅游城市类别的划分以及区域间旅游城市的分工与协作问题的研究便自然地摆上了研究议程。

衡量城市职能的指标可以有多种，归纳起来无外乎两个方面：一是，城市的某一职能在城市职能组合中的地位，常常以比例关系来表达，主要用来反映城市的专业化程度；二是，城市的职能规模，往往用输出城市以外的量来表达，它所显现出的是城市职能在国家或区域中的地位问题。

截至目前，尚未发现有对旅游城市职能分类问题的相关研究。这里，作者借鉴城市科学中对城市职能的分类方法，对中国优秀旅游城市的职能种类作了进一步的细分。由于缺乏必要的系统统计资料（因为县级城市不在国家城市统计数据范畴之列，而中国优秀旅游城市中又有三分之一多的城市属于县级城市），为此，这里对优秀旅游城市的职能分类只好采用一般统计描述法，即选用了各城市年接待旅游者数量这一统计数据，再综合考虑了城市地位及其区位优势等因素，对全国的 247 个优秀旅游城市（截至 2006 年）做了城市旅游职能的定性分类。具体的分类结果如表 4.5 所示。

1. 综合性旅游城市

中国优秀旅游城市是在我国城市体系基础上发展壮大起来的。我国的城市发展由于有多年来形成的自上而下的行政（政治）管理系统，以及相互之间在经济、文化间的深刻作用与影响，其结果是造就了某些具有强烈地域中心作用的城市出现，这些城市也就是那些地域行政中心城市，即绝大多数的省会城市，如：沈阳、吉林、南京、杭州、郑州、武汉、广州等；或是交通地位特别突出重要的城市，如：天津、大连、上海、青岛、深圳等。上述这些城市不仅集较

表 4.5　中国优秀旅游城市职能类型表

<table>
<tr><th>职能类别</th><th colspan="2">城市名</th></tr>
<tr><td>综合性旅游城市（22 个）</td><td colspan="2">北京、天津、大同、大连、沈阳、吉林、上海、南京、无锡、苏州、杭州、宁波、青岛、郑州、武汉、长沙、深圳、广州、佛山、重庆、成都、西安</td></tr>
<tr><td rowspan="6">专业化旅游城市（162 个）
年接待游客量占全国 1%~0.1%之间的旅游城市</td><td>资源型</td><td>秦皇岛、承德、太原、呼和浩特、长春、呼伦贝尔、鞍山、抚顺、哈尔滨、葫芦岛、伊春、大庆、齐齐哈尔、牡丹江、扬州、镇江、盐城、淮安、宜兴、绍兴、金华、湖州、嘉兴、舟山、建德、奉化、厦门、福州、泉州、三明、武夷山、黄山、安庆、芜湖、南昌、九江、赣州、鹰潭、景德镇、济南、威海、烟台、泰安、淄博、潍坊、日照、济宁、曲阜、荣城、开封、洛阳、安阳、焦作、登封、宜昌、荆州、十堰、襄樊、荆门、岳阳、常德、张家界、韶山、珠海、肇庆、中山、韶关、清远、南海、桂林、北海、桂平、海口、三亚、乐山、绵阳、宜宾、泸州、都江堰、峨眉、昆明、景洪、大理、瑞丽、丽江、遵义、咸阳、宝鸡、延安、西宁、银川、武威、乌鲁木齐、吐鲁番（94 个）</td></tr>
<tr><td>近邻型</td><td>晋城、本溪、辽阳、铁岭、盘锦、诸暨、海宁、漳州、马鞍山、聊城、三门峡、鹤壁、新乡、江门、汕头、惠州、河源、琼山、广安、自贡、雅安（21 个）</td></tr>
<tr><td>经济型</td><td>常州、南通、昆山、江阴、吴江、常熟、句容、吴县、溧阳、温州、东莞（11 个）</td></tr>
<tr><td>枢纽型</td><td>廊坊、保定、邯郸、包头、赤峰、锦州、丹东、徐州、连云港、柳州（10 个）</td></tr>
<tr><td>地位型</td><td>石家庄、合肥、南宁、贵阳、兰州（5 个）</td></tr>
<tr><td>其他型</td><td>衢州、东阳、桐乡、临海、温岭、临沂、胶南、青州、濮阳、商丘、南阳、长葛、郴州、阳江、湛江、梅州、茂名、玉林、梧州、攀枝花、凯里（21 个）</td></tr>
<tr><td>单一性旅游城市（63 个）
年接待旅游人次不足 200 万</td><td colspan="2">涿州、永济、锡林浩特、满洲里、扎兰屯、阿尔山、霍林郭勒、兴城、蛟河、集安、阿城、绥芬河、铁力、虎林、张家港、太仓、如皋、临安、富阳、瑞安、兰溪、永安、亳州、井冈山、蓬莱、文登、乳山、邹城、寿光、许昌、济源、灵宝、新郑、禹州、舞钢、鄂州、钟祥、赤壁、资兴、浏阳、潮州、开平、儋州、琼海、崇州、阆中、江油、潞西、都匀、拉萨、敦煌、嘉峪关、天水、张掖、格尔木、克拉玛依、库尔勒、喀什、哈密、阿克苏、伊宁、阿勒泰、石河子</td></tr>
</table>

资料来源：作者整理

高的城市行政地位、便利的城市交通和发达的城市文化设施等综合性的多功能于一体，而且在旅游发展中也普遍受到了广大游客的眷顾，结果造成这些城市无论是在旅游接待量上还是在城市的旅游收入上都明显地高于其他城市。由于这些城市在全国旅游统计中占有着突出重要的地位，长期以来一直被国家视为主要旅游城市。为此，本研究将北京、天津、大同、大连、沈阳、吉林、上海、南京、无锡、苏州、杭州、宁波、青岛、郑州、武汉、长沙、深圳、广州、佛山、重庆、成都、西安这22个城市划为第一类旅游职能城市，称其为多功能综合性旅游城市。

2. 专业化旅游城市

这是一类起着承上启下作用的旅游城市，这类城市的地位和区位虽比不上上述那22个城市重要，但却是我国旅游业发展上的中坚力量。这些城市在旅游资源赋存、旅游设施建设、旅游接待与服务以及旅游经济效益等方面，也都高居全国其他城市的前列。这些城市因在涉及食、住、行、游、购、娱等旅游要素方面所表现出的超强优势，故被称作专业化旅游城市。属于这类的城市共有162个，按照城市职能的专门化程度还可以再细分为：资源为主的旅游城市，如秦皇岛、承德等；交通枢纽为主的旅游城市，如徐州、柳州等；紧靠旅游热点城市的近邻型旅游城市，如本溪、辽阳等；经济地位突出的旅游城市，如昆山、温州等；城市地位显著的旅游城市，如石家庄、合肥等；以及其他型（各方面表现均不突出，但城市年游客接待量不少于200万人次）旅游城市，如衢州、东阳等，共计6个小类。具体城市名详见表4.5。

3. 单一性旅游城市

这种类型的旅游城市的城市规模相对较小，且城市也只能满足游客某一种或少量几种单一的旅游功能，整个城市尚不能在食、住、行、游、购、娱等各个方面为游客提供多样而全面的综合性旅游服务，因而其旅游影响力相比以上两种类型的城市要弱小得多。在全部的63个这类旅游城市中，除了许昌（河南），鄂州（湖北），潮州（广东），拉萨（西藏），天水、嘉峪关、张掖（甘肃），克拉玛依（新疆）这8个城市属于地级城市外，其余的城市全部都是县级市。行政级别上的较低，使得这类型城市所能提供的旅游功能受到了很大限制，其对外的旅游辐射能力也比较有限。

三、优秀旅游城市职能的形成特点

1. 城市的政治地位直接影响着城市的旅游职能

我国城市的发展，长期以来形成了一整套与政治地位相关联的城市职能体系。即城市在政治、经济、文化职能上高度集中，且城市经济、文化职能的强弱很大程度上受制于城市政治职能的变化。因此，历史上城市政治职能的演化就成为了城市兴衰的重要因素。建立在我国城市基础之上、突显于改革开放之后的城市的旅游职能自然也不例外。在上述22个表现出综合性职能的旅游城市中，除北京、天津、上海、重庆4座国家直辖城市之外；大连、沈阳、吉林、南京、杭州、郑州、武汉、长沙、广州、成都、西安这11座城市，全都是我国传统的地方政治中心。多年的政治中心地位，使得这些城市无论在城市的历史与文化还是在城市的经济与发展上，都得到了超强的积聚与显著的加强。因此，它们享有综合且多功能的旅游城市地位也就不足为奇。而大同、无锡、苏州、宁波、青岛、深圳、佛山这7座城市，虽不是地域行政中心城市，但却因其在旅游资源、城市文化底蕴和城市现代文化等方面所取得的卓越成就，始终位列国家最具影响力的传统旅游城市行列（《中国旅游统计年鉴（2006年）》第138页），因而它们也跻身于这类综合职能型的旅游城市队伍。

2. 城市的旅游经济水平决定了城市旅游职能的影响力

长期以来，中国旅游业的发展始终是围绕着为国家的经济建设和区域的繁荣与发展服务。因此，旅游经济收益状况及其旅游吸引力水平最先成为了反映一个地区及城市旅游业发展的主要标准。尽管在“以人为本”和“科学发展”理念的引导下，片面追求旅游经济效益的倾向有所好转，但毋庸置疑：城市旅游吸引力，准确地说就是到访城市的旅游人数，依然还是较好地区分城市的旅游业发展能力并真实地反映出城市在区域旅游业发展中地位的最有力的量化指标。表4.6是对三种不同旅游职能类型的城市所作的年均游客消费统计，统计结果显示：旅游职能越高的城市提供给游客的消费能力则越高。具体地讲，游客在综合性旅游城市中的人均年旅游消费是在单一职能旅游城市中的人均年旅游消费量的2.2倍以上。

表4.6　不同类型旅游城市的人均旅游消费（2006年）

类 序	类 型	年均游客消费[①]（元/人）
一	综合性旅游城市	1039
二	专业化旅游城市	626
三	单一性旅游城市	479

资料来源：根据《中国旅游统计年鉴（2006年）》数据整理

3. 城乡差异强化了城市的旅游职能

在我国三类旅游城市类型中，22个综合性旅游城市中的绝大多数，由于始

① 年均游客消费=全年旅游总收入÷年接待游客总数

终位居我国的区域政治、文化中心，因而它们都具有极高的城市化水平。结果，这些城市便顺理成章地渐进地演变成为我国的区域旅游骨干城市或是具有综合性职能的区域旅游核心城市。

在162个专业化职能的旅游城市中，有79%的城市是地级市，这类城市形成的时间比较长，且普遍具有与地区内各县（旗）交通方便的优势，同时再依仗其在行政地位上的优势广泛吸引投资、大力发展城市建设，致使这样的城市较早地成为了我国具有较强专业化水准的旅游城市。虽然在162个城市中还有34个县级市，但这34个县级市中有近一半的城市是处在经济发达、资源富硕的江浙地区，剩余的那一半县级市，也大多来自旅游大省或是那些旅游发展历史悠久的著名旅游城市，比如像山东的曲阜、河南的登封、四川的峨眉与乐山，以及云南的丽江、大理等。

唯有第三类“单一职能性旅游城市”主要是由县级市为主的城市构成的。由于县级市主要都是那些坐落于乡村的县域政治、经济、文化中心，其城市化进程比较晚，城市化水平也相对于地级以上城市较低。因此，绝大多数的县级城市最多也只能相应地发展成为具有某一单项或具有少量几项职能的单一职能型旅游城市。

第二节 优秀旅游城市职能体系分析

所谓旅游城市职能体系就是：由若干旅游职能类型的城市群落所组成的，在城市旅游功能上相互联系、彼此协调，并构成具有一定旅游功能结构的旅游城市系统。结合上一节中对我国优秀旅游城市职能类型的划分，本节重点对我国优秀旅游城市整体的职能体系作初步的规划设计。

一、综合职能型

这是我国城市旅游职能最多、城市旅游职能影响力最大、在整个全国的旅游城市体系中居核心和主导地位的一类旅游城市。它包括北京、天津、大同、大连、沈阳、吉林、上海、南京、无锡、苏州、杭州、宁波、青岛、郑州、武汉、长沙、深圳、广州、佛山、重庆、成都、西安共计22个城市。凭借这些城市自身在区位、经济、政治、旅游资源等方面所拥有的优势，它们应该承担起国家或区域的旅游发展核心的重任。尤其应该成为国内外旅游者首选的旅游目的地城市和游客集散中心、全国重要的旅游客源产出城市与游客休闲消费中心和国家旅游业发展的主要依托城市与游客聚集中心。国家可以依靠这22个城市的强大的对外旅游辐射作用，相应带动起各个区域的城市旅游业的发展。因此，这22个城市既是国家旅游城市的核心力量，又是区域旅游的核心城市。

上述22个综合职能型旅游城市中的绝大多数都分布在我国的东部或东南部地区，而广大的西北、西南和东北地区，旅游城市职能的综合性程度是比较薄弱的。虽然这些地区并不缺少发展旅游所需的资源条件，但是，这些城市在为旅游业发展提供配套服务的能力上还是较东部或东南部地区的综合职能型旅游城市要差很多。为此，西北、西南和东北这三大区域必将成为我国即将开始的大规模城市基础设施建设中的最主要、最迫切需要投资和下大力量进行城市职能改造的区域。这样才能为国内外游客创造一个均衡的无差异（或少差异）的旅游空间。

二、专业化职能型

这是一类起着承上启下作用的旅游城市，也是包含数量最多的一类旅游城市，更是构成我国区域旅游市场与未来的区域旅游分工协作区所主要依托的一类旅游城市，共有秦皇岛、承德、黄山、张家界、桂林、三亚、丽江等162个城市。这类城市的旅游职能虽赶不上综合职能型旅游城市那么强大，也没有像综合职能型旅游城市那样富有扩张性，但是它们在某些方面上所表现出的一致性与互补性，却为城市之间的旅游分工与协作提供了可能。

之所以将此类城市定名为专业化职能型旅游城市是出于这样的考虑。一是，在众多的旅游城市中有相当一部分城市的某些职能在全国各城市中占据特别突出重要的地位。这其中就有旅游资源特别突出的城市，如安徽的黄山市；还有城市经济特别突出的城市，如浙江的温州市；更有地处交通枢纽位置上的城市，如江苏的徐州市等等诸多细分的城市职能。这里，按照各个职能细类，分别给予其专业化的命名。二是，将城市职能按照专业化程度进行细分，为今后旅游城市间的合作搭建起职能互补的平台。总之，职能分类越细，城市间寻找互补型合作伙伴也就越容易。

这些专业化职能型的旅游城市，既是所含旅游城市数量最多的一类（共计有162个城市），也是细分种类最多的一类（有6种细分的小类，见表4.5），还是分布范围最广的一类，其分布遍及了全国东部、中东部和东南部的广大地区，尤其主要密布在东经100度至120度之间的广大中东部地区。广博的地域范围和复杂多样的地域条件，不仅造成了这类旅游城市职能专业化的形态多种多样，也使得这类旅游城市在职能专业化程度上表现出巨大差别。而旅游城市在职能上的差异与差距恰恰为这些城市提供了相互补充、协调合作的可能和便利。更为重要的是，旅游城市在职能上的相互补充与和谐统一的发展，是在全国范围内形成统一完整的国家旅游城市体系的重要条件。因此，发现并区分优秀旅游城市的旅游职能差异并予以必要的补充、协调与完善，将会有利于我国优秀旅游城市体系的整体建设。

对总共162个专业化旅游城市，城市的旅游职能还可以从某一职能在城市旅游发展中的主导地位的角度，被更进一步地细分为：资源主导型、经济主导型、交通枢纽型、行政地位型、靠近旅游热点城市的近邻型和其他型6个小类。

以资源见长的旅游城市，这类城市的旅游发展主要还是依靠其自身固有的资源优势，走依托资源发展旅游的路子。由于资源种类的多样性所致，使这类城市还可以再细分出如海滨型旅游城市（比如秦皇岛、哈尔滨、厦门等）、古城型旅游城市（如承德、开封、济南等）、山水型旅游城市（如扬州、桂林、武夷山等）等多种风格各异的旅游城市。这些风格各异的旅游城市亦会根据其自身的资源特点，开发出与之相适应的多种多样的旅游产品。例如，山水型城市可以重点发展以观光游览为主要产品形态的旅游活动；有条件的海滨型城市则会尽可能地为游客提供季节性度假旅游产品；而古城型旅游城市则会通过深入挖掘城市特有的文化魅力，开发出观光加风情体验式的休闲度假型旅游产品。

对于那些靠近旅游热点城市的近邻型旅游城市来说，它的发展在很大程度上是依靠这些热点旅游城市的带动，或是利用这些旅游热点城市的超强人气，自发地走上为热点城市作旅游配套服务。这类的旅游城市代表性的有，紧邻河南焦作旅游热点城市云台山市附近、位居山西东南部的晋城市；围绕在辽宁省的中心城市沈阳市周边的本溪市、辽阳市、铁岭市和盘锦市；还有紧靠风景如画的福建省厦门市附近的漳州市等等。这些城市被称为近邻型的旅游城市，依托与其邻近的热点旅游城市，广泛开发出了为热点旅游城市配套服务的旅游产品项目，其功能就好像是热点旅游城市周边的卫星城一样，紧密地围绕在热点旅游城市周边，差异化的发展为热点城市配套的旅游产品便是这类旅游城市的发展方向。

此外，还有两类城市单项旅游职能特别突出的城市，一类是城市经济特别发达的城市，另一类则是城市交通区位特别重要的城市，它们分别被称作经济型旅游城市和枢纽型旅游城市。以城市经济著称的经济型旅游城市，代表性的有江苏省的昆山市、浙江省的温州市还有广东省的东莞市；处在交通要冲地位的枢纽型旅游城市，最有代表性的如河北省的保定市、江苏省的徐州市、广西自治区的柳州市。上面这两类旅游城市的核心竞争力主要源自其自身在城市经济与交通方面的重要地位。依仗发达的城市经济实力，城市有足够的能力提供给游客以丰富且高档次的接待服务与休闲娱乐设施，进而成为广大游客争相前往的旅游目的地；同时，发达的城市经济为当地居民所带来的高消费能力亦可以使其成为源源不断的旅游客源产出地。而那些地处交通要冲或交通枢纽位置上的旅游城市，因便捷的外部交通条件可以为其带来丰富的旅游客源，因此，地处交通要塞的枢纽型旅游城市的旅游客源是充足和有保证的。这样看来，交通枢纽地位和发达的城市经济亦可以成为两种专业化职能极强的旅游城市类型。

在专业化职能型旅游城市中还有这样一类城市比较特殊，论地位，它们是地区级中心城市，但其城市职能的综合性与对外影响力远不及综合性旅游城市；然而，城市中的各单一职能指标又明显高于同档次的其他城市。因此，这类旅游城市在旅游发展中依然占有相对的综合优势。作者认为，这类城市主要是依靠其自身特殊的城市地位招徕游客、发展旅游的，因而称这类城市为特殊城市地位型旅游城市。属于这一类型的代表性城市有石家庄市、合肥市、南宁市、贵阳市、兰州市等。

当然，在众多的专业化职能型旅游城市中更有许多像山东的临沂、河南的商丘、浙江的衢州、湖南的郴州、广东的阳江、广西的玉林、四川的攀枝花等这样的城市，因城市中某些突出的个性化原因也使其年旅游接待量在200万人次以上，因可观的年游客接待量，这类城市也被列入了专业化职能型旅游城市中，称其为其他类。

三、单一职能型

这类旅游城市主要是以县级市为主体的一类旅游城市。相对于综合性或专业化这两类旅游城市，这类以县级城市为主体的旅游城市，无论是在城市的旅游职能种类与级别上，还是在城市职能的影响力上都处于弱势地位，这类的城市主要是依靠其城市中某一种或某一项最具影响力的吸引要素来推动整个城市旅游的发展。比如，以浓郁的草原风情为主要吸引物的锡林浩特市、霍林郭勒市，以边境贸易加口岸集散功能为特点的集安市、绥芬河市，以红色圣地、革命摇篮著称的井冈山市、瑞安市，民族风情城市拉萨市、喀什市，还有海上仙境蓬莱市、孟子故里邹城市、西域雄险嘉峪关市、农垦新城石河子市等等特色鲜明的旅游城市。它们虽不具备综合职能型旅游城市的强力集聚与扩张的旅游吸引力，也缺少专业化城市在旅游职能方面的专门化程度。但是，鲜明的城市特色和独一无二的城市魅力是这类旅游城市跻身旅游市场的核心竞争力。也正是由于这些特色各异的旅游城市所呈现出的多样化的旅游产品，才使得我国总体的旅游产品市场变得更加绚烂迷人和丰富多彩。它不仅是我国旅游城市体系中的一级职能类别，更起着丰富和完善我国旅游产品市场的重要作用。

从空间分布上看，绝大多数的单一职能型旅游城市都集中分布在西北（新疆与甘肃）西南（青海与西藏）和东北（内蒙古的东北部与黑龙江省大部）三地。这一方面表明了西北、西南和东北三地旅游城市职能的单一性特点，另一方面也正好说明这三大地域内的旅游城市特色比别的地方要鲜明和显著得多。由于在西北、西南和东北这三大地域内目前优秀旅游城市分布的密度比较低，因此可以预见，这里将成为今后我国优秀旅游城市发展最具潜力的地方。

第三节　优秀旅游城市职能的地域组合

中国优秀旅游城市是在我国城市基础上发展起来的，它的空间分布已由城市分布所决定，无从改变。但在现有的分布基础之上，通过调整旅游城市的职能结构，是可以最大限度地实现区域间旅游的均衡与协调发展的。本节所讨论的优秀旅游城市职能的地域组合问题，便是为构建合理的中国优秀旅游城市体系所搭建的城市旅游功能基础。

一、影响优秀旅游城市职能地域组合的主要因素

由于各个地区的旅游发展条件、地区经济基础、旅游开发历史的不同，不同地区旅游城市体系的职能类型与职能结构会有较大差异。由不同职能类型的旅游城市在地域空间上的相互组合，搭建起了全国的旅游城市体系的职能结构关系，也突显了全国各个地区旅游城市的职能特点。

影响我国旅游城市职能地域组合特点的因素主要有以下三点：

1. 城市旅游资源基础条件

旅游城市区别于其他城市的最突出的特点，就是该城市具有招徕游客开展旅游活动的旅游吸引物。说到底，旅游城市吸引力的强与弱，主要还是取决于城市旅游资源水平的高与低。某区域内或某城市中如若拥有了居全国垄断地位的超强吸引力的高等级旅游资源，伴着源源不断的旅游客流的到来，为满足游客的需求，城市相应地会在游客接待、客流集散、导游服务、购物消费等方面作出必要的配置与安排，城市的旅游职能因而获得了极大增强。

2. 城市开放程度与经济基础条件

除了天然的美景或世间奇观可以吸引广大旅游者纷至沓来之外，繁荣的都市风貌和舒适又现代的城市生活，也是吸引众多旅游者前往的主要旅游吸引物。因此，在那些开放性的且开发历史悠久、城市经济基础雄厚又兼具较好的城市

景观风貌的城市中，多功能、综合性、现代化的城市功能之优势，就是其最好的旅游职能优势。这样的旅游城市则更多地是为游客提供着娱乐与购物、休闲与度假等的旅游需要。

3. 完整旅游线路组织的需要

当旅游城市之间因资源互补、区位临近、彼此间可构成完整的旅游线路时，亦可影响到城市的旅游职能。假如在某一特定区域内，两个旅游城市之间在资源上存在互补关系且相互临近，这客观上方便了游客对旅游线路的组织与安排；同时，两城市也可以在食、住、游、购等方面分别有所侧重，取得互相促进、相得益彰的效果。京、津两市的旅游合作模式（吃、住在天津，游、购在北京，短短30分钟的城际高铁已把京、津两市的旅游发展紧紧地连在了一起）就是最好的例证。

二、优秀旅游城市职能的地域组合类型

在旅游城市的资源状况、经济基础与开发、开放历史和旅游线路组织的需要等主要因素的影响下，再结合考虑优秀旅游城市在空间地域上集聚的分布特点（第三章第三节所述），可以把我国优秀旅游城市职能在地域上的组合概括归纳为以下四种主要类型（见表4.7）。

表4.7　中国优秀旅游城市职能地域组合类型

城市主导职能类型	代表性区域	旅游职能组合结构
资源组带型	以京、津、冀、鲁、豫为中心的中原地区	食住行游四位一体
	以沈阳、大连为中心的辽中南地区	
经济依托型	以沪、杭为中心的江浙地区	游购娱与度假相结合
	以广州为中心的珠江三角洲地区	
故里思乡型	以福州、海口为中心的闽南沿海开放区	探亲、度假为主
游线主导型	以川、鄂、湘为中心的长江中游沿岸地区	食住行游四位一体

资料来源：作者整理

1. 资源组带型优秀旅游城市职能组合

这种类型的优秀旅游城市的职能组合主要是在那些拥有相似或互补性旅游资源的城市中，为满足游客游览、观光的需要而逐渐组合发展起来的。城市的旅游职能主要围绕食、住、行、游四位一体的功能形式。以中原地区京、津、冀、鲁、豫三省二市最为典型。该区域是我国优秀旅游城市集聚分布的地区之一，既是中华古文化的发祥地，又有种类齐全、数量繁多的高品质人文旅游资源，还兼有绝佳的山水类自然风光特色，更处在首都近畿的重要交通地位，于

是便形成了以北京、天津、石家庄、济南、青岛、郑州为核心，以秦皇岛、承德、廊坊、保定、邯郸、涿州为补充的集食、住、行、游四位一体式的游览观光职能的旅游城市组合。此外，在以沈阳、大连为中心的辽中南优秀旅游城市聚集地区，其旅游城市的职能组合形式也同于此。

2. 经济依托型优秀旅游城市职能组合

这种类型的优秀旅游城市职能组合多见于区域经济发展较快、城市经济实力雄厚的优秀旅游城市集聚区。例如，以沪、杭为中心的江浙地区和以广州为中心的珠江三角洲地区。这是我国目前区域经济与城市经济最为发达且水平最高的两个地区。同时，江浙（华东地区）与华南地区也是我国自然山水风光和人文景观兼优，旅游资源最密集、类型最多的旅游区。丰富的旅游资源、便利的城市交通再加上舒适的生活设施，极大地吸引着国内外游客的到来。在雄厚的区域经济实力的支持下，整个地区、甚至区域内的每个城市，不仅能为游客提供高水准的食、住、行的需要，也有实力为旅游者创造购物、休闲娱乐、度假疗养等更高层次的旅游消费服务。与其说这是华东、华南地区旅游城市职能向高水平的转化，倒不如说，这是地区经济或城市经济高水平发展的结果。闻名中外的南京、上海、苏州、杭州，以及广州、深圳、珠海、佛山等优秀旅游城市，它们不仅是我国重要的江南重镇，也是我国最著名的江南观光游览胜地；无论是山水甲天下的苏杭，还是最适于人类居住与生活的珠海与佛山，都早已成为我国最著名的旅游度假胜地。

3. 故里思乡型优秀旅游城市职能组合

这是一类有着特殊地域发展历史的优秀旅游城市聚集区所表现出来的城市旅游职能组合类型，专指有着浓郁侨乡和海外情结的我国福建与海南两个沿海省区。这里曾是我国历史上最早开发、开放的地区，现如今又是中国改革开放的前沿哨所。这里与台湾地区以及东南亚有着深厚的骨肉情缘和强烈的游子寻宗问祖情结。可以预见，伴着中华民族国际地位的不断提高，伴随伟大祖国的日益繁荣昌盛，思乡、返乡、寻根问祖的游客潮将会与日俱增。福建和海南这两个早已成为我国海外游客主要入境口岸的省份，一定会在旅游城市的发展上表现出更为突出的特点。在强烈的思乡、认祖情结的驱使下，两省区内的旅游城市历来在传统文化展示、乡土风情体验、地方特色商品展卖等方面表现出鲜明的特色。因而，探亲和度假便是这类旅游城市职能组合的最佳形式。

4. 游线主导型优秀旅游城市职能组合

游线主导型的优秀旅游城市职能组合与资源组带型优秀旅游城市职能组合有一定的相似之处。所不同的是，游线主导型优秀旅游城市职能组合并非主要依靠资源的品质高低，而更多地是依赖城市间资源的差异而形成的旅游线路组合。比如，位居长江两岸的川、鄂、湘三省的优秀旅游城市职能之组合就是这种职能组合类型的最好例证。湖北省与重庆位列长江两岸，湖南省与四川的成都一北、一南围绕在湖北与重庆的周边，三省四地以长江这一天然水道为纽带，以江河湖及原始独特的自然保护区和名山峡谷之奇观，以文化古迹、革命胜迹和大型水利工程之胜景，共同构成了我国享誉世界的"黄金旅游线"。是我国集食、住、行、游四位一体之旅游城市职能的又一重要地区。

城市的发展历史、旅游资源组合形态以及城市社会经济发展水平等，对区域优秀旅游城市职能的形成与组合结构有着特别重要的关系；反过来，优秀旅游城市职能在地域空间上的不同组合又放大了城市在旅游活动中的某些职能，二者互为条件，彼此促进。

第五章　中国优秀旅游城市的等级规模结构

城市的规模等级指的是城市的大小与层次，它能从不同角度反映城市的某些特点。我国是世界文明古国之一，城市的形成和发展经历了3000多年的历史，这期间，城市始终充当着区域的行政管理中心，并逐渐形成了一整套自上而下的集政治、经济、文化等职能高度融合与统一的城市等级规模体系，并在中国历代王朝的更替中保持和发挥着旺盛的生机与活力。

中国优秀旅游城市诞生于上个世纪 90 年代的中后期，它是在我国城市体系基础上，为推动我国城市旅游的发展而出现的新生事物。十多年来的“创优”实践，使我国的优秀旅游城市队伍不断壮大，在地区和区域旅游业的发展中起到了巨大的推动作用。然而，今天看来，尽管国家不断修订和完善对优秀旅游城市的评选标准，加强对已有优秀旅游城市的检查与验收工作，但还是未能对作为一个整体的优秀旅游城市集合即优秀旅游城市体系展开全面而深入的研究。本章从城市等级与规模结构的角度，对中国优秀旅游城市做进一步深入探寻，以期摸清我国优秀旅游城市之间的等级规模之规律与特征，为建立国家体制下科学的优秀旅游城市等级体系与合理的规模结构提供参考依据。

第一节　优秀旅游城市等级规模的现状

城市地理学的观点认为，城市的规模与等级之间应该是有一定关联的，这样才能形成相互联系、彼此衔接、协调统一的城市体系，进而推动区域经济与社会的良性发展。旅游业是高度综合又密切关联的产业，因此，对于迅猛发展的城市旅游业来说，逐步建立起一个等级层次合理、规模结构适中的良性发展的旅游城市体系就显得尤为重要。在我国尚未就旅游城市达成共识的现阶段，以优秀旅游城市为依托，发现并探寻基于我国优秀旅游城市体系的等级规模结构具有十分重要的现实意义。

一、优秀旅游城市的等级序列

新中国成立后，在历史继承的基础上，在行政管理职能和各类经济因素增长的带动下，我国的城市发展出现了多元化的趋势，尤其是在经济改革和对外开放大趋势的推动下，我国各种类型的中心城市不断涌现，但这些中心城市却始终保持着经济与政治的高度一致性。1983 年，我国城市建制发生了较大变化，除直辖市没有变动外，又将省、自治区及自治州管辖的城市划分为地级市和县级市两类①。至此，有着鲜明中国特色的七级行政中心城市体系得以确立，它们是：首都——直辖市——副省级城市——省会城市——地级市——县级市——建制镇。

表 5.1 中国优秀旅游城市等级层次系统（2006 年）

层次	等级	城市数	城市名称
首都	1	1	北京
直辖市	2	3	上海、天津、重庆
副省级	3	16	秦皇岛、大连、沈阳、长春、哈尔滨、南京、杭州、宁波、厦门、青岛、济南、武汉、深圳、广州、成都、西安
省会	4	17	石家庄、太原、呼和浩特、福州、合肥、南昌、郑州、长沙、南宁、海口、昆明、贵阳、拉萨、兰州、西宁、银川、乌鲁木齐
地级市	5	121	承德、廊坊、保定、邯郸、大同、晋城、包头、赤峰、呼伦贝尔、丹东、鞍山、抚顺、本溪、锦州、葫芦岛、辽阳、铁岭、盘锦、吉林、牡丹江、伊春、大庆、齐齐哈尔、无锡、扬州、苏州、镇江、徐州、常州、南通、连云港、盐城、淮安、绍兴、金华、温州、湖州、嘉兴、衢州、舟山、泉州、三明、漳州、黄山、马鞍山、安庆、芜湖、九江、赣州、鹰潭、景德镇、威海、烟台、泰安、淄博、潍坊、聊城、日照、临沂、济宁、开封、濮阳、洛阳、三门峡、安阳、焦作、鹤壁、许昌、新乡、商丘、南阳、宜昌、荆州、十堰、襄樊、荆门、鄂州、岳阳、常德、张家界、郴州、珠海、肇庆、中山、佛山、江门、汕头、惠州、韶关、清远、阳江、东莞、潮州、湛江、河源、梅州、茂名、桂林、北海、柳州、玉林、

① 顾朝林，胡秀红. 中国城市体系现状特征. 经济地理，1998（1）：21.

层次	等级	城市数	城 市 名 称
			梧州、三亚、乐山、绵阳、广安、自贡、宜宾、泸州、攀枝花、雅安、丽江、遵义、咸阳、宝鸡、延安、嘉峪关、天水、张掖、武威、克拉玛依
县级市	6	89	涿州、永济、锡林浩特、满洲里、扎兰屯、阿尔山、霍林郭勒、兴城、蛟河、集安、阿城、绥芬河、铁力、虎林、昆山、江阴、吴江、宜兴、常熟、句容、吴县、溧阳、张家港、太仓、如皋、临安、诸暨、建德、东阳、桐乡、临海、温岭、富阳、海宁、瑞安、兰溪、奉化、武夷山、永安、亳州、井冈山、曲阜、蓬莱、文登、荣城、胶南、青州、乳山、邹城、寿光、济源、登封、灵宝、新郑、禹州、长葛、舞钢、钟祥、赤壁、韶山、资兴、浏阳、南海、开平、桂平、琼山、儋州、琼海、峨眉、都江堰、崇州、阆中、江油、景洪、大理、瑞丽、潞西、都匀、凯里、敦煌、格尔木、吐鲁番、库尔勒、喀什、哈密、阿克苏、伊宁、阿勒泰、石河子

资料来源：作者根据统计资料整理

从我国的旅游实践来看，新中国成立后，我国的旅游业一直是以城市为门户、为依托、为基地、为辐射中心展开的。在较长的时期内，主要是依托北京、天津、上海、广州、厦门、福州、西安等城市展开。特别是改革开放以后，渐渐形成了以北京、上海、西安、桂林、杭州、南京（包括苏州和无锡）、广州以及三亚（包括海口和通什）这样一些中心城市为代表的 7 个重点旅游地区①。

为了进一步提高我国旅游城市的综合接待能力和服务水平，促进旅游业健康持续的发展，提高中国旅游业在国际上的信誉和影响，1995 年我国开展创建“中国优秀旅游城市”活动，此举在推动城市发展、促进中国旅游业繁荣以及全国乃至全球经济、文化交流等方面，发挥了巨大作用。由于优秀旅游城市的遴选是通过对现有城市的旅游发展进行严格、综合的考量之后评选出来的，所以其等级层次也因而沿袭了我国城市体系的基本面貌。截至 2006 年，我国优秀旅游城市的等级层次结构如表 5.1 所示。

如表 5.1 中所示，截至 2006 年，我国优秀旅游城市占据了除建制镇以外的 7 级国家城市体系中的 6 个行政等级，这当中包含了全部的 4 个直辖市、16 个副省级城市和所有的省会城市，还有 45.2%的地级市（全国地级市总数为 268 座）和 23.8%的县级市（全国县级市总数为 374 座），优秀旅游城市总数占全国

① 潘建民. 旅游城市产业结构优化研究. 中国旅游出版社，2008. 21.

城市总数的 37.4%（全国共有城市 661 座）。

然而，与金字塔型国家城市分布体系[①]所不同的是，中国优秀旅游城市体系中处于较低城市等级的地、县级市的数量规模明显不足（如见表 5.2 所示），尤其是处于县级市水平的优秀旅游城市数量缺口较大。低等级优秀旅游城市数量规模的不足，不仅会加剧高等级优秀旅游城市之间的市场竞争，而且也会影响到高等级旅游城市职能的发挥。

表 5.2　优秀旅游城市体系与国家城市体系中各级城市间的比例关系

	直辖市	副省级市	地级市	县级市	各级城市比例关系
国家城市体系	4	16	268	374	1:4:67:94
中国优秀旅游城市体系	4	16	121	89	1:4:30:22

资料来源：作者整理

二、优秀旅游城市的人口规模

反映优秀旅游城市规模的指标可以有多种表现方式，按照城市地理学惯例，在研究城市体系的规模结构时几乎都是从人口规模的角度来加以分析的。目前我国常用的划定城市规模等级的指标主要是用城市中非农人口数量为基本标准的，共分为 5 个等级：第一级为超大城市，人口规模为大于 300 万人；第二级为特大城市，人口规模在 100~300 万人之间；第三级为大城市，人口数量在 50~100 万人之间；第四级为中等城市，人口在 20~50 万人之间；第五级为小城市，人口数在 20 万人以下。

按照上述这样的分级标准，截至 2006 年，我国的 247 座优秀旅游城市中分别有 11 个超大城市、40 个特大城市、60 个大城市、72 个中等城市和 64 个小城市，各级别中优秀旅游城市数的比例关系大致为 1:4:6:7:6，详见表 5.3。

表 5.3　中国优秀旅游城市人口规模等级统计（2006 年）

人口规模（万人）	≥300	300~100	100~50	50~20	≤20
城市级别	超大城市	特大城市	大城市	中等城市	小城市
城市个数	11	40	60	221	329
优秀旅游城市个数	11	40	60	72	64

资料来源：作者根据 2006 年《中国城市统计年鉴》和中国城市网统计数字整理

① 2005 年我国全部的 661 座城市中，直辖市: 副省级市: 地级市: 县级市约为 1:4:67:94，城市的行政等级分布基本上呈现金字塔型分布态势。

统计结果显示：我国的优秀旅游城市中各规模等级的城市数量分布是比较平均的，未出现金字塔型分布态势，且优秀旅游城市几乎包含了所有的超、特大级城市。在全部的优秀旅游城市中，几乎有一半的城市属于人口超过50万的大城市。相比之下，中、小级优秀旅游城市的数量明显不足。

那么，优秀旅游城市数量的多少与城市规模之间到底是否存在着某种关联关系呢？受有效数据来源所限，下面只是对可获得有效统计数据的全国各省际之间的旅游城市数量与其在城市非农业人口、城市人均国内生产总值和城市旅游总收入这三组统计数据所作的两两相关关系分析。具体的相关分析结果如表5.4、5.5、5.6所示。

表5.4　中国省际优秀旅游城市数量与其非农业人口规模相关关系结果

Correlations

			优秀旅游城市数	非农业人口(万人)
Spearman's rho	优秀旅游城市数	Correlation Coefficient	1.000	.770**
		Sig. (2-tailed)	.	.000
		N	27	27
	非农业人口（万人）	Correlation Coefficient	.770**	1.000
		Sig. (2-tailed)	.000	.
		N	27	27

**.Correlation is significant at the 0.01 level (2-tailed).

表5.5　中国省际优秀旅游城市数量与其GDP之间的相关关系结果

Correlations

			优秀旅游城市数	2005年人均GDP（万元）
Spearman's rho	优秀旅游城市数	Correlation Coefficient	1.000	.616**
		Sig. (2-tailed)	.	.001
		N	27	27
	2005年人均GDP（万元）	Correlation Coefficient	.616**	1.000
		Sig. (2-tailed)	.000	.
		N	27	27

27 Correlation is significant at the 0.01 level (2-tailed).

表 5.6 中国省际优秀旅游城市数量与其旅游总收入之间的相关关系结果

Correlations

			优秀旅游城市数	2005 年旅游总收入（亿元）
Spearman's rho	优秀旅游城市数	Correlation Coefficient	1.000	.812**
		Sig. (2-tailed)	.	.000
		N	27	27
	2005 年旅游总收入（亿元）	Correlation Coefficient	.812**	1.000
		Sig. (2-tailed)	.000	.
		N		27

Correlation is significant at the 0.01 level (2-tailed).

以上三个相关分析的结果均显示，在 Sig.(2-tailed)双尾检验中，相关系数 0.77、0.616 和 0.812 的显著性水平为 0.000，表明总体中两个变量（即各省优秀旅游城市数分别与城市非农业人口、城市人均国内生产总值和城市旅游总收入）的相关性是显著的。也就是说：城市中非农业人口比例高的省份，其优秀旅游城市的数量就越多；城市人均国内生产总值高的省份，其优秀旅游城市的数量就越多；城市旅游总收入高的省份，其优秀旅游城市的数量就越多。

从以上的分析结果中，我们不妨可以推出这样的结论：即中国优秀旅游城市的遴选，并非只关注其城市所在区位或城市所拥有的旅游资源条件，而是更看重城市在人口规模（尤其是城市中的非农业人口规模）、城市经济水平（人均 GDP）以及城市旅游经济收益（旅游总收入）上的规模大小。这样一来，那些行政级别越高、经济实力和城市综合能力越强的城市，也就越容易成为优秀旅游城市；反之，那些城市规模小、城市经济水平落后和城市综合程度低的广大贫困、偏远地区的城市是难以跨入优秀旅游城市行列的。这也就是为什么优秀旅游城市密布于我国经济条件优越、人口密集的广大东部沿海发达地区，尤其是长江三角洲地区（这一分布特点详见第三章第一、二节的分析），而在偏远、落后、贫困的我国广大中西部地区，优秀旅游城市分布少的原因。

三、优秀旅游城市的经济规模

旅游城市是我国旅游业发展的空间依托。其中，优秀旅游城市的经济收益占全国旅游经济总量的 90%以上，其领头羊的地位是显而易见的。然而，在整个优秀旅游城市内部，各城市间在旅游收入方面的差异却是巨大的。截至 2006 年，在全部的 247 座优秀旅游城市中，旅游总收入最高的是上海市，全年的旅游总收入高达 1697 亿元，约占全国旅游总收入的 10%左右；而河南省的新郑市，同年的旅游总收入却只有 0.35 亿元。两个旅游城市之间在旅游总收入上的差距竟高达 4849 倍，足见其旅游经济规模之悬殊差异。

由表 5.7 对全部 247 座优秀旅游城市旅游经济的细分统计中可以发现：上海、北京、广州、天津四城市的年旅游总收入均高于 500 亿元人民币，位于全国最前列，居第一层次。四座城市的旅游总收入占全部 247 座优秀旅游城市旅游总收入的 1/4 还多，这表明四城市超强的旅游经济实力。居第二层次的有大连、沈阳、长春等 47 个城市，可谓是我国旅游经济的中流砥柱，47 座城市的旅游总收入大约占到全部优秀旅游城市旅游总收入的一半左右，足以说明其在全国旅游经济中的中坚地位。若是把第一和第二两个层次的旅游城市数量及其旅游总收入相加，即得出：占总量 20.6%（共计 51 座）的优秀旅游城市，创造出了全部 25.5%的旅游总收入。可见，第一和第二两个层次的优秀旅游城市对我国旅游经济所作贡献之巨大。而第三、四层次的情况恰与第一、二层次的情况相反，即占全部优秀旅游城市总数将近 80%的旅游城市，只创造了全部优秀旅游城市 25.5%的旅游总收入。这样的统计结果刚好与管理界的“20/80 定律”不谋而合，即重要的因子通常只占少数，抽象地表现在数量上就是：20%的优秀旅游城市贡献了 80%的全国旅游总收入。

表 5.7　中国优秀旅游城市旅游经济发展的分异情况（2006 年）

旅游收入		城市名	城市个数所占比重	旅游总收入所占比重
≥ 68 亿元	≥500 亿元	上海、北京、广州、天津	4 个 1.6%	4474 亿元 26.6%
	< 500 亿元	大连、沈阳、长春、吉林、哈尔滨、南京、无锡、扬州、苏州、镇江、常州、杭州、宁波、绍兴、金华、温州、嘉兴、厦门、泉州、青岛、济南、烟台、郑州、洛阳、武汉、长沙、深圳、珠海、佛山、重庆、成都、昆明、西安、秦皇岛、石家庄、保定、太原、徐州、南通、福州、黄山、九江、威海、济宁、东莞、南宁、乌鲁木齐	47 个 19.0%	8071 亿元 47.9%
< 68 亿元	≥10 亿元	承德、廊坊、邯郸、大同、晋城、呼和浩特、赤峰、呼伦贝尔、锡林浩特、满洲里、丹东、鞍山、抚顺、本溪、锦州、葫芦岛、辽阳、铁岭、盘锦、牡丹江、大庆、齐齐哈尔、连云港、盐城、淮安、昆山、江阴、吴江、宜兴、常熟、句容、吴县、溧阳、张家港、太仓、如皋、湖州、衢州、舟山、诸暨、东阳、桐乡、临海、温岭、海宁、瑞安、奉化、三明、漳	128 个 51.8%	4040 亿元 24.0%

旅游收入	城　市　名	城市个数所占比重	旅游总收入所占比重
	州、武夷山、马鞍山、合肥、安庆、芜湖、南昌、赣州、鹰潭、景德镇、泰安、淄博、潍坊、聊城、日照、临沂、曲阜、蓬莱、文登、荣城、胶南、青州、开封、安阳、焦作、南阳、登封、宜昌、荆州、十堰、襄樊、荆门、岳阳、常德、张家界、郴州、肇庆、中山、江门、汕头、惠州、韶关、清远、阳江、潮州、湛江、河源、梅州、茂名、南海、桂林、北海、柳州、玉林、梧州、桂平、海口、三亚、琼山、乐山、绵阳、广安、自贡、宜宾、泸州、攀枝花、雅安、都江堰、峨眉、景洪、大理、丽江、贵阳、遵义、拉萨、咸阳、宝鸡、延安、西宁、银川		
<10亿元	涿州、永济、包头、扎兰屯、阿尔山、霍林郭勒、兴城、蛟河、集安、伊春、阿城、绥芬河、铁力、虎林、临安、建德、富阳、兰溪、永安、亳州、井冈山、乳山、邹城、寿光、濮阳、三门峡、鹤壁、许昌、新乡、商丘、济源、灵宝、新郑、禹州、长葛、舞钢、鄂州、钟祥、赤壁、资兴、浏阳、韶山、开平、儋州、琼海、崇州、阆中、江油、瑞丽、潞西、都匀、凯里、敦煌、嘉峪关、天水、兰州、张掖、武威、格尔木、克拉玛依、吐鲁番、库尔勒、喀什、哈密、阿克苏、伊宁、阿勒泰、石河子	68个 27.5%	260亿元 1.5%

资料来源：根据2006年《中国旅游统计年鉴》和《中国城市年鉴》数据整理

四、优秀旅游城市等级与规模的关系

城市体系中的等级层次与规模结构之间存在着一定的内在联系，一般情况下是呈正相关关系，即城市的等级层次越高，城市的规模也就越大[①]。对于中国优秀旅游城市体系来说，情况又是怎样的呢？表5.8反映了中国优秀旅游城市行政等级层次与城市规模之间的关系。

① 顾朝林等著. 中国城市地理. 商务印书馆，1999. 163.

表 5.8　中国优秀旅游城市行政等级层次与规模关系（2006 年）

规模（万人） 层次	≥300	300~100	100~50	50~20	≤20	合计
首都	1					1
直辖市	3					3
副省级市	6	7	2			15
省会城市		12	5			17
地级市		21	49	44	7	121
县级市			4	30	56	90
合计	10	40	60	74	63	247

资料来源：根据 2006 年《中国旅游统计年鉴》和《中国城市年鉴》数据整理

从表 5.8 中可以看出：中国优秀旅游城市体系中的行政等级层次与城市人口规模之间的对应关系还是相当明显的。即高等级优秀旅游城市也同时拥有大规模城市人口的特点，尤其是在地级以上的城市中，这种对应关系和递变规律更是十分显著的，只是处于城市等级底部的（地级市和县级市）小城市（人口小于 20 万）中的优秀旅游城市的数量显著不足。这说明，城市人口规模较小、城市行政级别较低的小城市将是今后我国优秀旅游城市应该着重发展的地区。

再从全国 60 座主要旅游城市的情况来看。改革开放以后，国家旅游局持续地对全国 60 座城市的旅游发展状况进行了跟踪统计，这 60 座城市也因此被称为全国主要旅游城市。60 座主要旅游城市，全部都是地级以上的城市；且 60 座城市的全年接待的旅游人数和旅游收入均占到全国总量的 90%以上。这一方面说明了：60 座大规模、高等级的主要旅游城市在全国旅游经济中占有的特别突出重要的地位；另一方面，也可以看出：行政等级低的优秀旅游城市（主要是县级市的优秀旅游城市）在我国城市旅游经济中的微弱地位与有限的产业规模。

表 5.9　中国主要旅游城市旅游经济统计（2006 年）

序号	城市名	行政级别	旅游总收入(亿元)	旅游总人次(万人次)
1	北京	直辖市	1582	12863
2	天津	直辖市	582	5087
3	石家庄	省会，地级市	81	1542
4	秦皇岛	副省级市	69	9257
5	承德	地级市	30	612
6	太原	省会，地级市	88	1350

序号	城市名	行政级别	旅游总收入(亿元)	旅游总人次(万人次)
7	大同	地级市	45	2878
8	呼和浩特	省会，地级市	47	392
9	沈阳	省会，副省级市	225	3533
10	大连	副省级市	254	2210
11	长春	省会，副省级市	118	1078
12	吉林	地级市	265	3238
13	延边	地级市	31	338
14	哈尔滨	省会，副省级市	157	1920
15	上海	直辖市	1697	10128
16	南京	省会，地级市	378	3308
17	无锡	地级市	373	3095
18	苏州	地级市	406	3719
19	南通	地级市	72	801
20	连云港	地级市	65	711
21	杭州	省会，副省级市	463	3417
22	宁波	副省级市	309	2729
23	温州	地级市	167	1864
24	合肥	省会，地级市	64	618
25	黄山	地级市	88	1078
26	福州	省会，地级市	95	798
27	厦门	副省级市	229	947
28	泉州	地级市	121	1197
29	漳州	地级市	41	646
30	南昌	省会，地级市	46	725
31	九江	地级市	71	885
32	济南	省会，副省级市	124	1532
33	青岛	副省级市	255	2517
34	烟台	地级市	145	1445
35	威海	地级市	84	998
36	郑州	省会，地级市	231	2149
37	洛阳	地级市	105	2146
38	武汉	省会，副省级市	234	2942
39	长沙	省会，地级市	191	2515
40	广州	省会，副省级市	613	2850
41	深圳	副省级市	381	2143

序号	城市名	行政级别	旅游总收入(亿元)	旅游总人次(万人次)
42	珠海	地级市	116	705
43	汕头	地级市	49	444
44	湛江	地级市	32	569
45	中山	地级市	65	512
46	南宁	省会，地级市	85	1631
47	桂林	地级市	57	1205
48	北海	地级市	20	443
49	海口	省会，地级市	47	512
50	三亚	地级市	51	406
51	重庆	直辖市	301	6017
52	成都	省会，副省级市	287	3670
53	贵阳	省会，地级市	61	1463
54	昆明	省会，地级市	137	2041
55	拉萨	省会，地级市	17	157
56	西安	省会，副省级市	177	2424
57	兰州	省会，地级市	8	260
58	西宁	省会，地级市	18	417
59	银川	省会，地级市	15	375
60	乌鲁木齐	省会，地级市	68	698
60 个城市合计			7621	125208
全国总计			7680	130000
60 个城市占全国的百分比			99.23	96.31

资料来源：根据 2006 年《中国旅游统计年鉴》和《中国城市年鉴》数据整理

城市的行政等级低、人口规模小，本不该成为其获得优秀旅游城市称号的障碍。但我国长期以来政治、经济一体化的城市行政等级格局，致使城市的行政等级高低也在很大程度上影响着其在区域发展中的政治和经济地位。因此，在我国现阶段的城市体系格局下，处于较低层级的中小城市在争创“中国优秀旅游城市”的活动中，其前进道路上的艰难是可想而知的。

第二节　优秀旅游城市的规模结构

本节在分析了优秀旅游城市规模结构现状的基础上，揭示了我国优秀旅游城市规模上的省域差异，为进行优秀旅游城市的等级划分奠定城市人口规模上的分析基础。

一、优秀旅游城市的规模结构现状

截至 2006 年中国已有的 247 座优秀旅游城市中，非农业人口大于 100 万的特大城市有 51 座，占优秀旅游城市总数的 20.65%；大城市有 60 座，占优秀旅游城市总数的 24.29%；中等城市有 72 座，占优秀旅游城市总数的 29.15%；小城市有 64 座，占优秀旅游城市总数的 25.91%；各规模等级的优秀旅游城市数量相差无几，几乎是均匀分布状态，未出现如国家城市体系中的金字塔型城市体系结构。（见图 5.1）

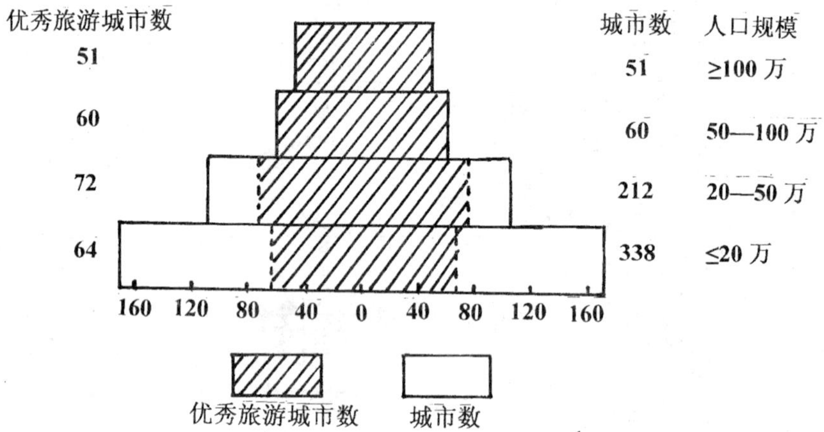

图 5.1 中国城市与优秀旅游城市分布图

资料来源：根据 2006 年《中国旅游统计年鉴》和《中国城市年鉴》数据整理

而从优秀旅游城市内部非农业人口数量的比例关系上看（见表 5.10），倒金字塔型的非农业人口比例关系是十分显著的，各等级优秀旅游城市中非农业人口规模结构比例关系为 16:5:3:1（据表 5.10 第四列数据计算所得）。其中，属于大城市规模以上级（包括特大型城市和大型城市两种）的优秀旅游城市中的非农业人口数有 16287 万，占全部优秀旅游城市非农业人口总数 19333 万的 84.24%；属于中等城市规模级的优秀旅游城市中的非农业人口数有 2279 万，占全部优秀旅游城市非农业人口总数的 11.79%；属于小城市规模级的优秀旅游城市中的非农业人口数有 767 万，占全部优秀旅游城市非农业人口总数的 3.97%。

表 5.10　中国优秀旅游城市的规模结构现状（2006 年）

城市等级规模（万人）	优秀旅游城市数量		优秀旅游城市中的非农人口		平均人口规模（万人）
	城市数（个）	占%	非农人口（万人）	占%	
≥100（特大城市）	51	20.65	12173	62.96	238.7
50~100（大城市）	60	24.29	4114	21.28	68.6
20~50（中等城市）	72	29.15	2279	11.79	31.7
≤20（小城市）	64	25.91	767	3.97	12.0
合计	247	100.0	19333	100.0	78.3

资料来源：根据 2006 年《中国旅游统计年鉴》和《中国城市年鉴》数据整理

从表 5.10 中可见，各相邻等级优秀旅游城市中间的平均人口规模结构之比例关系也趋于倒金字塔型分布。如表 5.10 中最右侧数据显示：特大型优秀旅游城市中的平均人口规模为大城市的 3.5 倍，大城市型优秀旅游城市中的平均人口规模为中等城市的 2.2 倍，中等城市型优秀旅游城市中的平均人口规模为小城市的 2.6 倍。各等级城市的平均人口规模结构比例关系为 20:6:3:1。

二、优秀旅游城市规模的省域差异

在研究城市规模分布问题上，美国地理学家马克・杰斐逊（M. Jefferson）于 1939 年对国家城市规模分布规律作出了经典的概括：即，一个国家的“首位城市”总是比这个国家的第二位城市（更不用说其他城市）大得异乎寻常。不仅如此，这个城市还体现了整个国家和民族的智能和情感，在国家中发挥着异常突出的影响[①]。杰斐逊的观察与发现对现代城市地理学的研究作出了巨大的贡献。首位城市的概念与分析方法在有关城市地理学的研究中已被广泛使用，一国或一个地区的最大城市与第二位城市人口的比值，即城市首位度，已成为衡量城市规模分布状况的一种常用指标。

城市首位度在一定程度上代表了城市体系中的城市人口在最大城市中的集中程度。表面上看，城市的首位度越大，说明该地区内首位城市与第二位城市的人口差距就越大。在经济条件一定的前提下，随着人口向最大城市的集中，该地区其他城市获得发展的可能性也就相应减小了。

用计算城市首位度的方法来衡量我国的优秀旅游城市，会出现什么样的结果呢？考虑到旅游城市的特殊性，本研究用各城市“年旅游接待总人次”替代了原城市首位度计算时经常使用的“城市非农人口数”的数据。表 5.11 是经计

① 周一星著. 城市地理学. 商务印书馆，1995. 254.

算得出的我国各省域优秀旅游城市的首位度系数。

表 5.11 中国各省区优秀旅游城市首位度（2006 年）[①]

省区名称	首位城市		第二位城市		首位度系数
	城市名	旅游接待总量（万人）	城市名	旅游接待总量（万人）	
河北	石家庄	1542	秦皇岛	1338	1.15
山西	大同	2778	太原	1350	2.06
内蒙古	呼和浩特	392	呼伦贝尔	362	1.08
辽宁	沈阳	3553	大连	2210	1.61
吉林	吉林	3238	长春	1078	3.0
黑龙江	哈尔滨	1920	齐齐哈尔	801	2.40
江苏	苏州	3719	南京	3308	1.12
浙江	杭州	3417	宁波	2719	1.26
福建	泉州	1197	厦门	947	1.26
安徽	黄山	1078	安庆	966	1.12
江西	九江	885	南昌	725	1.22
山东	青岛	2517	济南	1532	1.64
河南	郑州	2149	洛阳	2146	1.0
湖北	武汉	2942	宜昌	880	3.34
湖南	长沙	2515	张家界	1453	1.73
广东	广州	2850	深圳	2143	1.33
广西	南宁	1631	桂林	1205	1.35
海南	海口	512	三亚	406	1.26
四川	成都	3670	乐山	1212	3.02
云南	昆明	2041	大理	720	2.83
贵州	贵阳	1463	遵义	324	4.52
西藏	拉萨	157	（缺失）	——	——
陕西	西安	2424	咸阳	917	2.64
甘肃	兰州	260	武威	220	1.18
青海	西宁	417	格尔木	67	6.22
宁夏	银川	375	（缺失）	——	——
新疆	乌鲁木齐	698	吐鲁番	324	2.15

资料来源：根据 2006 年《中国旅游统计年鉴》和《中国城市年鉴》数据整理

① 说明：由于直辖市巨大的影响力，统计计算中未将其考虑在内。

以首位度系数 2.0 为界，则可以把上述各省区优秀旅游城市首位度系数分成高低两个等级：首位度系数高于 2.0 以上的，称为优秀旅游城市首位度高的省区；首位度系数在 2.0 以下的，则属于优秀旅游城市首位度低的省区。

属于优秀旅游城市首位度高的省区有黑龙江、吉林、山西、陕西、湖北、云南、四川、新疆、贵州、青海共 10 个省区。在这些省区中，居首位的优秀旅游城市，其年旅游接待量都是居第二位城市的两倍以上，这说明首位城市在该区域内对游客有着极强的聚集力（吸引力）。从市场的角度上看，它是处于该地区（省区）内旅游市场核心地位的优秀旅游城市。我们把这样省份叫做单一优秀旅游核心城市的省份。

在单一优秀旅游核心城市的省份中，有两个首位度系数高达 4.0 的省份（即，第一与第二位优秀旅游城市的年游客接待量相差 4 倍以上），它们分别是贵州省和青海省。原因在于：贵州和青海两省，同处于自然环境条件恶劣、经济基础薄弱的西部地区，由于受到资源开发与旅游发展和建设条件等的限制，致使两省内优秀旅游城市的建设偏重于个别大城市的发展，因而拉大了其第一位优秀旅游城市与其他城市之间在年旅游接待量上的差距，导致第一位优秀旅游城市的首位度极高。

首位度系数小于 2.0 的省区是（即省内第一、二位优秀旅游城市年旅游接待量相差无几的省区）：河北、内蒙古、辽宁、江苏、浙江、福建、安徽、江西、山东、河南、湖南、广东、广西、海南和甘肃。这 15 个省区中，除内蒙古和甘肃外，其余省份都是经济发达的东部省区。旅游城市首位度低，说明这里居前两位的旅游城市发展得相对均衡，游客在该省内并不主要聚集于某一座城市，而是围绕着两个或多个城市聚集。双核心或多核心优秀旅游城市的格局就极有可能在这样的省区内出现。例如，近几年旅游业迅猛发展、优秀旅游城市建设成效显著的河南省就是很好的例子。在 2006 年河南全省的年旅游接待总量中，仅郑州和洛阳这两座城市就占了河南全省年旅游接待总量的 43%，且两市的实际接待量之比接近 1:1，双雄竞秀的局面十分显著。像这样的双核心旅游城市还有：河北境内的北京、天津，石家庄、秦皇岛；内蒙古自治区的呼和浩特、呼伦贝尔；辽宁的沈阳、大连；江苏的南京、苏州；浙江的杭州、宁波；福建的泉州、厦门；江西的南昌、九江；山东的青岛、济南；湖南的长沙、张家界；广东的深圳、广州；广西的南宁、桂林；海南的海口、三亚。

双核心或多核心优秀旅游城市局面的出现，对区域旅游城市乃至整个区域旅游业的发展都是有利的。一方面，它最大限度地避免了单核心城市因游客集聚而对旅游城市在交通与环境等方面所造成的负面影响；另一方面，多核心的出现更有利于扩大核心城市向外的旅游影响、增强核心城市与外围城市之间的联系。因此说，它有利于区域旅游城市及其旅游业的发展。

第三节　优秀旅游城市的等级规模结构

优秀旅游城市是在我国城市旅游业大发展时期迅速发展起来的一支特殊的城市队伍。实践证明，优秀旅游城市本身正是国家或区域旅游业中最具发展实力和活力的组织，在它的带动下，国家或区域旅游业的发展得到了进一步促进和提高。因此，它的发展受到了各级政府的普遍重视，优秀旅游城市这支队伍也随之不断壮大。然而，随着越来越多的城市跨入到优秀旅游城市行列中去的时候，人们不免会问：作为一个整体，优秀旅游城市的规模到底有多大？众多的优秀旅游城市之间是否存在着一定的层级关系？本节就是参照城市等级规模分析的方法，结合优秀旅游城市特殊的城市功能，试图揭示中国优秀旅游城市体系等级规模的规律性。

一、优秀旅游城市的等级层次划分

对优秀旅游城市等级层次的划分，是研究优秀旅游城市等级规律性时所要做的一项基础性工作。这当中，选取恰当的等级划分指标是问题的关键。这里，城市地理学家们关于城市中心地等级性的研究，为优秀旅游城市的等级划分提供了重要参考。

1. 中国城市等级规模的划分方法

等级性是中心地研究的一个重要概念①，严格地说等级性可以分为空间等级组织和中心地等级划分两层含义。前者是以中心地和其势力范围构成的空间单位为要素，在蜂窝状原理基础上形成的等级结构；后者是忽视空间等级结构，只是追求中心地的等级水平，因此，它实际上就是对中心地的等级划分。

美国学者贝利（Berry,B.J.L）和加里森(Garrion,W.L)在上世纪 50 年代用计量的方法证实了在一个国家或一个大区域内中心地规模连续性的存在(李小建，2000)。中心地等级性的表现为：在每个高级中心地周围都附属有几个中级中心地和更多的低级中心地，不同等级中心地之间的分布秩序和空间结构共同构成了区域内中心地的整体结构。

城市在空间上表现为一定的数量、等级规模和空间分布规律，这一特征刚

① 李小建主编. 经济地理学. 高等教育出版社，1999. 101.

好与中心地理论相一致。因此，如何科学合理地规划区域内不同等级规模的城市以及城市之间的空间关系，中心地理论为我们提供了很好的理论基础。也正因为如此，中心地理论成为了研究城市体系问题的最优理论和方法。

在衡量城市等级规模时，学术界使用最多的方法主要有城市首位度法①、城市金字塔法②和位序——规模法③。我国学者严重敏和宁越敏④（1980）、许学强⑤（1982、1993）、孙盘寿⑥（1984）、周一星⑦（1986）、王法辉⑧（1989）和顾朝林⑨（1990）等人都曾对我国城市的等级规模结构作过比较详细的分析。由于首位度法太简单，而位序——规模法中因为回归拟合程度的不同，而在可比性上受到质疑。为了能够对全国各省区之间的城市规模进行有效的比较，许学强教授采用了三个指标对我国20世纪80年代的城市等级规模进行了分类。这三个指标分别是：反映省区城市规模等级体系层次高低的省区内第一大城市的人口规模数，反映城市人口在第一大城市的集中程度的省区内最大城市人口数占省区城市人口的比重，反映各规模等级城市分布均衡程度的城市等级体系不平衡指数。许学强教授是把我国1980年时的26个省区（京、津两市与河北省合一，上海市和江苏省合一，当时海南尚未建省）的三项指标值落在坐标图上，采用多元统计的逐步判别法，得到最终的分类结果。

按照如上的分类方法，许学强教授把我国各省区的城市规模分成了如表5.12所示的6个等级类型。

表5.12 中国省区城市等级规模类型

类 序	类型名称	包含省区	特 点
第Ⅰ类	高级首位型	冀（含京、津） 苏（含上海）	城市发育完善，有多个大中型规模的核心城市，核心城市带动地方经济，是我国的政治、经济核心区

---

① 城市首位度：即一国最大城市与第二位城市人口的比值，它代表了城市体系中的城市人口在最大城市的集中程度。

② 分析城市规模的一种简易方法。即城市规模越大的等级，城市数量越少；而规模越小的城市等级，城市数量越多。把这种数量随规模等级变动的关系图表示出来，形成城市等级规模金字塔。

③ 从城市的规模和城市规模位序的关系来考察一个城市体系规模分布的方法。其等级类别的划分主要依据的是城市人口统计数据。

④ 严重敏，宁越敏. 我国城镇人口发展变化特点初探. 人口研究论文集. 华东师大出版社，1980.20-37.

⑤ 许学强. 我国城镇体系的演变和预测. 中山大学学报（哲社版），1982（3）：40-49.

⑥ 孙盘寿. 我国城市人口规模的变化. 地理学报，1980（4）：345-358.

⑦ 周一星，杨齐. 我国城镇等级体系变动的回顾及其省区地域类型. 地理学报，1982（2）：97-111.

⑧ 王法辉. 我国城市规模分布的统计模式研究. 城市问题，1989（1）：14-20.

⑨ 顾朝林. 中国城镇体系等级规模分布模型及其结构预测. 经济地理，1990（10）：54-56.

类　序	类型名称	包含省区	特　点
第Ⅱ类	中级平衡型	辽、黑、鲁、川、粤	有强大的中心城市，各等级城市齐全，是我国经济相对发达或经济规模较大的省区
第Ⅲ类	中级首位型	鄂、陕	二级中心城市不够发育
第Ⅳ类	中级平衡型	湘、内蒙古、豫、吉、皖、闽、浙、赣、桂	中小城市居多，是我国过去工业投资相对较少的农业省区类型（吉林例外）
第Ⅴ类	初中级不平衡型	晋、云、贵、新、甘	原来经济比较落后，除山西外，多数位于边远地区，开发性投资较多
第Ⅵ类	初级首位型	青、藏、宁	人口稀少，经济落后，城市体系很不发育，数量不多的人口高度集中在规模不大的省会城市

资料来源：许学强、周一星、宁越敏编著《城市地理学》，高教出版社，1997，第115—117页

2. 中国优秀旅游城市等级分类指标体系

对中国优秀旅游城市等级规模类型的划分，目前尚未见有相关的研究。因此，评价指标也没有相应的参考。本研究是在基于突出城市的旅游地位，兼顾城市的行政级别，还要考虑数据可得性这样三个原则的基础上，尝试性地构建了中国优秀旅游城市的等级划分指标，等级划分的指标是由三个方面的六组变量组成。具体如下面框图所示：

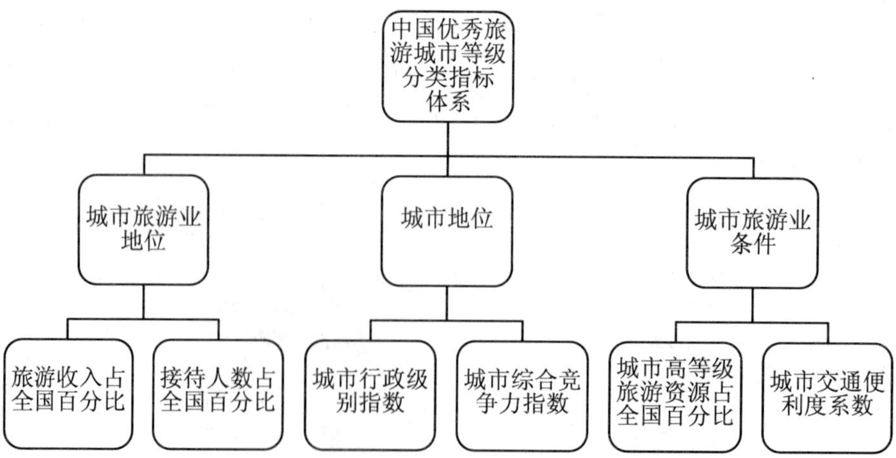

图5.2　中国优秀旅游城市等级分类指标结构框图

资料来源：作者整理

对中国优秀旅游城市等级划分指标的三点说明：

第一，选择从三个方面对中国优秀旅游城市等级进行划分，是出于这样的考虑：即，应尽可能多的从不同角度选择那些能够反映优秀旅游城市之间等级关系的数据，以避免单纯只用某一项指标来划分城市等级所造成的评判过于偏颇的缺陷。

第二，优秀旅游城市是中国旅游城市的典型代表，更是中国城市体系中的一员。因此，在划分优秀旅游城市等级的指标中，既要充分考虑像“城市的旅游职能”、“城市的旅游地位”这些旅游城市所独有的特点，同时也不能忽略城市自身在全国城市体系中所占据的行政级别问题。

第三，城市在发展旅游业上所具备的条件，理应成为划分旅游城市等级的最为核心的指标。但是，统计数据的可获得性问题却成了限制本评价体系完整性的一个重要难题。事实上，反映城市旅游业发展条件的指标还有像“旅游人才数量”、“旅游服务质量水平”、“旅游接待能力”等更多方面的数据。但是，受统计数据不连续、不完整等条件的限制。最后，在城市旅游业发展条件这方面的评价指标项中，本研究只选取了“城市中高等级旅游资源比重”和“城市交通便利程度”这两项可获得性较强的数据指标来进行评价。

二、优秀旅游城市的多变量等级分类

在多变量城市分类方法中，常用的分析技术主要有主成分分析和聚类分析两种方法。其中，主成分分析的原理是：把许多的变量组合成少数几个具有综合性质的“因子”，每个因子各有不同的“载荷量”，载荷量大的前几个因子即为主因子。每个城市对应于各个主因子有自己的一套因子率得分。这套因子率得分就等于把每个城市放入到一个多维的分类空间中，经过合适的归并技术就得到了若干城市组群。而聚类分析的方法则可以不经过主成分分析，直接用资料矩阵经标准化后，由计算机自动计算城市样本之间或城市组群之间的“距离”，进行逐级归并，得到合适的分类结果。本研究选用了后者，即用聚类法对中国优秀旅游城市的等级进行划分。

1. 数据准备

本研究中，对中国优秀旅游城市等级分类时所依据的是截至 2006 年的国家统计数据，全部 247 个优秀旅游城市的 6 项分类参数的具体数值是这样得出的。

城市旅游收入占全国的百分比 = 各城市 2006 年旅游总收入÷当年全国旅游总收入

城市旅游接待人数占全国的百分比 = 各城市 2006 年旅游接待总人次÷当

年全国旅游总人次

城市行政级别系数：按照国家对城市行政级别的划分层次，分别给首都、直辖市、省会城市、副省级城市、地级市、县级市赋以 1、2、3、4、5、6 的数值，各城市行政级别系数分别取其各自城市行政级别赋值的倒数。

城市综合竞争力指数：该指标主要源自《中国城市统计年鉴（2006 年）》公布的全国主要城市综合竞争力指数，个别未在统计年鉴上公布的城市综合竞争力指数的数值是用省域均值内插法获得的。即，先计算出全国每个省份内各个级别的城市（主要是地级市和县级市）综合竞争力指数的均值，然后依次内插到相应缺失数据的各级别城市中去。

城市所含高等级旅游资源占全国的百分比：这里所统计的高等级旅游资源包括：中国的世界遗产、历史文化名城、国家级风景区、国家 5A 级旅游景区。城市所含高等级旅游资源占全国的百分比就是各优秀旅游城市中含有的上述高等级旅游资源数除以全国存有的上述高等级旅游资源的总数。

城市交通便利度系数：进出城市的交通便利程度直接关系到旅游城市的发展，因此交通便利度是衡量旅游城市水平高低的重要参考指标。本研究中选取的是目前我国居民出游使用最多的铁路、公路、航空三种交通运输方式，分别统计了各城市作为这三种交通枢纽的频数，取其倒数作为各自城市交通便利度系数。对于那些既不是高速公路枢纽城市、也不是铁路枢纽城市、更不是航空枢纽的城市，其城市交通便利度系数的数值同样采用省域均值内插法获得。

2. 中国优秀旅游城市等级聚类结果

在获得了所有分类城市的上述 6 组统计参数之后，使用 spss 13.0 软件对全部 247 个优秀旅游城市进行聚类。表 5.13 是对聚类数据的描述性统计。

表 5.13　六组分类变量的描述性统计结果

Descriptives

			Statistic	Std. Error
旅游收入占全国的比重	Mean		.4049	.06371
	95% Confidence Interval for Mean	Lower Bound	.2794	
		Upper Bound	.5304	
	5% Trimmed Mean		.2506	
	Median		.1500	
	Variance		1.003	
	Std. Deviation		1.00129	
	Minimum		.00	
	Maximum		10.07	
	Range		10.07	
	Interquartile Range		.32	
	Skewness		7.116	.155
	Kurtosis		61.494	.309

续表

旅游接待人次占全国的比重	Mean		.3901	.04059
	95% Confidence Interval for Mean	Lower Bound	.3101	
		Upper Bound	.4700	
	5% Trimmed Mean		.2965	
	Median		.2000	
	Variance		.407	
	Std. Deviation		.63784	
	Minimum		.01	
	Maximum		6.40	
	Range		6.39	
	Interquartile Range		.33	
	Skewness		5.570	.155
	Kurtosis		42.357	.309
城市级别系数	Mean		.3204	.01042
	95% Confidence Interval for Mean	Lower Bound	.2999	
		Upper Bound	.3409	
	5% Trimmed Mean		.3057	
	Median		.3300	
	Variance		.027	
	Std. Deviation		.16381	
	Minimum		.17	
	Maximum		1.00	
	Range		.83	
	Interquartile Range		.16	
	Skewness		1.416	.155
	Kurtosis		1.842	.309
城市综合竞争力指数	Mean		.1003	.00599
	95% Confidence Interval for Mean	Lower Bound	.0885	
		Upper Bound	.1121	
	5% Trimmed Mean		.0933	
	Median		.1023	
	Variance		.009	
	Std. Deviation		.09413	
	Minimum		.00	
	Maximum		.46	
	Range		.45	
	Interquartile Range		.15	
	Skewness		.801	.155
	Kurtosis		.571	.309
高等级旅游资源所占比重	Mean		.0057	.00042
	95% Confidence Interval for Mean	Lower Bound	.0049	
		Upper Bound	.0066	
	5% Trimmed Mean		.0049	
	Median		.0036	
	Variance		.000	
	Std. Deviation		.00666	
	Minimum		.00	
	Maximum		.07	
	Range		.07	
	Interquartile Range		.00	
	Skewness		5.346	.155
	Kurtosis		43.715	.309
交通便利度系数	Mean		.3038	.01269
	95% Confidence Interval for Mean	Lower Bound	.2789	
		Upper Bound	.3288	
	5% Trimmed Mean		.2805	
	Median		.2000	
	Variance		.040	
	Std. Deviation		.19941	
	Minimum		.17	
	Maximum		1.00	
	Range		.83	
	Interquartile Range		.16	
	Skewness		1.867	.155
	Kurtosis		2.852	.309

资料来源：spss13.0 计算输出结果

聚类数据及运算结果如下：其中 Xi 表示的是聚类变量数据，Fj 表示的是三种聚类结果。具体的：

X1 表示：城市旅游收入占全国的比重

X2 表示：城市旅游接待人次占全国的比重
X3 表示：城市级别系数
X4 表示：城市综合竞争力指数
X5 表示：城市高等级旅游资源比重
X6 表示：城市交通便利度系数
F6 表示：六等级聚类后的城市等级结果
F5 表示：五等级聚类后的城市等级结果
F4 表示：四等级聚类后的城市等级结果

序号	城市名称	X1	X2	X3	X4	X5	X6	F6	F5	F4
1	北京	9.400	6.400	1.000	.41386	.0429	1.0000	1	1	1
2	天津	3.500	2.500	.830	.28467	.0143	.6700	2	2	2
3	秦皇岛	.410	.640	.500	.16270	.0071	.3300	3	3	3
4	承德	.180	.290	.330	.11026	.0143	.3300	3	3	3
5	石家庄	.470	.740	.670	.19644	.0107	.6700	3	3	3
6	廊坊	.180	.200	.330	.12691	.0115	.2000	3	3	3
7	保定	.430	.590	.330	.13112	.0107	.2000	3	3	3
8	邯郸	.200	.410	.330	.12215	.0036	.3300	3	3	3
9	涿州	.012	.025	.170	.00101	.0115	.1700	3	3	3
10	太原	.520	.650	.670	.16739	.0071	.6700	3	3	3
11	大同	.270	1.400	.330	.11863	.0143	.3300	3	3	3
12	晋城	.120	.270	.330	.09990	.0063	.3300	3	3	3
13	永济	.018	.043	.170	.00090	.0036	.1700	3	3	3
14	包头	.024	.160	.330	.16682	.0008	.6700	3	3	3
15	呼和浩特	.280	.190	.670	.17909	.0036	.2000	3	3	3
16	赤峰	.150	.160	.330	.09095	.0008	.3300	3	3	3
17	呼伦贝尔	.280	.170	.330	.10230	.0008	.2000	3	3	3
18	锡林浩特	.110	.076	.170	.00090	.0008	.1700	3	3	3
19	满洲里	.095	.058	.170	.00090	.0008	.1700	3	3	3
20	扎兰屯	.018	.025	.170	.00090	.0036	.1700	3	3	3
21	阿尔山	.012	.027	.170	.00090	.0008	.3300	3	3	3
22	霍林郭勒	.012	.013	.170	.00090	.0008	.1700	3	3	3

序号	城市名称	X1	X2	X3	X4	X5	X6	F6	F5	F4
23	大连	1.500	1.100	.500	.28378	.0071	.6700	4	4	4
24	沈阳	1.300	1.700	.500	.27090	.0071	.6700	4	4	4
25	丹东	.320	.380	.330	.09989	.0107	.3300	3	3	3
26	鞍山	.400	.360	.330	.16651	.0036	.2000	3	3	3
27	抚顺	.130	.200	.330	.11944	.0030	.2000	3	3	3
28	本溪	.180	.250	.330	.10788	.0036	.6700	3	3	3
29	锦州	.210	.200	.330	.12411	.0030	.6700	3	3	3
30	葫芦岛	.130	.220	.330	.12381	.0036	.2000	3	3	3
31	辽阳	.120	.130	.330	.11668	.0030	.2000	3	3	3
32	铁岭	.059	.100	.330	.09749	.0030	.3300	3	3	3
33	盘锦	.083	.120	.330	.16591	.0030	.3300	3	3	3
34	兴城	.036	.063	.170	.00101	.0030	.1700	3	3	3
35	长春	.700	.520	.500	.25565	.0036	.6700	3	3	3
36	吉林	1.600	1.600	.330	.12809	.0214	.6700	4	4	4
37	蛟河	.024	.062	.170	.00090	.0030	.1700	3	3	3
38	集安	.006	.021	.170	.00090	.0036	.1700	3	3	3
39	哈尔滨	.930	.920	.670	.24429	.0071	.6700	3	3	3
40	牡丹江	.160	.200	.330	.08984	.0036	.3300	3	3	3
41	伊春	.042	.110	.330	.08613	.0012	.2000	3	3	3
42	大庆	.059	.250	.330	.16957	.0012	.3300	3	3	3
43	齐齐哈尔	.120	.390	.330	.10601	.0012	.2000	3	3	3
44	阿城	.018	.045	.170	.00090	.0012	.1700	3	3	3
45	绥芬河	.036	.014	.170	.00090	.0012	.1700	3	3	3
46	铁力	.006	.025	.170	.00090	.0012	.1700	3	3	3
47	虎林	.002	.013	.170	.00090	.0012	.1700	3	3	3
48	上海	10.070	4.900	.830	.45515	.0107	1.0000	5	5	1
49	南京	2.200	1.600	.670	.26270	.0143	.3300	4	4	4
50	无锡	2.200	1.500	.330	.27462	.0071	.3300	4	4	4
51	扬州	.620	.550	.330	.18020	.0071	.2000	3	3	3
52	苏州	2.400	1.800	.330	.29645	.0143	.2000	4	4	4
53	镇江	.710	.580	.330	.17302	.0028	.2000	3	3	3
54	徐州	.480	.480	.330	.19987	.0028	.6700	3	3	3
55	常州	.750	.630	.330	.22300	.0028	.2000	3	3	3

序号	城市名称	X1	X2	X3	X4	X5	X6	F6	F5	F4
56	南通	.430	.390	.330	.17021	.0028	.3300	3	3	3
57	连云港	.390	.340	.330	.15223	.0036	.3300	3	3	3
58	盐城	.240	.260	.330	.15295	.0028	.2000	3	3	3
59	淮安	.210	.270	.330	.13819	.0036	.6700	3	3	3
60	昆山	.310	.290	.170	.00101	.0028	.1700	3	3	3
61	江阴	.280	.180	.170	.00101	.0028	.1700	3	3	3
62	吴江	.230	.230	.170	.00101	.0028	.1700	3	3	3
63	宜兴	.180	.150	.170	.00101	.0028	.1700	3	3	3
64	常熟	.400	.400	.170	.00101	.0036	.1700	3	3	3
65	句容	.100	.140	.170	.00101	.0028	.1700	3	3	3
66	吴县	.210	.200	.170	.00101	.0028	.1700	3	3	3
67	溧阳	.180	.140	.170	.00101	.0028	.1700	3	3	3
68	张家港	.170	.087	.170	.00101	.0028	.1700	3	3	3
69	太仓	.059	.058	.170	.00101	.0028	.1700	3	3	3
70	如皋	.071	.063	.170	.00101	.0028	.1700	3	3	3
71	杭州	2.700	1.600	.670	.30489	.0174	.6700	4	4	4
72	宁波	1.800	1.300	.500	.29762	.0071	.6700	4	4	4
73	绍兴	.690	.730	.330	.17685	.0031	.3300	3	3	3
74	金华	.680	.670	.330	.14389	.0031	.3300	3	3	3
75	温州	.990	.900	.330	.22702	.0143	.3300	3	3	3
76	湖州	.390	.520	.330	.16272	.0031	.2000	3	3	3
77	嘉兴	.630	.680	.330	.16056	.0031	.2000	3	3	3
78	衢州	.170	.260	.330	.10793	.0036	.2000	3	3	3
79	舟山	.360	.048	.330	.13564	.0107	.2000	3	3	3
80	临安	.006	.092	.170	.00101	.0031	.1700	3	3	3
81	诸暨	.120	.110	.170	.00101	.0036	.1700	3	3	3
82	建德	.012	.100	.170	.00101	.0031	.1700	3	3	3
83	东阳	.120	.170	.170	.00101	.0031	.1700	3	3	3
84	桐乡	.150	.180	.170	.00101	.0031	.1700	3	3	3
85	临海	.130	.190	.170	.00101	.0036	.1700	3	3	3
86	温岭	.150	.150	.170	.00101	.0031	.1700	3	3	3
87	富阳	.006	.067	.170	.00101	.0036	.1700	3	3	3
88	海宁	.180	.140	.170	.00101	.0031	.1700	3	3	3

序号	城市名称	X1	X2	X3	X4	X5	X6	F6	F5	F4
89	瑞安	.100	.074	.170	.00101	.0031	.1700	3	3	3
90	兰溪	.048	.053	.170	.00101	.0031	.1700	3	3	3
91	奉化	.089	.200	.170	.00101	.0031	.1700	3	3	3
92	厦门	1.360	.460	.500	.28427	.0071	.3300	3	3	3
93	福州	.560	.380	.670	.23198	.0143	.3700	3	3	3
94	泉州	.720	.580	.330	.17645	.0071	.3300	3	3	3
95	三明	.077	.210	.330	.11354	.0071	.3300	3	3	3
96	漳州	.240	.310	.330	.12643	.0036	.3300	3	3	3
97	武夷山	.095	.180	.170	.00101	.0107	.1700	3	3	3
98	永安	.030	.051	.170	.00101	.0071	.1700	3	3	3
99	黄山	.520	.520	.330	.09372	.0214	.3300	3	3	3
100	马鞍山	.071	.100	.330	.13609	.0054	.2000	3	3	3
101	合肥	.380	.300	.670	.20208	.0054	.6700	3	3	3
102	安庆	.240	.470	.330	.11332	.0036	.3300	3	3	3
103	芜湖	.210	.270	.330	.17958	.0036	.6700	3	3	3
104	亳州	.036	.054	.170	.08955	.0036	.1700	3	3	3
105	南昌	.270	.350	.670	.20466	.0071	.6700	3	3	3
106	九江	.420	.430	.330	.12443	.0107	.3300	3	3	3
107	赣州	.240	.290	.330	.10230	.0071	.3300	3	3	3
108	鹰潭	.110	.150	.330	.10230	.0071	.3300	3	3	3
109	景德镇	.120	.280	.330	.11677	.0036	.3300	3	3	3
110	井冈山	.036	.087	.170	.00090	.0071	.1700	3	3	3
111	青岛	1.510	1.200	.500	.27068	.0107	.6700	4	4	4
112	济南	.740	.740	.670	.26227	.0027	.6700	3	3	3
113	威海	.500	.480	.330	.20272	.0027	.2000	3	3	3
114	烟台	.860	.700	.330	.21244	.0036	.3300	3	3	3
115	泰安	.390	.490	.330	.13026	.0107	.3300	3	3	3
116	淄博	.370	.450	.330	.19817	.0036	.2000	3	3	3
117	潍坊	.310	.430	.330	.14992	.0027	.2000	3	3	3
118	聊城	.130	.210	.330	.00668	.0036	.2000	3	3	3
119	日照	.230	.380	.330	.12484	.0027	.3300	3	3	3
120	临沂	.370	.480	.330	.14356	.0036	.2000	3	3	3
121	济宁	.490	.590	.330	.12847	.0027	.2000	3	3	3

序号	城市名称	X1	X2	X3	X4	X5	X6	F6	F5	F4
122	曲阜	.077	.220	.170	.00101	.0107	.1700	3	3	3
123	蓬莱	.071	.092	.170	.00101	.0027	.1700	3	3	3
124	文登	.071	.095	.170	.00101	.0027	.1700	3	3	3
125	荣城	.140	.170	.170	.00101	.0027	.1700	3	3	3
126	胶南	.100	.140	.170	.00101	.0027	.1700	3	3	3
127	青州	.065	.110	.170	.00101	.0036	.1700	3	3	3
128	乳山	.030	.051	.170	.00101	.0027	.1700	3	3	3
129	邹城	.053	.098	.170	.00101	.0036	.1700	3	3	3
130	寿光	.003	.044	.170	.00101	.0027	.1700	3	3	3
131	郑州	1.370	1.030	.670	.20985	.0036	1.0000	4	4	4
132	开封	.280	.750	.330	.09958	.0036	.3300	3	3	3
133	濮阳	.180	.110	.330	.12143	.0025	.2000	3	3	3
134	洛阳	.620	.103	.330	.16515	.0143	.6700	3	3	3
135	三门峡	.036	.150	.330	.10230	.0025	.2000	3	3	3
136	安阳	.210	.470	.330	.10877	.0036	.2000	3	3	3
137	焦作	.370	.390	.330	.10230	.0071	.2000	3	3	3
138	鹤壁	.006	.190	.330	.08452	.0025	.2000	3	3	3
139	许昌	.018	.074	.330	.10762	.0025	.2000	3	3	3
140	新乡	.042	.200	.330	.11256	.0025	.2000	3	3	3
141	商丘	.036	.140	.330	.10230	.0036	.3300	3	3	3
142	南阳	.140	.220	.330	.11810	.0036	.3300	3	3	3
143	济源	.042	.083	.170	.00090	.0025	.1700	3	3	3
144	登封	.071	.150	.170	.00090	.0071	.1700	3	3	3
145	灵宝	.006	.066	.170	.00090	.0025	.1700	3	3	3
146	新郑	.002	.034	.170	.00090	.0025	.1700	3	3	3
147	禹州	.006	.065	.170	.00090	.0025	.1700	3	3	3
148	长葛	.006	.630	.170	.00090	.0025	.1700	3	3	3
149	舞钢	.008	.048	.170	.00090	.0025	.1700	3	3	3
150	武汉	1.390	1.400	.670	.26516	.0143	1.0000	4	4	4
151	宜昌	.340	.400	.330	.10230	.0036	.3300	3	3	3
152	荆州	.120	.180	.330	.09259	.0036	.3300	3	3	3
153	十堰	.150	.290	.330	.13782	.0036	.2000	3	3	3
154	襄樊	.170	.300	.330	.12971	.0071	.6700	3	3	3

序号	城市名称	X1	X2	X3	X4	X5	X6	F6	F5	F4
155	荆门	.083	.180	.330	.12094	.0036	.3300	3	3	3
156	鄂州	.042	.056	.330	.09579	.0036	.2000	3	3	3
157	钟祥	.018	.044	.170	.00090	.0036	.1700	3	3	3
158	赤壁	.018	.039	.170	.00090	.0036	.1700	3	3	3
159	长沙	1.130	1.200	.670	.24861	.0071	.6700	4	4	4
160	岳阳	.190	.420	.330	.13180	.0071	.2000	3	3	3
161	常德	.150	.230	.330	.15255	.0036	.3300	3	3	3
162	张家界	.380	.700	.330	.10230	.0143	.2000	3	3	3
163	郴州	.240	.350	.330	.10741	.0045	.2000	3	3	3
164	资兴	.053	.090	.170	.00090	.0045	.1700	3	3	3
165	浏阳	.047	.096	.170	.00090	.0045	.1700	3	3	3
166	韶山	.024	.150	.170	.00090	.0036	.1700	3	3	3
167	深圳	2.260	1.000	.500	.39617	.0036	.3300	4	4	4
168	广州	3.640	1.400	.670	.37439	.0107	1.0000	2	2	2
169	珠海	.690	.340	.330	.26845	.0002	.2000	3	3	3
170	肇庆	.240	.250	.330	.12250	.0071	.2000	3	3	3
171	中山	.390	.230	.330	.23267	.0002	.2000	3	3	3
172	佛山	.650	1.000	.330	.26313	.0036	.2000	3	3	3
173	江门	.290	.280	.330	.11668	.0002	.2000	3	3	3
174	汕头	.290	.210	.330	.11668	.0002	.2000	3	3	3
175	惠州	.300	.220	.330	.18701	.0071	.2000	3	3	3
176	韶关	.120	.240	.330	.11668	.0036	.2000	3	3	3
177	清远	.200	.480	.330	.09515	.0002	.2000	3	3	3
178	阳关	.170	.200	.330	.11237	.0002	.2000	3	3	3
179	东莞	.540	.560	.330	.26408	.0002	.2000	3	3	3
180	潮州	.140	.079	.330	.09183	.0036	.2000	3	3	3
181	湛江	.190	.270	.330	.11668	.0036	.6700	3	3	3
182	河源	.110	.190	.330	.11668	.0002	.3300	3	3	3
183	梅州	.220	.140	.330	.11668	.0036	.3300	3	3	3
184	茂名	.280	.180	.330	.14690	.0002	.2000	3	3	3
185	南海	.170	.290	.170	.00101	.0002	.1700	3	3	3
186	开平	.042	.079	.170	.00101	.0002	.1700	3	3	3
187	桂林	.340	.580	.330	.14037	.0143	.3300	3	3	3

序号	城市名称	X1	X2	X3	X4	X5	X6	F6	F5	F4
188	南宁	.500	.790	.670	.18106	.0036	.6700	3	3	3
189	北海	.120	.210	.330	.11709	.0036	.2000	3	3	3
190	柳州	.180	.290	.330	.15545	.0036	.6700	3	3	3
191	玉林	.110	.200	.330	.11668	.0036	.2000	3	3	3
192	梧州	.089	.150	.330	.11894	.0036	.2000	3	3	3
193	桂平	.077	.130	.170	.00101	.0036	.1700	3	3	3
194	海口	.280	.250	.670	.15608	.0029	.3300	3	3	3
195	三亚	.300	.200	.330	.11668	.0107	.2000	3	3	3
196	琼山	.059	.150	.170	.00101	.0029	.1700	3	3	3
197	儋州	.012	.017	.170	.00101	.0029	.1700	3	3	3
198	琼海	.036	.096	.170	.00101	.0036	.1700	3	3	3
199	重庆	1.790	2.900	.830	.20220	.0286	.6700	6	4	4
200	成都	1.700	1.800	.670	.26195	.0179	1.0000	4	4	4
201	乐山	.360	.580	.330	.09131	.0107	.2000	3	3	3
202	绵阳	.260	.360	.330	.14349	.0065	.3300	3	3	3
203	广安	.110	.230	.330	.09370	.0071	.2000	3	3	3
204	自贡	.140	.230	.330	.09788	.0065	.2000	3	3	3
205	宜宾	.150	.230	.330	.09370	.0107	.3300	3	3	3
206	泸州	.120	.330	.330	.10786	.0036	.2000	3	3	3
207	攀枝花	.059	.140	.330	.09943	.0065	.2000	3	3	3
208	雅安	.071	.140	.330	.09370	.0065	.3300	3	3	3
209	都江堰	.083	.260	.170	.00080	.0107	.1700	3	3	3
210	崇州	.018	.096	.170	.00080	.0065	.1700	3	3	3
211	阆中	.030	.059	.170	.00080	.0036	.1700	3	3	3
212	江油	.030	.088	.170	.00080	.0065	.1700	3	3	3
213	峨眉	.100	.120	.170	.00080	.0036	.1700	3	3	3
214	昆明	.810	.980	.670	.18738	.0179	.6700	3	3	3
215	景洪	.110	.130	.170	.00080	.0036	.1700	3	3	3
216	大理	.180	.350	.170	.00080	.0071	.3300	3	3	3
217	瑞丽	.018	.103	.170	.00080	.0096	.1700	3	3	3
218	潞西	.018	.026	.170	.00080	.0096	.1700	3	3	3
219	丽江	.230	.190	.330	.00080	.0286	.2000	3	3	3
220	贵阳	.360	.700	.670	.14911	.0107	.6700	3	3	3

序号	城市名称	X1	X2	X3	X4	X5	X6	F6	F5	F4
221	遵义	.089	.160	.330	.09432	.0036	.3300	3	3	3
222	都匀	.012	.071	.170	.00080	.0036	.1700	3	3	3
223	凯里	.036	.120	.170	.00080	.0036	.1700	3	3	3
224	拉萨	.100	.076	.670	.09370	.0107	.3300	3	3	3
225	西安	1.050	1.200	.670	.22808	.0179	1.0000	4	4	4
226	咸阳	.190	.440	.330	.12036	.0036	.3300	3	3	3
227	宝鸡	.170	.340	.330	.09370	.0036	.3300	3	3	3
228	延安	.120	.250	.330	.09172	.0107	.2000	3	3	3
229	敦煌	.024	.048	.170	.00080	.0107	.1700	3	3	3
230	嘉峪关	.006	.019	.170	.09370	.0036	.2000	3	3	3
231	天水	.036	.097	.330	.08873	.0071	.2000	3	3	3
232	兰州	.047	.130	.670	.14444	.0042	.6700	3	3	3
233	张掖	.018	.039	.330	.09370	.0036	.2000	3	3	3
234	武威	.024	.110	.330	.09370	.0042	.3300	3	3	3
235	西宁	.110	.200	.670	.09415	.0036	.3300	3	3	3
236	格尔木	.006	.032	.170	.00080	.0042	.3300	3	3	3
237	银川	.089	.180	.670	.12315	.0071	.3300	3	3	3
238	乌鲁木齐	.400	.340	.670	.19202	.0036	.6700	3	3	3
239	克拉玛依	.012	.017	.330	.09370	.0018	.3300	3	3	3
240	吐鲁番	.036	.160	.170	.00080	.0071	.3300	3	3	3
241	库尔勒	.018	.056	.170	.00080	.0018	.1700	3	3	3
242	喀什	.024	.072	.170	.00080	.0036	.3300	3	3	3
243	哈密	.012	.032	.170	.00080	.0018	.3300	3	3	3
244	阿克苏	.012	.060	.170	.00080	.0018	.1700	3	3	3
245	伊宁	.012	.070	.170	.00080	.0018	.1700	3	3	3
246	阿勒泰	.047	.050	.170	.00080	.0036	.1700	3	3	3
247	石河子	.008	.063	.170	.00080	.0018	.1700	3	3	3

以下是对 247 个样本分别按照六等级、五等级、四等级进行聚类的图式结果和频数统计。

图 5.3 和表 5.14 反映的是对样本按照六等级聚类的图式结果与频数统计：

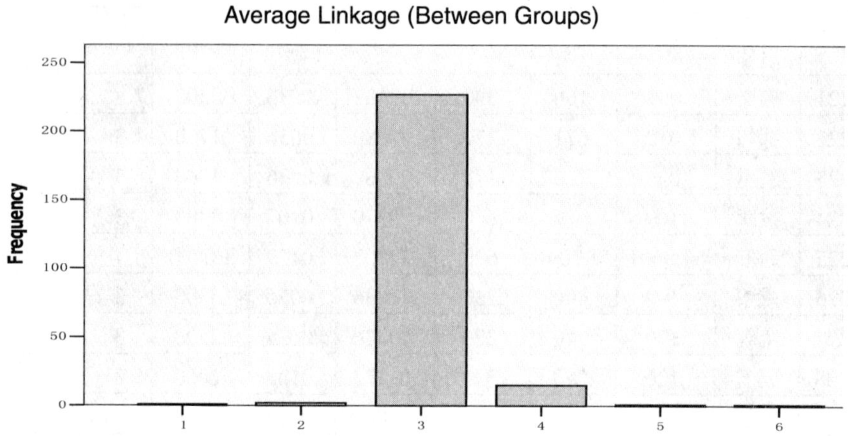

图 5.3 中国优秀旅游城市六等级聚类条形分布图

表 5.14 六等级聚类分布的频数统计表

Average Linkage (Between Groups)

		Frequency	Percent	Valid Percent	Cumulative Percent
Valid	1	1	.4	.4	.4
	2	2	.8	.8	1.2
	3	227	91.9	91.9	93.1
	4	15	6.1	6.1	99.2
	5	1	.4	.4	99.6
	6	1	.4	.4	100.0
	Total	247	100.0	100.0	

资料来源：spss13.0 计算输出结果

从六等级聚类的条形图和各等级分布频率统计表中均可以发现：六等级聚类结果中，被分到第三等级的优秀旅游城市的数量过于庞大，占到全部样本总数的约 92%，而被分到第一、第二、第五、第六这四个等级中的城市数量又过少，第一、二、五、六这四个等级的城市数量相加的总和也才只占到全部样本总数的 2%。这种两极分化的聚类结果，没能很好地反映优秀旅游城市之间的层级关系。据此断定：将全部 247 个优秀旅游城市按六等级聚类的结果是不理想的。

下面图 5.4 和表 5.15 反映的是对样本按五等级聚类的图式结果与频数统计：

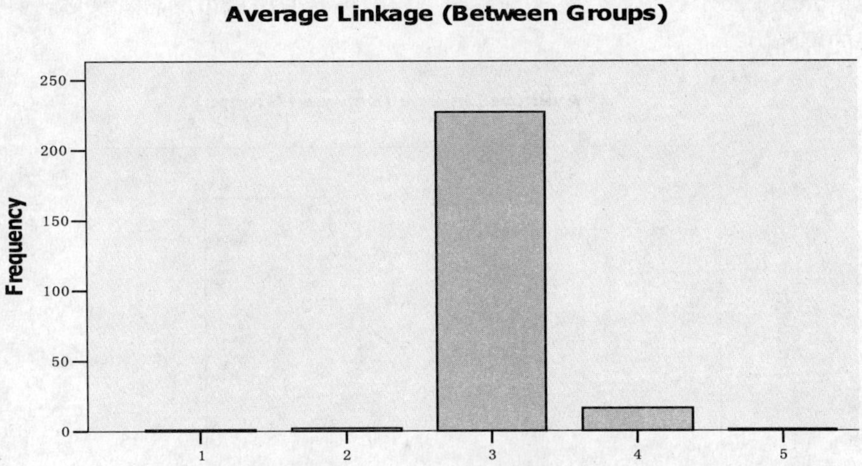

图 5.4　中国优秀旅游城市五等级聚类条形分布图

表 5.15　五等级聚类分布的频数统计表

Average Linkage (Between Groups)

		Frequency	Percent	Valid Percent	Cumulative Percent
Valid	1	1	.4	.4	.4
	2	2	.8	.8	1.2
	3	227	91.9	91.9	93.1
	4	16	6.5	6.5	99.6
	5	1	.4	.4	100.0
	Total	247	100.0	100.0	

资料来源：spss13.0 计算输出结果

仔细观察 5.4 和表 5.15 就会发现：把样本按五等级聚类得出了与六等级聚类相似的结果，只不过是总体上少了一级类别而已，类别间的极化现象没有改变。说明：对 247 个优秀旅游城市按五等级聚类的结果依然是不理想的。

对全部样本按四等级聚类所得结果如图 5.5 和表 5.16 所示。虽然这种聚类结果依然不理想（被分到第一、二等级的优秀旅游城市数量仍很少，第三等级的城市数量依旧庞大），但是，若将第一、二两个等级合并，这样，全部的 247 座优秀旅游城市即可构成三个等级序列、各层级的城市数量之间基本上能够保持一定的递进关系，且被分到高等级组群中的具体城市与现状事实基本相符。据此说明：调整后的四等级聚类结果（实际上相当于把全部的 247 个优秀旅游城市分成了三个等级）较真实地反映了中国优秀旅游城市的客观实际，具有很好的解释力。

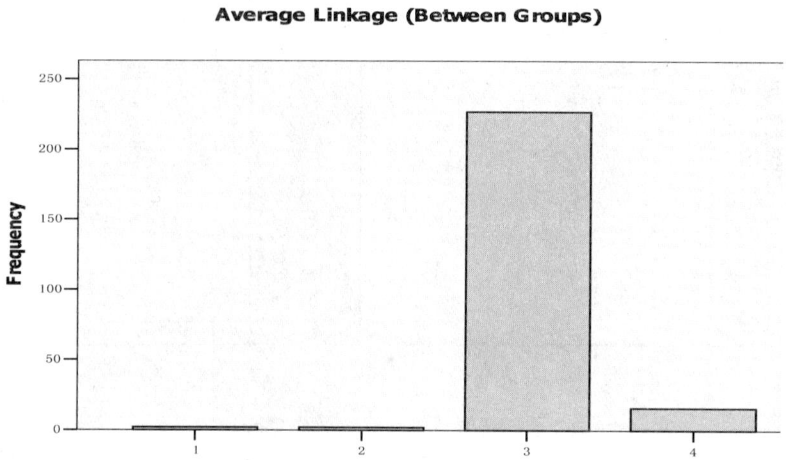

图 5.5　中国优秀旅游城市四等级聚类条形分布图

表 5.16　四等级聚类分布频数统计表

Average Linkage (Between Groups)

		Frequency	Percent	Valid Percent	Cumulative Percent
Valid	1	2	.8	.8	.8
	2	2	.8	.8	1.6
	3	227	91.9	91.9	93.5
	4	16	6.5	6.5	100.0
	Total	247	100.0	100.0	

资料来源：spss13.0 计算输出结果

合并后的三级中国优秀旅游城市如表 5.17 所示。其中：一级优秀旅游城市有 4 个，即北京、天津、上海、广州；二级优秀旅游城市有 16 个，它们是沈阳、大连、吉林、青岛、郑州、武汉、长沙、南京、无锡、苏州、杭州、宁波、深圳、重庆、成都、西安等；三级优秀旅游城市有 227 个，即一、二级以外的各个优秀旅游城市。各级别城市间的比例关系即为 4:16:227，各级别城市间的层级递进关系基本符合 n^2 形式的等比递进关系。

表 5.17　中国优秀旅游城市的现状等级序列

优秀旅游城市等级	所包含的城市
一级	北京、天津、上海、广州
二级	沈阳、大连、吉林、南京、无锡、苏州、杭州、宁波、青岛、郑州、武汉、长沙、深圳、重庆、成都、西安
三级	秦皇岛、承德、石家庄、廊坊、保定、邯郸、涿州、太原、大同、晋城、永济、包头等 227 个城市

资料来源：作者整理

从地域分布看，一级优秀旅游城市即中国优秀旅游核心城市全部集中在我国的东部地区，且北有京、津，中有上海，南有广州。二级城市中的绝大多数也都集中在东部，广大的中西部地区只有像郑州、武汉、长沙、成都、西安和重庆等这样的省会级城市才能跻身在二级优秀旅游城市之列，其余的占总数 90%以上的城市都是三级优秀旅游城市。

京、津、沪、穗四城市被分作最高等级的中国优秀旅游城市，其实并不难理解。仅从年旅游收入这一项统计数据上看，四城市的年旅游收入总和就占了全国的四分之一还多；再从年旅游接待人次的统计上看，四城市也占据了全国总数的 15.2%。如此之高的旅游经济效益是其他城市难以企及的。

再从城市地位上看，北京是国家的首都，全中国的政治、文化中心，其作为中国旅游城市的核心地位自不用说。天津地处首都的海上门户，自古就是我国北方最重要的工商业中心，其在旅游接待服务设施、城市建设以及交通等方面有着近畿的得天独厚优势，更何况京、津两地是仅隔 120 公里、城际高铁 30 分钟可及的近邻，客观上也使天津共享了来自首都的相当份额的客源市场，这些便利都为天津赢得中国旅游核心城市地位奠定了基础。上海是全国最大的海港城市和长江中下游航运中心，又是国际、国内的航空中心，并有沪杭、京沪铁路，以及四通八达的公路网和密如蛛网的河渠。方便的交通条件使上海成为全国最重要的国内外游客的集散地。同时，上海也是全国最大的经济和商业中心，还是全国最为重要的国内旅游客源地。凭着这些优势条件，上海发展了一流的旅游业，其作为国家最高等级的优秀旅游城市就更是当之无愧。广州市临近港、澳，正处在华南地区的出海门户，是我国最重要的国际贸易口岸城市，广州还是华南地区最大的城市和珠江三角洲地区的政治、经济、文化和交通中心。“三冬无雪，四季常花”的宜人气候更使广州成为全国仅有的几处适宜全年旅游的目的地城市。优越的区位、发达的经济、适宜的气候，因而广州成为全国最高等级的优秀旅游城市当属意料之中。

沈阳、大连、吉林、南京等 16 个城市被分作二级优秀旅游城市也在情理之中。这 16 座城市无一例外的全部都是最早（第一、二批）入选中国优秀旅游城市队伍的，也是长期位列国家重点统计的主要旅游城市。2006 年这 16 座城市的旅游收入加总起来已占到全国的 28%，足见其在中国旅游城市中的中坚地位。此外，这 16 个城市均是综合性职能的地域行政中心城市，其畅达的交通、雄厚的城市经济实力，以及悠久的城市旅游开发历史，使其成为中国优秀旅游城市的骨干和中坚力量正可谓实至名归。

其余的 227 座被分作三级优秀旅游城市，情况相对复杂一些。这其中既有像哈尔滨、太原、济南、昆明等这样久负盛名的综合性职能的旅游城市，也有像满洲里、井冈山、敦煌、克拉玛依等这样单一职能突出的旅游城市。但不管怎样，这类第三等级的旅游城市无论是在城市地位、旅游效益水平，还是在旅游设施条件等方面，都与前两个等级的优秀旅游城市相比有着较大的差距，这也正为这类旅游城市今后的发展指明了努力的方向。

三、优秀旅游城市等级分布的意义

通过聚类分析得出的中国优秀旅游城市等级类别，至少可以在以下四个方面对引导与规范我国优秀旅游城市建设，具有重要指导意义。

第一，明确了优秀旅游城市的总体规模和城市层级间的递进关系。与现状的中国优秀旅游城市总体数量不断攀升局面所不同的是，按照聚类分析方法规划得出的中国优秀旅游城市的总体规模应该是有一定限度的。按照前面对优秀旅游城市聚类所得结论：即全部优秀旅游城市按三等级序列划分，其中一级优秀旅游城市 4 个、二级优秀旅游城市 16 个，两层级之间有按 n^2（n 为各等级优秀旅游城市的数量）形式递增的趋势。这样，第三个等级的优秀旅游城市的总数理论上应该是 256 个。照这个结果计算，加上前两个等级的优秀旅游城市在内，全国优秀旅游城市的总数量应该控制在 276 个。考虑到现有的既成事实(即，对于现在已经获得优秀旅游城市称号的城市既获认可)，而对于那些将要成为优秀旅游城市的城市，其增长数量应严格控制在总量允许的范围之内，以遏制优秀旅游城市数量激增的态势。对优秀旅游城市数量实施总量控制之后，一方面可以激发非优秀旅游城市的“创优”热情；另一方面，也可以促进那些现有的优秀旅游城市改进和提高其作为优秀旅游城市的功能，不断缩小优秀旅游城市之间在发展上的差距，以利于区域间旅游城市的均衡发展。

第二，为优秀旅游城市之间的分工与协作奠定了理论基础。以往的中国优秀旅游城市之间由于缺少必要的层级概念，彼此之间很难能够在整体的发展上相互协调、优势互补地发挥作用，也就更谈不上什么彼此间的分工与协作了。

通过等级分类，既是对中国优秀旅游城市层级的划分，又从全局上为各层级的优秀旅游城市赋予了相应的使命与任务，为实现国家体制下优秀旅游城市间的分工与协作奠定了理论基础。

第三，为今后优秀旅游城市的发展指明了方向。以往的中国优秀旅游城市建设，走过的是“成熟一个、发展一个”的自发式增长的道路。等级分类的结果使我们看到了各等级优秀旅游城市在全国地域上的分布差异。同时，在等级约束和总量控制下的中国优秀旅游城市建设，也一定会大大激发各城市向着提升自身的城市等级，认清自身城市在国家优秀旅游城市体系中的地位，使优秀旅游城市的发展与建设从自发式增长向有的放矢的目标性增长方式转变。

第四，优化了优秀旅游城市的整体结构。中国优秀旅游城市建设走过了13年“单打一”[①]式的自由发展过程，通过等级分类，强化了各等级优秀旅游城市之间的隶属关系和职责分配意识，密切了优秀旅游城市之间的联系，优化了优秀旅游城市的整体结构。

① 这里所说的“单打一”是指：中国优秀旅游城市建设始终只围绕着单一城市的自身建设，很少考虑作为一个整体的优秀旅游城市之间的关联。结果使一些优秀旅游城市在区域旅游业发展中的作用不够突出。

第六章　中国优秀旅游城市的市场结构

中国优秀旅游城市的出现是我国城市旅游业大发展的产物。自产生至今的十多年来，在提高各城市旅游服务质量和旅游接待水平、提升城市旅游总体形象等方面都发挥了积极的推动作用，显示了旅游城市作为区域旅游核心的战略地位。然而，在区域旅游合作不断深入发展的今天，任何一座城市都不可能是孤立存在的了。为了保障社会生产和人民生活持续、健康地进行，优秀旅游城市之间、优秀旅游城市与其所在区域之间总是不断地进行着物质与能量、人员与信息之间的种种交流与交换，正是这种相互作用，使得优秀旅游城市之间不再是彼此孤立、毫无关联的空间散点，而是逐步成为了具有一定结构和功能的优秀旅游城市集群，即优秀旅游城市体系的出现。

优秀旅游城市，首先作为中国城市体系中的一分子，它的发展，一方面受到城市自身成长建设的影响；另一方面，伴着城市旅游业在我国的不断深入发展，优秀旅游城市在我国区域旅游发展中的中坚作用表现得愈发突出。从一定意义上讲，中国旅游业的发展很大程度上取决于区域旅游业的发展，尤其取决于在区域旅游业发展中起着主力作用的优秀旅游城市的繁荣。为此，加强对优秀旅游城市的研究，尤其是掌握优秀旅游城市在地域空间上的分布规律，对优化我国优秀旅游城市的空间布局，统筹国家战略下优秀旅游城市体系的建设，都有着重要的现实意义。

中国优秀旅游城市中包含有多个层级类型的城市，由于受部分城市旅游统计数据不足的条件约束，为便于区域比较，本研究只从省域范围的角度来探讨中国优秀旅游城市体系的市场空间分布的问题。

第一节　优秀旅游城市的省域市场空间分布

本节首先从分析优秀旅游城市的空间区位特点入手，在充分考虑了优秀旅游城市之间相互作用的基础上，运用城市引力模型公式对全国范围内优秀旅游城市的省域市场范围进行了划定，归纳得出了我国优秀旅游城市省域市场结构的三种基本形态，参照中心地理论的市场结构模型，对我国优秀旅游城市的省际市场边界及其空间结构进行了预测。

一、优秀旅游城市的空间区位特点

从城市空间结构的角度来看，优秀旅游城市这个整体是建筑于城市体系基础之上的，具有高度复杂的自然——社会——经济复合体，其区位特点可以概括为以下三个方面。

1. 优秀旅游城市已成为一种城市类型

如同城市是一种地域类型一样，优秀旅游城市在走过了十年多蓬勃发展的路程之后，今天正逐渐发展成为一种新的城市类型，在区域或区域城市旅游业的发展中努力发挥着其在吸引旅游者、集散游客、吸纳旅游收入的旅游专门化城市的独特作用。

中国优秀旅游城市的兴起，主要是在全国旅游业的“高质、创优”工作中，为建设一个好的旅游环境，形成一批国际化程度比较高、发展潜力比较大的旅游城市的活动中，不断成长起来的一批有中国特色的旅游城市[①]。特别是在国民经济转型、第三产业大发展和人民休闲文化需求急剧上升的今天，在充分发现了旅游城市在吸引游客到访、促进城市文化交流、推动城市经济繁荣上所起到的巨大作用之后，各级政府、各类城市都主动地把创建中国优秀旅游城市的工作自觉地纳入到各自城市建设的行动之中。在国家旅游局的大力推动下，随着优秀旅游城市评比、检查、验收工作的不断深入与逐步完善，原先用来衡量优秀旅游城市的各项标准，正逐渐成为各级各类城市在城市建设与发展中自觉遵照执行的标准和规范。

随着一批又一批“集文化与美景于一体、融经济发展与社会和谐于一身”的优秀旅游城市的相继涌现，优秀旅游城市正在为我国现代的城市建设注入了新的时代生机与发展活力，古老的城市在现代旅游活力的感召下，重又焕发了青春。在追求城市旅游经济效益的巨大推动下，旅游城市建设的步伐不断加快，城市旅游经济的活力日益显著，以优秀旅游城市建设为核心的城市经济地域单元正应运而生。

2. 优秀旅游城市是一种地域网络

就优秀旅游城市的内部结构来说，每座城市都有其自己独特的优势旅游资

① 潘建民著. 中国创建于发展优秀旅游城市研究. 中国旅游出版社，2004. 6.

源、旅游接待服务设施、交通保障系统以及旅游行政管理体系，它们各自构成了整个优秀旅游城市这个大系统中的一个个子系统，相互之间联系与贯通，共同保证着城市旅游经济与人们社会生活的正常运转。

从优秀旅游城市的外部结构来看，伴着整个社会经济的大发展和人民生活水平的不断提高，人们的出行频度增高，出行范围加大，出行档次日益提升，加之休闲游、度假游、探亲访友游等多种形式的旅游需求的出现，迫切地要求在更大的地域范围内把拥有不同规模、不同等级的旅游城市群集结起来，组成应对不同类型游客需要的旅游城市网络，这就是所谓的旅游城市体系。处于该体系内的旅游城市，各有自己一定的旅游吸引范围和特定的旅游服务项目，城市之间分工明确，相互补充，形成既相互衔接又功能强大的旅游服务地域网络。在目前我国对旅游城市概念尚未完全达成共识而优秀旅游城市又分布广泛的现实条件下，用优秀旅游城市体系替代旅游城市体系，是可以充当满足人们现代旅游需求的城市旅游地域网络的。

3. 优秀旅游城市是由不同功能的旅游城市所构成的城市地域组合

从城市体系的角度看中国优秀旅游城市本身，各优秀旅游城市之间又是由不同功能的旅游城市所组成的城市地域组合体。由于旅游城市在我国空间地域的分布上是有差别的，旅游城市的等级、规模与层次也是不尽相同的，因此，优秀旅游城市体系内的各级城市不可能得到均衡的全面发展。此外，优秀旅游城市的基本职能，主要是满足游客在食、住、行、游、购、娱等方面的旅游需求。而多数情况下，游客对旅游城市所提供的基本旅游需求又是有所选择的。比如：游客会选择在某个旅游城市进行游览、观光等活动，而把旅游消费和住宿等安排在邻近该城市且设施条件更好、级别更高的另外一座旅游城市中进行。这样，实际上就要求各个旅游城市切实从自己的实际条件出发，保持必要的旅游功能与接待服务设施，以满足游客的需求，而不必在旅游功能与接待服务设施上完全强求一致，或盲目攀比城市在旅游设施建设上的高投入。如果全国的每一座优秀旅游城市都能够在城市的旅游功能上实现这种优势互补、合作共赢的良性局面（可以先考虑从地区开始，再逐步扩展到省域范围、大区域范围乃至全国），到那时，一个理想的，全国（最起码是省域）范围内的旅游城市地域组合系统（即优秀旅游城市体系）即告成立。

建立中国优秀旅游城市体系，主要的目的还在于整合各优秀旅游城市的功能、汇聚各旅游城市的优势、充分调动各级旅游城市的积极性，充分发挥国家体制下优秀旅游城市整体的作用，促进我国旅游业和优秀旅游城市建设更上一层楼。

二、优秀旅游城市省域之间的相互作用

随着旅游业在我国的蓬勃发展，国际、国内的游客在以优秀旅游城市为代表的区域旅游城市之间的流动也越来越频繁。由旅游客流所带给城市间的种种物质的、信息的交换，正使得优秀旅游城市彼此之间已很难再保持相对孤立或隔绝的状态，优秀旅游城市之间的相互联系愈发紧密，相互作用在所难免。这当中，作用最大、影响最深、表现最为明显的莫过于优秀旅游城市在旅游市场空间范围上的激烈竞争。

（一）优秀旅游城市省域市场界线点的确定

旅游城市是当今中国国内旅游的核心地带，也是中国游客进行国内旅游活动的主要集结地，通过各种运输、通讯网络，使物质、人口和信息从四面八方涌入旅游城市，这种类似光线聚焦式的汇聚作用，就是我们常说的游客汇集。中国优秀旅游城市正是目前国内游客汇集的主要聚焦点，或称其为结节点。这些结节点连同其吸引区共同构成了结节区域，一个个相互衔接、彼此镶嵌的游客结节区域就是中国优秀旅游城市的市场空间。由大小不一、规模不等的优秀旅游城市市场空间组合而成的就是中国优秀旅游城市的市场空间体系。在这样一个相互关联、彼此嵌套在一起的优秀旅游城市体系中，城市与城市之间不仅会因为各自所属层级的原因而使其市场范围的大小有所不同，就是处于同一个级别上的优秀旅游城市，也会因为与相邻城市之间特定的区位关系，而使其吸引区的大小各有不同。为了进一步弄清优秀旅游城市市场之间相互作用的关系，确定各旅游城市市场区的范围则是解决问题的关键之所在。

关于城市吸引区范围划定的方法，早在1931年，美国学者赖利（W.J.Reilly）根据牛顿万有引力定律，就提出了著名的“城市消费引力理论”。赖利的“城市消费引力理论”是这样表述的，即：一城市对另一城市的吸引力，与两城市的人口数量成正比，与两城市间距离的平方成反比。在这以后，一个名为康弗斯（P.D.Converse）的美国学者发展了赖利的理论，于1949年提出了“断裂点”的概念，使赖利的“城市消费引力理论”得以进一步具体化。康弗斯认为：两个城市间的分界点（即断裂点）可以用公式：

$$d_A=\frac{D_{AB}}{1+\sqrt{P_B/P_A}} \qquad \text{（公式 6.1）}$$

求出：式中，d_A为从断裂点到A城的距离；D_{AB}为A、B两个城市间的距离；P_B为较小城市B城的人口数量；P_A为较大城市A城的人口数量。按照这一公式，A城由于人口规模较大，其吸引区也较大。因而，两城市之间的断裂点推向更靠近B城的地方。

考虑到旅游城市的具体实际，城市的人口规模并不能完全、真实地反映城市的实际旅游吸引力。而在我国的旅游经济统计中，常常用年旅游接待总量来充当反映旅游吸引力大小的指标。为此，将公式 6.1 中的 P_B 和 P_A 分别换成了 B 城（省）和 A 城（省）的年旅游接待总量，就将该公式转化为中国优秀旅游城市省域市场范围的计算公式。A 和 B 分别代表着两两相邻的城市（省），d_A 就是某相邻两城市（省）中旅游接待量大的城市（省）的旅游市场区分界点，简称其为中国优秀旅游城市省域市场界线点公式。

例如：确定新疆和西藏两省区的旅游市场范围时，分别以新疆和西藏两省区中的核心旅游城市乌鲁木齐市和拉萨市为中心点位，量得两城市在地图上的距离为 20.3 厘米，运用公式 6.1：

$$d_{新疆} = \frac{D_{新疆-西藏}}{1+\sqrt{P_{西藏}/P_{新疆}}} = \frac{20.3}{1+\sqrt{157/1883}} = \frac{20.3}{1.289} = 15.75 \qquad \text{（公式 6.2）}$$

$d_{新疆}$ = 15.75 表示：西藏与新疆两省区之间的市场界线是在自新疆的乌鲁木齐市到西藏的拉萨市的两市连线上距离乌鲁木齐市图上距离 15.75 厘米处。

（二）优秀旅游城市省域市场范围的划定

有了上述旅游市场界线点的计算公式，就可以在地图上对全国范围内的优秀旅游城市省域之间的市场范围一一进行划定。这里，对优秀旅游城市省域市场范围划定的图上操作，作以下五点说明：

1. 考虑到省作为我国目前地方最高一级的行政建制单位，以此为基础规划出的旅游市场空间范围，对本研究所着眼的国家体制下的全国旅游市场布局战略来说，应该是最具代表性的；同时，也是充分考虑了省域优秀旅游城市统计资料的可得性。因此，本研究所作的旅游市场空间划定只进行到省域范围这一级。

2. 在对各省具体旅游市场空间范围划定的时候，主要考虑的是相邻省份之间的相互作用，未曾考虑跨省域旅游市场间的相互作用。这一点也是在充分考虑了我国目前跨省域旅游合作中实际效果不佳（亦或是困难重重）的情况后所决定的。

3. 省域内中心旅游城市点位的确定问题。本研究已在第四章第二节中，通过对省域旅游城市首位度的分析，得出了单一中心和双中心优秀旅游城市省区的论断。在此划定优秀旅游城市市场空间范围的时候，对于单一中心优秀旅游城市的省区，其省域内中心旅游城市的点位就以其居旅游接待量第一位的城市在地图上的实际坐标点位为准；对于双中心优秀旅游城市的省区，其具体坐标点位是根据居各省第一与第二位优秀旅游城市在地图上的实际点位，结合其各自城市的旅游接待量，按照断裂点公式，重新确定出的一个新的中心点，作为该省的中心旅游城市点位。重新确定后的各省的旅游中心城市的点位如表 6.1 所示。

表 6.1　重新确定后的双中心省区的旅游中心城市点位

省区名称	双中心城市名称	新中心城市图上确切点位（单位：厘米）
内蒙古自治区	呼和浩特、呼伦贝尔	$d_{呼和}=7.24$
辽宁省	沈阳、大连	$d_{沈阳}=2.52$
江苏省	苏州、南京	$d_{苏州}=1.18$
浙江省	杭州、宁波	$d_{杭州}=0.9$
福建省	泉州、厦门	$d_{泉州}=0.53$
江西省	九江、南昌	$d_{九江}=0.68$
山东省	青岛、济南	$d_{青岛}=2.19$
河南省	郑州、洛阳	$d_{郑州}=0.7$
湖南省	长沙、张家界	$d_{长沙}=1.88$
广东省	广州、深圳	$d_{广州}=0.75$
广西壮族自治区	南宁、桂林	$d_{南宁}=2.26$
海南省	海口、三亚	$d_{海口}=1.27$
四川省	成都、重庆	$d_{成都}=1.84$

资料来源：作者计算得出

4. 京、津两市与河北省旅游中心城市的特别处理方法。京、津两市同处于河北省境内，而北京市全年的旅游接待量相当于天津与河北全省年旅游接待量总和的 2 倍多。因首都北京强大的旅游吸引力，据此，河北省的中心旅游城市点位就确定在北京。

5. 各省全年旅游接待量数据选取的是：截至 2006 年该省内各优秀旅游城市全年旅游接待量的总和。

在约定了上述五个条件之后，根据中国优秀旅游城市省域市场界线点公式，即可求出两两相邻省份之间的旅游市场范围界线点；在两两相邻省份之中心旅游城市间连线，分别在相邻省份旅游中心城市连线上的市场范围界线点上作垂线，即可绘出中国优秀旅游城市省域市场范围分布图（如图 6.1 所示）。计算中所依据的相关数据详见表 6.2 和附录 A。

图 6.1　中国优秀旅游城市省域市场范围现状分布图（2006 年）

资料来源：作者自绘，底图根据中国地图出版社 2000 年版 1:8000000《中国名胜旅游图》

表 6.2　全国省域优秀旅游城市 2006 年接待的国际、国内游客总数

（单位：万人次）

省区	游客总数	省区	游客总数	省区	游客总数	省区	游客总数
河北	12863	浙江	18137	湖南	6729	西藏	157
山西	4874	福建	4493	广东	15860	陕西	4565
内蒙古	1842	安徽	3541	广西	4863	甘肃	902
辽宁	9949	江西	3295	海南	1473	青海	484
吉林	4488	山东	14924	四川	9663	宁夏	375
黑龙江	4069	河南	10934	云南	3703	新疆	1883
江苏	21365	湖北	6099	贵州	2174		

资料来源：作者根据中国知网 http://cnki.net.cn“中国宏观数据统计分析”整理所得

三、优秀旅游城市的省域市场格局

（一）城市市场结构的理论形态

有关城市市场空间结构特征的描述，影响最大的就是由德国地理学家克里

斯塔勒（W.Christaller）创造的中心地理论。按照克里斯塔勒市场原则下的中心地及其市场区大小的等级序列规定，低一级的中心地应位于高一级的三个中心地所形成的等边三角形的中央，这样更有利于低一级的中心地与高一级的中心地之间展开竞争。如图 6.2 中，有一个完整的基本六边形和周围 6 个基本六边形的各 1/3，即，有三个基本六边形，它们共同组成一个较大的六边形。或者说，每一个较大的六边形包含了次一级的 3 个较小的六边形，由此构成了城市市场区的等级网状系统。这种六边形蜂窝状的市场结构模型是指导城市第三产业空间布局的主要理论依据。

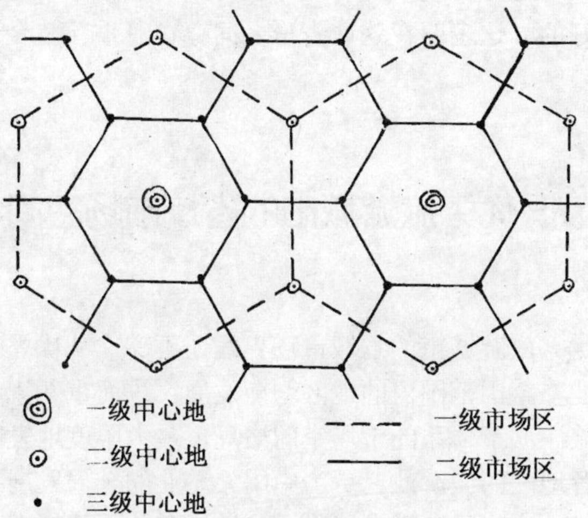

图 6.2　中心地的空间等级排列

资料来源：于洪俊、宁越敏《城市地理概论》，安徽科技出版社，1983，第 447 页

（二）优秀旅游城市的省域市场结构形态

图 6.1 是根据断裂点公式计算得出的中国优秀旅游城市省域市场范围的现状分布图。仔细观察该图，即可发现，我国优秀旅游城市的省域市场结构主要表现出三种基本形态：

1. 旅游市场较好地涵盖了本省的空间范围，这样的省份是：辽宁、山东、广西、海南、贵州和云南。

2. 省域市场空间范围明显受到邻省挤压，像这样的省份有：内蒙古、甘肃、安徽、湖北、福建和西藏。

3. 省域旅游市场空间明显向外扩张，这样的省份是：黑龙江、吉林、河北、陕西、江苏、浙江、广东、四川、青海和新疆。

对比克里斯塔勒的理想化城市市场结构模型，再看看我国的优秀旅游城市省域市场空间结构的现状，我们还可以得出这样两个基本结论：

第一，只有陕西、湖南、四川等少数几个内陆省份的市场结构重现了克里斯塔勒的六边形蜂窝网状的形态，其他多数省区的旅游市场空间形态呈现的还是无规则的多边形（基本都是四边形以上的多边形）。这表明单个省区内的中心旅游城市目前还不能完全担当起面向全省、辐射全国的中心旅游市场城市的重任。换句话说，若按省域界线来划分目前全国的旅游市场范围是不够充分的。

第二，由若干多边形所组成的各省际优秀旅游城市市场边界的镶嵌结构表现得还是基本完好的，这表明在这些省份之间存在着重新整合形成新的旅游市场区的可能。

第二节　优秀旅游城市的省域市场空间组织

仅仅划定了优秀旅游城市的省域市场界线还不够，从优秀旅游城市的整体出发，着眼旅游业在全国范围内的地区均衡发展，进而重新规划出基于国家体制下的中国优秀旅游城市体系的市场空间格局，最大限度地发挥优秀旅游城市的整体效益，为各地区的旅游业、更为中国旅游业的全局发展搭建起空间范围上的市场组织结构，这才是建设中国优秀旅游城市体系的根本目的。本节就是在对优秀旅游城市省域市场空间重组的基础上，规划出全新的基于中国优秀旅游城市体系的市场空间格局。

一、优秀旅游城市的省域市场空间重组

上节最后探讨了中国优秀旅游城市在省域市场空间范围上进行重组的可能性。考虑到具体实施管理时的可行性以及跨省域进行游客组织时的实际问题，在基本保持省域界线完整的前提下，本研究在优秀旅游城市省域市场现状分布的基础上（如图 6.1 所示），对中国优秀旅游城市的省域市场空间稍作调整，即得到了更接近于中心地理论所要求的六边形蜂窝网状分布的中国优秀旅游城市市场范围规划图（如图 6.3 所示）。

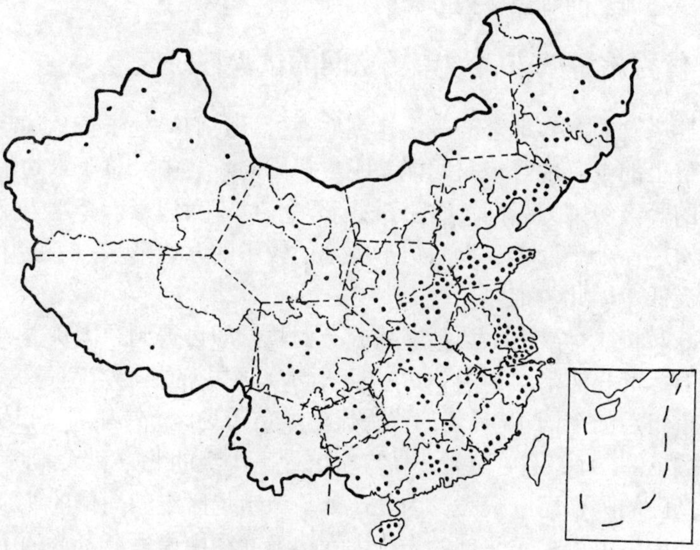

图 6.3　中国优秀旅游城市省域市场范围规划图

资料来源：作者自绘，底图据中国地图出版社 2000 年版 1:8000000《中国旅游名胜图》

重新组合之后的中国优秀旅游城市省域市场区共分为 15 片，它们是：黑吉市场区（黑龙江省南部和吉林省）；首都周边市场区（河北省及京津两市、山东省和辽宁省）；苏沪皖市场区（江苏省、上海市和安徽省）；浙闽市场区（浙江省和福建省）；黑蒙混合市场区（黑龙江省最北部和内蒙古东北端）；内蒙古东北段市场区（内蒙古自治区的东北段）；晋北市场区（山西北部和内蒙古自治区中段）；晋豫陕市场区（河南省、陕西省和山西省南部）；湘鄂赣市场区（湖南省、湖北省和江西省）；桂粤琼市场区（广东省、海南省和广西壮族自治区）；宁甘青市场区（宁夏、甘肃、青海省东部和内蒙古自治区西段）；四川市场区（四川省全境）；滇黔市场区①（云南省和贵州省）；新疆市场区（新疆维吾尔自治区全境）；西藏市场区（西藏全境和青海省西部）。

重组后的中国优秀旅游城市省域市场区较好地契合了我国各省域市场空间的现状范围。不光是六边形的每一个顶点上都分布有相应的优秀旅游城市，而且每个位于六边形中心点上的优秀旅游城市的等级均高于位于六边形顶点上的优秀旅游城市的等级。这说明，重组后的中国优秀旅游城市省域市场区已基

① 说明：由于贵州省的市场范围轮廓难以与相邻省份拼接，这里就约略地将贵州省的市场范围简单地归并到云南省的市场范围中去了。

本具备了中心地空间等级序列分布的特征。

二、优秀旅游城市省域市场空间的试验性研究

克里斯塔勒的中心地空间等级排列原理告诉我们：处于正六边形网状体系内不同点位上的中心地等级与职能是不尽相同的。其中，位于六边形正中心处的中心地的等级级别为最高（如图 6.2 所示），位于六边形六个端点上的中心地等级级别次之，处于嵌套在大六边形内部的较小的六边形端点上的中心地的等级级别为最低，以此类推。

将图 6.3 按照标准的六边形网状分布调整，即可得到中国优秀旅游城市省域市场区的标准六边形结构图（如图 6.4 所示）。图中的核心点位是这样确定的：综观规划重组后的全国 15 片新的优秀旅游城市市场区，首都周边市场区中，它不仅涵盖冀、鲁、辽三省，而且还辖有全国最高等级的北京和天津两大直辖市，所以其市场区的吸引范围很大。因此，处于该市场区中心地位的北京市，理应被安排在如图 6.4 中最东北部的一个大六边形（图中虚线所示）的中心点上。有了以北京为中心的大六边形这个首都周边市场区的具体位置以后，其他各市场区的点位就可以根据它们与首都周边市场区的相对位置一一确定。

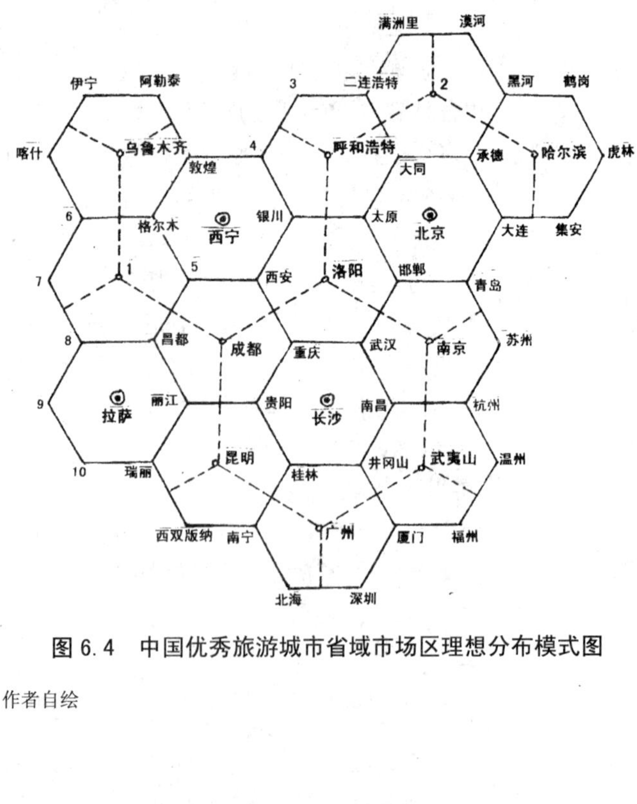

图 6.4　中国优秀旅游城市省域市场区理想分布模式图

资料来源：作者自绘

对图 6.4 的两点说明：

第一，图中数字 1、2、5 所示的实际位置，目前均没有优秀旅游城市的存在，它们是按中心地理论预测出来的有待成为优秀旅游城市的所在位置。数字 1 指示的具体位置位于新疆的乌鲁木齐与西藏的拉萨两市连线的中间地带，根据中心地等级序列规律，在这里将出现一个与乌鲁木齐市同级别的优秀旅游城市，它将担负起带动南疆与藏北地区广袤土地上的优秀旅游城市迅速崛起的重任。图中数字 2 所示的实际位置上现有三个级别较低的县级优秀旅游城市（它们是：锡林浩特市、霍林郭勒市和阿尔山市）存在，同样也是根据中心地空间等级序列规律的预测，未来这三个优秀旅游城市中的一个，其优秀旅游城市的等级地位将逐步获得提高，并将成长为与呼和浩特市和哈尔滨市同等级的优秀旅游城市。图中数字 5 所示的实际位置上目前还没有优秀旅游城市存在，根据中心地空间等级序列规律的预测，未来这里将出现一个与西安、格尔木、银川、敦煌同等级的优秀旅游城市，以担负起该地区的优秀旅游城市节点作用。

第二，图中数字 3 所示实际位置已超出国界范围，故不在本研究讨论范围之列。图中数字 4 所示实际位置指示的是内蒙古西部的巴丹吉林沙漠深处，因其恶劣的自然条件，所以这里暂不会有优秀旅游城市分布。此外，图中数字 6 至 10 所示的实际位置均为海拔超过 6000 米以上的高山地区，目前这里尚无一座优秀旅游城市分布，如此之高的海拔位置已使这些地方难以成为令广大旅游者趋之若鹜的旅游目的地城市。因此，图中数字 6 至 10 所代表的这些点位，在实际的研究中可以忽略不计。

按照图 6.4 的中国优秀旅游城市省域市场区理想分布模式推断，除首都北京处于图中的一个大六边形（图 6.4 中虚线所示）的中心点以外，落在图中其他 3 个大六边形（图 6.4 中虚线所示）中心点位上的城市分别是长沙、西宁和拉萨。这也就是说，在理想的中国优秀旅游城市省域市场空间结构体系中，北京、长沙、西宁和拉萨四城市是全国等级最高的国家级优秀旅游城市；以这 4 个城市为核心所围成的 4 个大六边形区域（图 6.4 中虚线所示部分），也就是我国最高级别的国家级优秀旅游城市市场区。此外，图中由实线所围成的 15 个小六边形相当于区域性的优秀旅游城市市场区，其中心所在点位上的城市如哈尔滨、呼和浩特、乌鲁木齐、洛阳、南京、成都、昆明、广州、武夷山等，也相应地成为区域级的优秀旅游城市。位于图中 15 个小六边形端点上的城市，如大连、青岛、苏州、杭州、温州、福州、厦门、深圳、北海、南宁、承德、大同、太原、邯郸、武汉、南昌、井冈山、桂林、贵阳、重庆、西安、银川、敦煌、格尔木、昌都、丽江、瑞丽、西双版纳等 39 个城市，即为地区级的优秀旅游城市。若以这 39 个地区级的优秀旅游城市为中心再往下细分，即在这些优秀旅游城市的周围，还会分布有更多的优秀旅游城市，这些城市便是一般性的优秀旅游城市。这样，依中心地理论的空间等级排列规律即可对我国的优秀旅游城市作如下的理想化规划设计，重新规划后的中国优秀旅游城市的等级序列如表 6.3 所示。

表 6.3　中国优秀旅游城市规划等级序列

优秀旅游城市等级	等级名称	所包含的城市
一级	国家级优秀旅游城市	北京、长沙、西宁、拉萨
二级	区域级优秀旅游城市	哈尔滨、呼和浩特、北京、洛阳、南京、长沙、武夷山、广州、昆明、成都、西宁、乌鲁木齐、拉萨等①15 个城市
三级	地区级优秀旅游城市	承德、大连、青岛、苏州、邯郸、太原、大同、杭州、温州、福州、厦门、井冈山、南昌、武汉、深圳、北海、南宁、桂林、贵阳、重庆、西安、银川、二连浩特、满洲里、漠河、黑河、鹤岗、虎林、集安、西双版纳、瑞丽、丽江、昌都、格尔木、敦煌、阿勒泰、伊宁、喀什等 39 个城市
四级	一般性优秀旅游城市	其余众多的优秀旅游城市

资料来源：作者整理

表 6.3 是在中心地等级序列分布规律的指导下，经试验模拟得出的理想化的（规划后）中国优秀旅游城市等级序列结果。虽然它与现状的等级序列结果之间存有一定的差异（参见第五章，表 5.19），但是，规划后与现状的等级分布之间所表现出来的差异变化趋势，对指导基于国家体制下的中国优秀旅游城市体系建设具有战略性的指导意义。

三、优秀旅游城市等级序列规划的指导意义

图 6.4 所得的中国优秀旅游城市理想化分布模式，虽然是按照中心地空间等级排列规律经过理论推导得出的试验性结果，但它的空间指向性，对指导我国当前优秀旅游城市体系的总体布局优化是有一定启发意义的。

首先，规划的等级序列与现状等级序列虽然一个是四级一个是三级，但前两个等级所含优秀旅游城市的数量几乎一致。且现状等级序列中的一、二级优

① 注：暂缺图 6.4 中编号为 1、2 的两座城市。

秀旅游城市明显地偏居于东部地区，而中西部地区的优秀旅城市在规划等级序列中的一、二级中所占比重明显增多。这反映出了我国优秀旅游城市创建热潮已经向中西部地区转移的趋势。

其次，现状分级中的第三等级优秀旅游城市是个笼统的级别，包含了太多的内容，也掩盖了优秀旅游城市发展中的一些关键性问题。而在规划分级序列中，对中间等级的优秀旅游城市则作了更进一步细分，划出了一个担当跨区域发展核心的区域级优秀旅游城市等级和主要负责地区内发展的地区级优秀旅游城市等级。尤其是地区级优秀旅游城市等级的出现，揭示了以往中国优秀旅游城市发展中对起着承上启下作用的中间层次的优秀旅游城市重视不足的问题，同时也引导着未来优秀旅游城市的发展向着更加注重空间均衡的方向上发展。

再次，分别以北京、长沙、西宁和拉萨 4 个国家级优秀旅游城市为核心构建起来的中国优秀旅游城市市场区，其空间排布顺序正好符合了国家区域开发战略中的自东向西的整体推进战略，其中 4 个国家级旅游市场区（图 6.4 中虚线所围成的 4 个大六边形）被均匀地排布在东北部、中南部、西北部和西南部，并且呈现出整体向中西部地区推进的态势，这种向中西部地区推进的全国性旅游市场的分布格局，刚好暗合了当前国家为推进中西部地区崛起而实施的国家旅游发展战略。

最后，中国优秀旅游城市的建设应逐步由过去的“成熟一个、发展一个”的被动式、简单化的数量递增型发展模式，向着有计划的、着眼全国范围的“主动式、目标化”的发展模式演进。在优秀旅游城市现状的等级序列格局中，高等级的优秀旅游城市主要集中分布在东部沿海地区，这样的结果不仅加剧了东部地区高等级优秀旅游城市之间的市场竞争，也抑制了广大中西部地区优秀旅游城市作用的发挥。而在规划后优秀旅游城市等级序列的空间格局中，中西部地区高等级优秀旅游城市数量不仅有了明显增多，而且在空间分布上也趋于均衡，这样既可以充分发挥中西部地区优秀旅游城市的作用，也可以有效提升其旅游城市的影响力，加快中西部地区城市旅游经济的快速发展。

应当承认，中国优秀旅游城市的整体建设是一个庞大的系统工程。优秀旅游城市之间存在着一定的等级关系，优秀旅游城市的等级与总体数量规模也应该有一定的科学限制。今后，全国各地的城市再考虑“创优”的时候，应根据自身城市的实际条件，明确城市所处的旅游市场区位，有针对性地进行理性申报；获准成为优秀旅游城市之后，更应充分发挥出其在中国优秀旅游城市体系中的区位节点作用。

第三节　优秀旅游城市的市场空间区划

认清中国优秀旅游城市体系市场空间的类型，首先要从对市场区域的划分开始。德国著名的地理学家赫特纳（A.Hettner）就曾说过："区划就其概念来说，是对整体的一种不断进行的分解，一种地理区划就是将地表不断地分解成为一个个部分。这些部分必然在空间上是相互连接的，而种类和类型上则不尽相同，它们可以是分散分布的。"① 这也就是说，对区域类型的认识，首要的是要把地表看成是一个有机的整体，然后才能对其进行层层的分解，形成一个个的区域空间系统。当今，中国的旅游业正担负着整个国家的国民经济转型与产业升级的艰巨任务，从系统和整体的角度出发，重新审视我国以优秀旅游城市为基础的区域旅游业的发展，更加科学、合理地确定基于国家整体利益的区域旅游地域市场范围，对于全面提升我国旅游业的整体水平，促进城市和区域旅游业的再度腾飞，均有着重要的战略现实意义。

一、优秀旅游城市的市场空间分类

从国家管理的角度来看待区域，区域常常首先被当作是国家实施管理的基本行政单元。国家根据管理的需要，划定出各级各类的行政区域，形成一个个的行政体系，以有效地完成国家赋予区域的行政使命，从这种意义上讲，区域就是国家实施行政管理的地域单元。然而，经济学认为，区域是国家经济体系中的一个完整的经济地区，具有完整的经济结构与运行机制，是一个完整的经济单元。历史的原因使我国的经济运行一般都按照行政区来组织，所以常常给人们一种错觉，即，行政经济就是区域经济，这种按照行政单元来管理区域经济的做法是我国在特定的历史条件下所形成的"中国惯例"。但是，在中国经济日益国际化的今天，撇开狭隘的地方保护主义不说，单就区域经济本身的运行规律来说，这种孤立的区域发展观也是与飞速发展的国际经济秩序不相吻合的。因此，现代区域经济的理论告诉我们，科学合理的区域划分应该是以经济区域为基本的区域单位展开的，区域类型的划分更多的是在经济类型区中寻找本类型所包含的行政单元。

从国家整体利益的角度来看优秀旅游城市发展的地域类型结构，结合现代

① [德]赫特纳（A. Hettner）著. 王兰生译. 地理学——它的历史、性质和方法. 商务印书馆，1982. 308.

区域经济学的观点，实现我国旅游业的产业升级与结构调整，首要的关键任务就是要从旅游产业的特殊角度出发，重新布局以优秀旅游城市为核心架构的有利于区域协调、可持续发展的区域旅游产业类型区。本研究依据在中心地理论指导下所得出的中国优秀旅游城市省域市场区空间分布结果（参见上节中“二”的论述和图 6.4 中虚线所示的 4 个大六边形）为依据，将全国划分为如下四大板块的优秀旅游城市市场类型区。

1. 东北部旅游市场区

东北部旅游市场区是以首都周边市场区为主干发展起来的。该市场区吸纳着包括河南、河北、山东、山西以及东北三省在内的整个中国广大的东北部地区。这里，旅游资源丰富，区域经济实力雄厚，既包含有对国内外游客有着持久吸引力的首都北京，又包含有刚刚被国家列为第三次经济开发引擎基地的天津，还有始终走在国家经济开发开放前列的山东省，以及正在实现国有经济转型和升级的东北三省地区。此外，河南作为正在崛起中的旅游大省，其连年递增的旅游投入不仅为其带来了巨大的经济回报，更让河南旅游创造了辉煌的成就。所有这些，都将为推动我国东北部旅游市场区整体旅游业的快步前行注入了巨大活力。

截至 2006 年，该地区内的辽宁、北京、山东、河南四地均接待了超过 1000 万人次的国内外游客，占当年全国年接待游客超千万人次以上省份的一半。由于在旅游经济方面取得的突出成就，使该地区成为推动我国旅游业走上快行道的巨大引擎。因此，东北部旅游市场区成为我国旅游业的领头羊是当之无愧的。雄厚的经济实力、强大的旅游吸引力和高效的旅游产出，使该地区具备了成为“中国旅游业最发达地区”的实力。

2. 中南部旅游市场区

中南部旅游市场区是以湘鄂赣旅游市场区为核心，向东聚集了江苏、浙江和安徽三省，向西与四川、贵州、云南三省接壤，向南一直扩展到位于东南沿海地区的福建、广东和海南三省。

把这样一些经济实力相差悬殊、旅游发展参差不齐的省份捏合在一起，组成中南部旅游市场区是出于这样的考虑：首先，我国的中部地区特别是广大的中南部地区，由于它们在社会经济、生活方式、风土民情等方面与东南部地区有着相近或相似的特点，这种社会环境上的天然联系，可以为该区域内的旅游合作提供一个和谐的初始环境；其次，东南部地区强大的经济实力与丰富的市场经济实际经验，可以对经济相对落后的中部地区展开更加有效的对口支援与针对性帮扶，从而真正实现“中部地区全面崛起”的国家战略目的。为此，可以把中南部这个旅游市场区看作是“崛起中的中国旅游市场区”。

3. 中西部旅游市场区

这是一个以陕、甘、宁、青、新西北五省，外加内蒙古自治区西段地区所组成的传统意义上的大西北五省旅游市场区。其实，该地区的旅游业发展乃至整个西北五省国民经济的发展，在国家实施的“西部大开发”整体战略的逐步推动下，已经取得了显著的成效。尤其是新疆和甘肃两省，近两年来在“争创优秀旅游城市”活动的带动下，城市旅游已取得了令人可喜的成果，两省的优秀旅游城市年递增速度高居于西北五省区的前两位。

把这样几个省区组合成一个旅游市场区的做法是出于以下两方面的考虑：一方面，这是根据中心地等级层次理论进行旅游市场范围划分所得的科学结果；另一方面，也是从为巩固西部地区旅游业发展成果的角度考虑的。做大做强西部地区的旅游业，需要走区域联合发展的道路。为此，将传统意义上的西北地区外加广阔、狭长且比邻西北地区的内蒙古西端划归同一个旅游市场区，可以为该旅游市场区的后续发展奠定地域空间基础。从发展的角度看，该地区属于“发展中的中国旅游市场区”。

4. 西南部旅游市场区

西藏地区是国家实施“西部大开发”战略以来受益最多且取得发展成效最为显著的地区。特别是北京至拉萨铁路的建成，更是为西藏地区旅游事业的发展插上了腾飞的翅膀。然而，西藏旅游的持续发展若没有内地、尤其是广大中西部地区的支持，必将会缺乏后劲。考虑到四川、云南和西藏三地丰富又迥异的旅游资源、相互临近的地理区位、联合方可具有的巨大发展潜力，且同处在我国的大西南地区，故将川、滇、藏三省区归为我国正在形成中的西南部旅游市场区，这里也是未来中国旅游业的“希望之区”。

二、优秀旅游城市市场区中心城市的确定

对中国旅游市场区域进行空间规划的首要任务，就是要确定各个市场区域的发展中心。在区域发展中，由于不平衡增长的存在，集中投资可以产生高的投资效果，促进产业的迅速发展，进而带动所在地区的发展。把投资集中在一个中心城市上，不仅可以促进这个中心城市的快速增长，而且还可以对整个区域内的城市发展起到带动作用。优秀旅游城市的发展也是如此。因为优秀旅游中心城市是我国区域旅游发展的战略支撑点，是我国区域旅游发展最具活力的地方，同时也是区域旅游率先发展的重要城市。

一般意义上讲，区域发展的中心城市大多选择那些具有一定的人口和经济规模、具有先进的城市经济和服务管理体系、具备完善基础设施的城市。对于新构建的中国四大重点旅游市场区而言，其中心城市是这样确定的：

在我国的东北、中南、中西、西南四大板块的优秀旅游城市市场区中，居中心地位的城市分别是北京、长沙、西宁和拉萨。四城市中除北京是国家行政级别最高的首都之外，其余3个城市全都是省级行政中心所在地。因此，无论是在城市经济、城市服务管理以及城市基础设施等方面，上述3个城市也都具备了作为国家级旅游市场区中心城市的条件，只是在城市旅游发展的程度上略有差异而已。

北京、长沙、西宁、拉萨4个国家级优秀旅游核心城市的外围，处在区域级优秀旅游城市市场区中心地位的城市（如图 6.4 中实线所围成的六边形中心），除个别点位（图 6.4 中数字 1、2 所示）上的城市级别较低以外，其余的城市如哈尔滨、南京、广州、呼和浩特、洛阳、成都、昆明、乌鲁木齐等也都是区域级的行政中心城市。因此，从理论上讲，这些城市也都具备了承担相应的区域级旅游市场区中心城市地位的能力。

根据各地区旅游城市发展的不同情况，区域级优秀旅游城市市场区的中心城市并不一定只有一个，各地区旅游城市的空间结构也可以采取建设双中心城市或多中心城市的模式，或者是采用在地区主中心城市周围建设副（次）中心城市的做法等等。目的就是要充分发挥现有区域级旅游中心城市的辐射带动作用，最大限度地促进各地区旅游业的发展。

以东北部旅游市场区为例，该区域所辖的京、津二市与辽、冀、鲁、豫四省内，高等级的旅游城市比比皆是，尤其是北京周边的天津、秦皇岛和大连，它们的旅游接待能力、旅游设施条件和旅游资源吸引力等早已超越了其城市所吸引的范围，为减轻北京既作为国家东北部旅游市场区的中心城市，同时又是区域级旅游中心城市这样的双重压力，可以考虑把位于北京周边的天津、秦皇岛和大连作为东北部旅游市场区的副（次）中心来建设。

像这样，建设多中心城市的区域旅游市场区，还可以考虑以长沙市作为中心城市的正处在崛起中的中南部旅游市场区。就长沙现有的旅游影响力，远不及同在一个市场区内且又是近邻的重庆市和武汉市。将长沙被确立为该区域的旅游中心城市，主要是考虑它位居中南部旅游市场区的核心区位上，再一个理由就是为配合国家正在实施的中部地区崛起战略的考虑。为此，将重庆和武汉作为中南部旅游市场区的两个副中心来建设，既可以又好又快地扶植、培养和带动长沙作为中南部地区旅游中心城市的进一步发展，又可以待长沙作为旅游中心城市地位日益稳固之后，为在我国中南部地区形成长沙、武汉、重庆三个中心旅游城市鼎立相助局面的出现打下基础。

三、中心城市与外围市场区的关系

关注中心城市与外围市场区关系的协调问题，是中国旅游市场区空间规划的又一项重要任务。在所要协调的关系中，对战略目标的把握、市场功能区的划定以及对旅游收益再认识的问题是当务之急。

所谓战略目标的协调，是指规划区域内中心城市与其外围市场区城市之间，保持旅游发展战略目标上的协调一致性。所谓市场功能区的划定，是指规划区域内中心城市与其外围市场区城市之间，在承担旅游服务功能上的分工与协作关系。所谓对旅游收益的再认识问题，是指规划区域内中心城市与外围城市之间对待旅游收益问题的认识上的再提高问题。

当今社会，持续、高速的发展带来了区域在资源、人才、市场、技术和资金等诸多领域内的激烈竞争，封闭割据式的小农经济时代的发展思路早已被市场经济的规律所替代。因此，区域强则我强、合作求生存、联合谋发展的区域竞合战略正日益成为区域发展的主导思想。中国旅游业在走过了高速发展的30年之后，打破原有的以地域经济为主导的狭隘的地方保护主义思想，向着着眼更高境界（即国家战略）、全局发展的观念迈进，这才是全面提升我国旅游业发展水平的关键所在。此外，我国区域旅游联合发展的实践已经证明：区域旅游深入发展的出路在于冲破地域界线，才能更好地把旅游市场做大做强；只有区域整体旅游产业水平的不断提高，才会有本地区旅游经济效益的持续增长。

本着“逐级下放、层层关联、互相促进”的原则，本研究提出：依靠中国优秀旅游城市市场区的等级结构，将各级旅游城市的发展紧密结合在一起，以实现国家对优秀旅游城市整体的监管与调控，从而进一步提高优秀旅游城市作为国家区域旅游业发展的核心地位作用，使优秀旅游城市这个特定历史时期的旅游城市产物在当今中国旅游业的深入发展中，能够更加持久地发挥作用。

具体的做法是：按照层级关系，各有侧重、分工负责、协调发展。即4个国家级优秀旅游中心城市主要负责协调全国4个大区域之间的区域旅游发展目标；15个区域级优秀旅游中心城市则主要负责组织和安排其所辖区域内的城市间旅游分工与协作问题；39个地区级优秀旅游中心城市起着承上启下的作用，对上级市场要重点突出其城市鲜明的旅游特色，对下级市场要起到地区辐射中心的作用；剩余的若干一般性的优秀旅游城市则是以集中精力、不断提高城市自身的旅游经济效益为主要任务。各类型市场区的中心城市及其主要功能如表6.4所示。

表 6.4 中国优秀旅游城市市场区类型及其中心城市的主要功能

市场区类型	中心城市	中心城市的主要功能
大区域优秀旅游城市市场区	北京、长沙、西宁、拉萨	协调和统领全国各大区域市场范围内优秀旅游城市的整体发展战略
区域优秀旅游城市市场区	哈尔滨、呼和浩特、北京、洛阳、南京、长沙、武夷山、广州、昆明、成都、西宁、乌鲁木齐、拉萨等 15 个城市	组织和安排本区域内优秀旅游城市之间的分工与协作
地区优秀旅游城市市场区	承德、大连、东营、邯郸、太原、大同、宁波、温州、福州、厦门、井冈山、南昌、武汉、深圳、北海、南宁、桂林、贵阳、重庆、西安、银川、二连浩特、满洲里、漠河、黑河、鹤岗、虎林、集安、西双版纳、丽江、昌都、格尔木、敦煌、阿勒泰、伊宁、喀什等 39 个城市	对上级市场突出其城市特色，对下级市场要起到地区辐射中心的作用
单一优秀旅游城市市场区	剩余的若干一般优秀旅游城市	集中精力，不断提高城市自身的旅游经济效益

资料来源：作者整理

综上，本研究所规划的中国优秀旅游城市市场区是按照克里斯塔勒的中心地空间等级排列规律严格划定的，它是由 4 个大区域优秀旅游城市市场区、15 个区域级优秀旅游城市市场区、39 个地区级优秀旅游城市市场区和若干个单一优秀旅游城市市场区所共同构成的中国优秀旅游城市市场空间体系。若能在这样一个科学、规范的优秀旅游城市市场空间体系内实现各级旅游市场区之间和各级旅游城市之间的有效协作，定能创造出各级旅游市场的共赢局面，促进中国优秀旅游城市体系的科学、合理、有序的持续健康发展。

第七章　旅游城市化与中国优秀旅游城市体系建设

进入21世纪，“和谐建设与科学发展”已被摆到了特别重要的位置。切实把人民的根本利益作为一切工作的出发点和归宿，充分发挥人民群众的积极性和创造性，在社会不断发展进步的基础上，使人民群众不断获得切实的经济、政治、文化利益，成为了党和国家指导各项工作的总方针。

改革开放30年的经验告诉我们：社会和谐是科学发展的前提和保障，科学发展是社会和谐的基础和依托。在今天看来，科学发展早已不再是单纯意义上的经济发展，而是包括经济体制和市场秩序、财政金融、生产流通和运输、粮食与能源、信息现代化、对外经贸和旅游业、产业结构调整与城乡建设、环境生态保护和可持续发展等众多领域的全面发展。这当中，尤其是旅游业在拉动经济增长、促进文化交流、满足人们精神生活需求方面发挥着越来越重要的作用，特别是在优秀旅游城市创建活动引导下所带动起来的城市旅游业的繁荣，更使人们认识到：旅游业在促进城市与地方的经济文化发展、维护社会稳定等方面所占有的突出重要的战略地位。

然而，因城市的发展历史与开发条件、城市的性质与功能等的不同，使各地优秀旅游城市的发展参差不齐，更为缺乏的是在全国范围内对优秀旅游城市这支队伍的整体建设。由于优秀旅游城市质量和整体建设水平上的巨大差异，不仅影响了旅游业在全国的整体推进，而且也拉大地区之间旅游业发展的距离。在科学发展、和谐发展的当今中国总体发展战略的指引下，以优秀旅游城市建设为核心的全国意义上的旅游城市发展战略正日益摆到议事日程上来。本章将通过对改革开放30年来，国家在旅游业发展中实施的重大战略决策的梳理，找出旅游业在促进我国区域经济发展中所发挥的重大历史作用，为推进国家旅游城市化战略，促进国家结构下优秀旅游城市体系的建设找到突破口。

第一节　新时期我国旅游发展战略的历史演变与重心转移

本节回顾了 30 年来我国在国民经济与旅游发展中所推行和实施的旅游发展战略，总结并归纳了旅游业在国家不同历史时期所承担的经济与社会功能，提出了旨在加强优秀旅游城市体系建设的新时期国家旅游城市化建设的新思路。

一、新时期国家区域发展战略的重心转移

回溯我国区域发展战略的调整进程，根据区域政策重心的不同，可以将其划分为三个阶段：

1. 以经济效率为重心的发展阶段（1978～1990 年）

改革开放后，为了促进国内经济的快速增长，在总结建国以来区域发展的经验教训并借鉴西方发达国家区域发展理论的基础上，优先发展那些具有较强增长优势的地区，以取得较好的投资效率和较快的增长速度，并通过这些地区的发展及其扩散效应，来带动其他区域的共同发展，这就是我国改革开放后所实施的以东部沿海地区为重点的非均衡区域经济发展的国家战略，其主题是加快发展、不平衡发展，倡导“先富论”，“让一部分人先富裕起来”就是其具体体现之一。所以，从“六五”计划开始，我国的区域政策重心开始向东部沿海地区倾斜，并以提高国家经济综合实力、追求经济整体增长效率为目标。在《国民经济和社会发展第六个五年计划》中明确指出：“要积极利用沿海地区的现有基础，充分发挥其特长，带动内地经济发展。”具体措施主要有三：第一，沿海经济特区的建设及对外开放格局的形成。1980 年国家先后创办了深圳、珠海、汕头、厦门 4 个经济特区，1984 年进一步开放沿海大连、天津、上海、湛江等 14 个城市，1985 年进一步开放长江三角洲、珠江三角洲与闽江三角地带，随后又增加了山东半岛与辽东半岛，1988 年又建立了海南经济特区及海南省，1990 年中央又决定开发开放上海浦东，逐步形成了以东部沿海地区为主的对外开放格局，以及沿海经济特区——沿海开放城市——沿海经济技术开发区——内地的梯度开放布局。第二，国家加大了对东部沿海开放地区的投资倾斜。“六五”期间，东、中、西部基本建设投资总额分别占全国的 47.7%、29.3%、17.2%，国家对东部地区基本建设的投资超过中西部地区之和。“七五”期间，国家按照经济技术水平和自然地理位置相结合的原则，将全国细分为东部、中部和西部

三大经济地带。第三，产业结构调整及优惠政策的支持。在东、中、西部地区的产业发展战略中，国家鼓励东部地区将重化工及一般加工性产业向中、西部转移，集中力量从事高新技术产业以及金融服务业等第三产业的发展。1988 年，国务院在召开的沿海地区对外开放工作会议上，确定了以沿海地区实行“两头在外，大进大出”的“沿海地区经济发展战略”。

2. 效率与公平兼顾的发展阶段（1990～1999 年）

在以经济增长为核心的区域发展国家战略取得了一定效果之后，随着东、中、西三大经济地带经济差距的逐步扩大，1990 年以后，梯度转移的区域发展战略受到了多方面的挑战，使得国家在考虑经济增长、提高效率的同时，已经考虑经济发展的公平性问题。这时，国家开始着手从总体上解决东部与中、西部地区的关系。并指出：必须根据全国的统一市场和从提高国民经济的整体效益出发，发挥各个地区的比较优势，促进区域经济的协调发展，实行地区倾斜与产业倾斜政策相结合的方式，在继续发挥东部地区增长优势的同时，逐步促进中西部地区的发展。1991 年 3 月，七届人大四次会议通过的《国民经济和社会发展十年规划和“八五”计划》中明确指出：“正确处理发挥地区优势和全国统筹规划、沿海与内地、经济发达地区与较不发达地区之间的关系，促使地区经济朝着合理分工、各展其长、优势互补、协调发展的方向前进。”并按照沿海地区、内地、少数民族地区、贫困地区四种类型规定了不同地区的经济发展方向与目标，这标志着我国区域政策有了方向上的调整，即从单纯的注重经济增长转变到注重效率、兼顾公平的发展特征。所以，在“八五”期间，国家加快了对中西部地区的开发开放，并先后开放了沿江、沿边、沿黄、沿陇海线等内陆地区，并逐步形成了以上海为中心的长江三角洲、以广州和厦门为中心的珠江三角洲和闽南三角地区、以北京和天津为中心的环渤海经济圈的三大经济区域。

3. 注重公平的发展阶段（1999 年之后）

经过 20 多年的经济发展，特别是外向型经济的发展，我国的整体经济实力有了明显的增强，取得了令世人瞩目的成就。但是，东、中、西部地区的差距并没有缩小，反而在逐步拉大，这时解决东西部的差距问题已经成为国家制定区域发展战略的立足点，区域间的公平发展问题摆上了日程。这当中也经历了两个时期：第一个时期是面向整个西部地区的整体发展阶段（1999～2003 年），也就是“西部大开发”战略时期。在党的十四届五中全会上，提出了要把解决地区发展差距，坚持区域经济协调发展作为一项战略性任务来抓。并强调从“九五”时期开始，中央更要加强对西部地区经济的发展，在八届人大四次会议通过的《“九五”计划和 2010 年远景目标纲要》中提出了“坚持区域经济协调发展，逐步缩小区域发展差距”作为国民经济与社会发展的指导方针和目标之一，并按照经济联系与地理特点，将全国划分为7个各具特色的经济区。1999年9月，党的十五届四中全会正式提出了西部大开发战略，注重公平的区域经济协调发展战略正式启动。以此为标志，中国区域政策的重心实现了第三次转移。“十五”计划中，国家战略明确了东、中、西三大地带在发展中各自的地位和作用，并重点强调了实现区域发展中的优势互补。第二个时期是面向聚集区域的发展阶段，也就是东北老工业基地的振兴时期（2003 年以来）。2003年10月，党的十六届三中全会通过的《关于完善社会主义市场经济体制若干问题的决定》中提出：“加强对区域发展的协调和指导，积极推进西部大开发，有效发挥中部地区综合优势，支持中西部地区加快改革发展，振兴东北地区等老工业基地，鼓励东部有条件的地区率先基本实现现代化。”这一区域开发战略的提出，意味着我国全方位的区域开发战略格局的形成。

通过以上对我国区域发展国家战略的历史演变与三次重心转移的回顾，我们可以看出：以促进经济增长、提高整体经济实力与全面协调发展为目标的国家战略，伴着开放格局的演变走过了由集聚到扩散，然后再由扩散到集聚这样一条集聚与扩散交织发展的道路。尤其是在科学发展观思想的提出之后，我国国家战略的制定更是在全面总结新中国60年的发展经验与教训的基础上，以符合中国国情和全球发展趋势为指导，在科学发展观思想的引导下，向着共同发展、共同分享、共同富裕的方向迈进。

二、新时期中国旅游业的经济社会功能

中国的旅游业起步于改革开放。1978年以后，我国旅游业挟带着巨大的资源优势和国际市场积蓄多年的需求存量，领改革开放之先，受改革开放之惠，借改革开放之力，用了近30年的时间，实现了从事业接待向国民经济新的增长点、由旅游资源大国向世界旅游大国的历史性跨越。旅游业已经发展成为我国兼具经济功能与社会功能，集传统与现代、生产性与生活性、劳动密集型与资金及知识密集型等特征于一体，具有明显比较优势的现代服务业。旅游业不仅促进了我国的国民经济和社会发展，而且还提升了国家的软实力，同时满足了人民群众日益增长的物质、精神文化生活的需要，促进了全面小康与和谐社会的建设。

回顾我国旅游业 30 年来的发展历程，旅游业为配合国家国民经济总体发展战略的实施，主要有以下五个方面的具体表现（如表7.1所示）：

1. 旅游创汇

改革开放以来到20世纪90年代中期，伴随着我国对外开放和经济建设的

需要，旅游业的低成本创汇功能被广泛认同，大力发展入境旅游，为国家赚取更多的外汇成为当时旅游业的首要任务。1986年国务院将旅游业确定为正式的产业部门，以入境旅游为核心的旅游业被摆在了超前发展的位置上，走上了“先国际、后国内”的旅游发展道路。旅游业的这种超常规发展，虽不同于世界旅游业“先国内、后国际”的普遍规律，但却符合了我国当时的具体国情，为我国的改革开放和经济建设做出了重要贡献。从1978年到1988年十年间旅游创汇累计达119亿美元[①]，对弥补贸易逆差和平衡国际收支起了重要作用。但此阶段的旅游业带有明显的功利色彩，在强调旅游业经济价值时，忽略了旅游业的社会价值和环境价值。

表7.1　改革开放以来中国旅游业的经济社会功能的演进

功能	年代	预期目标
旅游创汇	1978～1995年	弥补贸易逆差，平衡国际收支
旅游扶贫	1996～2002年	通过开发旅游，带动地区经济发展，实现脱贫致富
旅游拉动消费	1998年～今	满足国民消费升级需要，刺激国内消费
旅游促进就业	2002年～今	完成产业转型，回归旅游本质
旅游增进和谐	2007年～今	实现旅游价值转变，提升旅游的社会文化功能

资料来源：作者整理

2. 旅游扶贫

贫困是当今世界普遍关注的重大问题，涉及经济、社会、自然资源等各个层面。消除贫困、减小贫富差距是全人类的共同目标，是维护社会公平、保障经济可持续发展的根本问题。自新中国成立以来，我国的扶贫工作经历了四个阶段[②]，即1949～1978年的自救式扶贫，1979～1985年的救济式扶贫，1986～1993年的开发式扶贫（也称造血式扶贫），1994～2000年的开发攻坚式扶贫。可以说，自新中国成立以来，扶贫济困始终是国家着力解决的重大问题。国家旅游局对旅游扶贫工作一直非常重视，早在1996年就召开了全国旅游扶贫开发工作座谈会，对旅游扶贫工作给予指导，并提出旅游扶贫工作的重心是开发式扶贫，即要帮助贫困地区建设有吸引力的旅游景点，提高贫困地区旅游企业的内在素质，使其保持旺盛、持久的发展活力。2000年8月，国家旅游局在宁夏西海固地区试办了全国第一个旅游扶贫试验区——六盘山旅游扶贫试验区，在2001年的全国旅游工作会议上又进一步提出了“试办国家旅游扶贫试验区”的

① 何光韦著. 朝阳产业、走向辉煌——蓬勃发展的中国旅游业. 中国旅游出版社，2006. 1192.

② 梁滨. PPT战略与旅游扶贫. 中国旅游报，2008-8-22（11）.

工作设想和具体意见，在政府层面上拉开旅游扶贫工作的序幕。据国家旅游局发布的数字统计，通过发展旅游直接受益的我国的贫困人口有6000万至8000万人，占全部贫困人口的四分之一到三分之一。旅游扶贫已成为当今中国在旅游资源较丰富的贫困地区通过开发和扶持旅游的发展来带动该地区经济发展、进而脱贫致富的一种经济发展模式，成为国家扶贫开发战略的重要组成部分。

3. 旅游拉动消费

20世纪90年代中期到90年代末，我国已进入到一个需要靠扩张需求来促进经济不断发展的阶段。此时我国的旅游业正处在以“假日经济”为助推点的粗放型旅游经济增长的初级阶段。随着国内旅游的迅猛发展，旅游业对国民经济巨大的关联带动作用日趋显著，人们广泛认识到了旅游业在扩大内需、拉动经济发展中的优势。1998年国家确立扩大内需战略后不久，旅游业就被确定为国民经济新的增长点，各地纷纷将旅游业作为第三产业的龙头来大力发展，此时的旅游业不仅为国家扩大内需做出了积极的贡献，同时还有力地促进了区域经济的发展。从1998年开始，连续八年的中央经济工作会议都把扩大内需作为一项基本的国家战略，同样，也是在1998年的中央经济工作会议上，旅游业被确定为国民经济新的增长点。这意味着从旅游业成为国民经济新增长点的那一天起，就被国家赋予了扩大内需的历史重任。2006年，国家根据我国居民消费结构等待升级、国民储蓄率较高、国内市场潜力巨大的社会现实情况，重申了进一步扩大国内需求的国家发展战略，这将为我国旅游业创造巨大的国内市场发展空间提供了机遇。2006年全国国内出游人数达到13.94亿人次，比“九五”末的2000年增加了6.5亿人次，增长87%，国内旅游总花费6230亿元，比2000年增加3054亿元，增长96%。“十一五”期间，随着我国宏观经济政策的调整，经济增长由主要依赖投资和出口拉动，转变为消费拉动，进一步扩大国内需求，加上居民消费结构的升级，这为我国国内旅游开辟了广阔的市场空间，创造了有利的发展条件，形成了良好的增长预期。当今，旅游拉动消费正成为国家扩大内需、刺激国内消费的重要手段①。

4. 旅游促进就业

旅游业是市场需求日益旺盛、就业容量日益壮大的劳动密集型产业，是一个能够增加就业、扶贫帮困、促进城乡经济和区域经济协调发展的“利民产业”和“富民产业”。据世界旅游组织公布的资料，旅游行业每直接收入1元，相关行业的收入就能增加4.3元；旅游行业每增加一个直接就业机会，社会就能增加5个至7个间接就业机会。大力发展旅游业，对于解决我国作为世界人口第

① 梁文生. 十一五：旅游业发展的战略机遇期. 中国旅游报，2005-12-14.

一大国的就业问题、维护社会稳定、构建和谐社会具有重要意义。2002 年全国再就业工作会议后，旅游业作为劳动密集型产业的就业功能得到了广泛重视，各级政府在强调旅游业的关联带动性的同时，更看重旅游业的高就业功能。在我国面临巨大就业压力的状况下，旅游业对就业人口的吸纳能力及其就业层次多的特点，为社会提供了一个持久、宽泛的就业渠道，直接对社会民生起到重要的促进作用。在 2002 年 10 月召开的“发展旅游促进就业工作座谈会”上，国家旅游局和国家计委共同提出了今后 10 年通过大力发展旅游业，年均新增 70 万个直接就业岗位和 350 万个间接就业岗位的目标。截至 2006 年，我国旅游直接就业人数已达 1000 万，间接就业人员 4900 多万，就业人员总数近 6000 万，约占全国就业总数的 7.8%①。此外，旅游业增长带来的旅游活动的增加，为广大旅游者带来了释放工作压力、提升综合素质、开拓宏观视野、扩大交往范围等调节身心的重要途径，这些都有力地促进了“人的可持续发展”。至此，旅游业的价值已表现出了从经济价值向社会价值转化的趋势，这一转变为旅游价值的进一步回归奠定了基础。

5. 旅游增进和谐

随着党在十六大上科学发展观思想的提出，人们开始注意到旅游业发展中的非经济因素，对旅游与环境等方面的关注度也越来越高，尤其是和谐社会理论的全面确立，更为旅游业的发展创造了新的机遇，也为旅游业带来了新的任务。旅游在单一的经济价值基础上开始向经济、社会、环境等多重价值取向转变，此时旅游业的社会价值和环境价值被给予了前所未有的重视，以人为本、注重人的旅游需求的全面满足和旅游与社会、经济、环境等方面的共生、和谐发展，成为了当今和谐旅游的主要内涵。

从以上不难看出，在改革开放中应运而生的中国旅游业，结合国家在不同历史时期的发展需要，自觉地走过了一条发展经济、关注民生、缩小区域差距、促进地区均衡发展、顺应国家时代发展需要的发展路子。

三、旅游城市化战略

改革开放这些年来，我国的城市化进程越来越快。目前，全国已有 661 个城市，这些城市的性质和类型各有不同。但是在发展过程中，无论什么性质和类型的城市都普遍感觉到，城市的旅游功能越来越重要，旅游对城市发展的作用不可忽视。纵观世界各国，任何一个经济、社会、文化发达的城市无一不是旅游发达的城市，也必定是外向性强、吸引力大、环境优美的经济文化发达的

① 国家旅游局“关于进一步促进旅游业发展的意见”. 中国旅游报，2007-9-14（3）.

城市。旅游与城市发展的这种相辅相成的关系已经成为城市现代化发展的一个规律性现象[①]。

我国旅游业的发展是以主要城市（尤其是那些经济条件优越、交通便利、商业发达、人流集中，又多是交通枢纽的区域政治、经济、文化中心城市）为依托逐步发展起来的。可以说，这种以主要城市为依托发展起来的国家旅游城市的基础格局，是我国旅游业超常规发展的必然结果。长期以来，我国旅游生产力的布局也大多集中在这些主要城市，许多城市出现了接待能力过剩的现象，旅游企业之间的价格大战也频频发生。而与此同时，随着旅游产品开发的深入和国内旅游的大幅度兴起，一些原来是旅游业"温"、"冷"点的中小城市却出现了接待能力不足的情况[②]。虽然国家自 1995 年以来就全面开展创建"中国优秀旅游城市"活动，来推动以旅游城市建设为基准带动区域城市旅游全面发展的"点状辐射"计划，然而，对优秀旅游城市的评选过于追求单个城市具体的达标数据，忽略了优秀旅游城市作为整体的结构优化与功能衔接，致使优秀旅游城市的发展既在等级上差别显著，又在空间上极不平衡，结果以优秀旅游城市为依托的区域旅游业的发展也是不平衡的。我国东部沿海地区——北京、天津、辽东半岛、长江三角洲、珠江三角洲、6 个经济特区[③]和 14 个沿海开放城市[④]的入境旅游接待人数和旅游外汇收入都已占全国总数的 80%左右。与之相比，中西部内陆地区虽然拥有丰富的旅游资源，由于可进入性相对较差，开放程度和经济发展水平较低，导致旅游市场的发育程度较低，除少数地区以外，旅游业还不是很发达。

区域旅游经济发展的不平衡性，导致了旅游生产要素难以得到合理的配置。因此，目前全国范围内的旅游生产布局，还不能根据各个地区自身的资源优势和区位条件，开发出符合市场需求的旅游产品，也不能与相关的地区形成合理的分工与协作，各个地区之间也还未能形成资源互补、市场互补、发展互补的区域旅游发展格局。因而，无法促进旅游生产要素的流动和有效利用，也无法提高区域旅游经济的整体效益。

当今，我国正处于经济体制转轨和产业结构战略性调整的关键时期。中国的旅游开发也已从景区开发为主转向了以旅游目的地开发为主的阶段。为此，

---

① 何光韦著. 朝阳产业 走向辉煌——蓬勃发展的中国旅游业. 中国旅游出版社，2006. 72.

② 张辉，秦宇，厉新建. 转型时期的中国旅游业. 中国旅游报，2003-4-23（7）.

③ 我国的 6 个经济特区分别是：深圳、珠海、汕头、厦门、海南和上海浦东。

④ 我国的 14 个沿海开放城市分别是：大连、秦皇岛、天津、烟台、青岛、连云港、南通、上海、宁波、温州、福州、广州、湛江、北海。

旅游城市将成为旅游产业的重要空间[1]。长期以来，我国缺少空间优化概念，缺少空间维度的思考习惯，更缺乏合理优化空间利用的技术与方法，这种缺陷在近30年来的城市与乡村规划中，表现得尤为明显，是造成城市无序发展、乡村长期落后、城乡建设水平和经济联系严重割裂的重要根源之一[2]。

空间优化概念，直接与土地的集约利用息息相关，亦直接与人的生活质量紧密联系，因此在全世界都长期受到重视。在我国，空间优化具有极强的现实意义：空间和谐是和谐社会的重要体现，空间规划是我国经济社会协调发展的重要任务，区域协调发展是国家可持续发展的重要目标。现在，国家对空间的科学利用已经越来越重视，不但强调土地的集约利用，还在宏观上推进“优化开发、重点开发、限制开发、机制开发”四种主体功能区建设。对旅游业而言，空间的美感直接就是旅游产品的重要内容，空间上的合理调配也是旅游开发的重要方式。空间规划带来的产品升级，可以为游客提供最佳的旅游感受。例如，巴黎作为最受世人赞誉的旅游城市之一，其以凯旋门为中心的12条放射性街道的建造，不但为国际城市规划界提供了多年的样板，更成为各国旅游者多年必游的地区。又如我国黔、桂两省的梯田景观，也是因为农业生产造就的空间美感而成为重要的旅游目的地。旅游业这种对空间的有机组合、科学利用的内在需求，及旅游业通过人流和经济流对区域间差距的平抑作用，对我国总体上空间的合理利用、科学规划和协调发展，具有很大的推动意义。未来随着旅游业的飞速发展、开发水平和开发理念的不断提升，对空间美感的需求将不断增强。空间更加和谐，区域更加协调，这也将对我国总体的旅游发展环境起到极大的促进作用，为子孙后代留下宝贵的财富。

目前，中国正致力于建设和谐社会，人们的生活质量问题越来越受到关注，城市作为人类居住的一个重要场所，其环境的优劣也越来越引起人们的关心。改善城市生态环境，完善城市基础设施和公共服务体系建设，已成为当今城市发展的一项重要任务，也成为衡量城市竞争力的一个重要标准。今天，中国优秀旅游城市已不仅仅是旅游人流中心和旅游产品中心，同时也是培养旅游人才的中心、输出旅游管理的中心和旅游信息资源的传播中心。旅游城市在发展旅游生产力的同时，带动和影响着周边的广阔地区，也扩大了城市的旅游经济和社会影响，旅游城市由一个较小的旅游经济生长点，逐步延伸成为较大的旅游经济区域中心。

---

① 张辉. 中国旅游产业发展的再认识. 中国旅游报，2004-8-20（6）.

② 张树民. 对民生语境下我国旅游业产业优势及产出能力的思考. 中国旅游报，2008-5-9（10）.

我国旅游经济的发展趋势已经表明[①]，旅游业的布局已由口岸城市向内陆城市扩展，由东部向中、西部地区扩展，由南方向西北、东北方向扩展，由城市向乡村地区扩展。旅游城市在扩大旅游的区域合理布局、调整旅游经济结构、提高旅游经济效益和质量方面发挥了极其重要的作用。为此，适应中国旅游业产业升级和产业功能转变发展的需要，把旅游城市的整体化建设与优化旅游城市空间布局自觉地纳入到旅游城市化战略中去，是新时期中国旅游业发展的需要，是贯彻落实科学发展观的具体体现。

第二节　国家结构下中国优秀旅游城市体系格局

基于全国的范围，从优秀旅游城市这个整体系统的角度出发，本着区域统筹、网络状联系、全面协调发展的思路对优秀旅游城市的数量规模作结构上的调整，以使中国优秀旅游城市的建设形成层次分明、发展方向明确、相互联系紧密的有机整体，为实现旅游城市在全国均衡、全面地发展提供结构和体系上的保证。

一、对不同结构类型优秀旅游城市体系的认识

迄今为止，我国学术界对优秀旅游城市的研究以及国家对优秀旅游城市创建实践的研究，主要针对的是单体的优秀旅游城市，很少把优秀旅游城市当作一个整体和系统来考虑，更很少涉及区域性的乃至全国范围内的优秀旅游城市体系的发展与建设的问题。目前各地区优秀旅游城市之间的相互联系正随着区域城市旅游合作广泛深入的进行而变得日趋紧密，这样，基于更大范围的地区性、区域性乃至全国范围内的优秀旅游城市体系的建设问题正变得日益重要起来。

1. 单体结构与地区性结构体系

从国家旅游局最新一次修订并颁布执行的《中国优秀旅游城市检查标准》（2007 修订本）来看（见表 7.2），本次修订虽增加了不少内容，如：新增了推进旅游诚信建设、使用《中国公民出境旅游合同文本》、建立假日旅游协调机构、主要旅游饭店受理银行卡、中高级导游员占导游总人数的比例、开展提升中国公民旅游文明素质行动，充实了“绿色旅游饭店”、“星级旅游厕所”、“5A 级景

---

① 何光韦著. 朝阳产业、走向辉煌——蓬勃发展的中国旅游业. 中国旅游出版社，2006. 70.

区”等新的旅游标准，修改了不便于操作的“饭店星级评定率”等项目，淡化了旅行社类别划分，提高了接待国内游客人天数年均递增指标，还把原检查标准中的20大项176个评分点扩展为20大项183个评分点。但经修订后的标准主要还是针对单个旅游城市进行考量，很少考虑旅游城市之间，更没有涉及在更大的地区范围内优秀旅游城市之间的相互结构关系的问题。

表7.2　中国优秀旅游城市检查标准（2007修订本）

序号	项 目 分 类	最高得分
1	城市旅游经济发展水平	60
2	城市旅游产业定位与规模	35
3	城市旅游业政策支持和资金投入	35
4	城市旅游业发展的政府主导机制	35
5	城市旅游业的管理体系	70
6	城市旅游行业精神文明建设	60
7	城市的生态自然环境	45
8	城市的现代旅游功能	100
9	城市的旅游教育培训	40
10	城市的旅游交通	60
11	城市的旅游景区的开发与管理	40
12	城市的旅游促销与产品开发	60
13	城市的旅游住宿	50
14	城市的旅行社	40
15	城市的旅游餐饮	40
16	城市的旅游购物	40
17	城市的旅游文化娱乐	40
18	城市的旅游厕所	40
19	城市的旅游市场秩序	70
20	城市的旅游安全与保险	40

资料来源：国家旅游局官方网站 http://www.cnta.gov.cn（法规标准栏）

本研究认为：随着旅游城市化步伐的加快，单个城市相对孤立地开展旅游活动已不大可能。旅游经济的发展和区域旅游一体化的进程正迫切要求旅游城市在旅游客源、旅游资源、旅游设施与服务以及旅游信息交换等方面实现最大程度和最广范围的共享与合作，才能获得持续发展的动力，才能实现双赢、多赢乃至共赢。因此，单个旅游城市尽管其发展的势头再好，也很难与由若干的优秀旅游城市集群相抗衡。对于单个的旅游城市，其存在的最大意义就在于，它是构成国家整体的优秀旅游城市体系的基本单位。

地区结构下的优秀旅游城市体系指的是：同一个行政地域范围内且相互临近的优秀旅游城市的组织形式。这些优秀旅游城市之间既有层级关联又各具鲜明特色，它们是构成更高一级的优秀旅游城市结构的基础单位。

2. 区域结构体系与国家结构体系

与地区结构的优秀旅游城市体系有所不同的是，优秀旅游城市的区域结构体系强调的则是在地区性结构的基础之上，跨越城市的行政界限，能够统领更大范围内的城市旅游发展，其内部层次更加分明、区域特点更加突出的优秀旅游城市组织形式。对内它能很好地整合省内旅游资源，聚集省内旅游客源；对外它们相互补充、错位发展，共同构成优秀旅游城市的地域性组织。

国家结构下的优秀旅游城市体系则是国家最高一级的、着眼全国范围优秀旅游城市的组织形式，从结构形式上讲，它是由区域、地区、单一城市三级纵向的层级结构组成。这当中，国家行使着至高无上的、全面的和遍及全国的对优秀旅游城市实施建设与管理权力，以实现优秀旅游城市在全国的均衡分布，促进城市旅游在全国的全面发展。

二、加强优秀旅游城市国家结构体系建设的重要性

从整个国家的角度上看，将优秀旅游城市作为一个整体系统来考虑，加强对全国优秀旅游城市的整体建设，有以下三方面的重要意义。

1. 有利于提高优秀旅游城市建设的科学性

以往的优秀旅游城市评选是各城市自愿报名、国家用统一的标准衡量而后产生的。这样做的结果：一则，容易使优秀旅游城市的产生带有很大的随意性；二来，用同样的标准来考察各级各类的城市是否具备优秀旅游城市条件，这样的做法也不尽科学。同时，亦使国家难以对优秀旅游城市这支队伍从整体上予以必要的把握与管理。

加强国家结构下的优秀旅游城市体系建设，最关键的做法就是：对优秀旅游城市采取通盘考虑（“全国一盘棋”思想）、分级建设（等级体系建设）、网络化管理（自上而下的关联性）的方法。这样做最突出的好处在于：（1）通盘考虑，强化了国家对优秀旅游城市的集中统一领导，有利于国家通过推动优秀旅游城市建设来实现区域城市旅游的均衡发展。（2）分级建设，为各级各类的城市争创优秀旅游城市明确了各自需要努力的具体方向，避免了因城市等级差异而造成的优秀旅游城市在功能与作用发挥上的不对称。（3）网络化管理，一方面可以大大提高对优秀旅游城市整体管理的效率；另一方面也强化优秀旅游城市之间的相互联系，最大限度地杜绝了优秀旅游城市各自独立发展和任意发展的可能性。

2. 有利于统筹区域旅游城市的协调发展

统筹区域发展是党的十六届三中全会提出的完善社会主义市场经济体制的重要要求之一，是我国现代化建设中关系全局发展的重大问题。正如温家宝总理指出的："坚持区域协调发展，逐步扭转地区差距扩大的趋势，促进地区之间协调发展，这不仅是重大的经济问题，也是重大的政治问题，不仅关系现代化建设的全局，也关系社会稳定和国家的长治久安。"

处在现代服务业排头兵地位的中国旅游业的发展，其所担承的区域统筹与协调任务自不必多说。尤其是对于处在区域旅游经济中心地位的优秀旅游城市来说，统筹区域旅游业的发展，优秀旅游城市应起主导作用。在以城市为主导的我国区域经济发展的新阶段，按照科学发展观的要求，统筹区域旅游业的发展，不仅应推进以优秀旅游城市为主导的区域旅游发展战略，更应该优化优秀旅游城市的空间结构，培育优秀旅游城市的市场功能，以优秀旅游城市为主导构建起基于省域的优秀旅游城市市场区和优秀旅游城市群。

3. 有利于促进旅游城市间的分工与合作

旅游业是个综合性的大行业，任何一个旅游城市都难以有足够的旅游供给来满足游客的需求。随着社会经济的发展和国民文化程度的提高，个性化的旅游需求与日俱增。由于发达的交通条件和旅游活动本身的开放性，旅游者再也不满足于只进行近距离的旅游，而是把眼光投向了城市周边甚至更远的区域，这就要求我们的旅游城市要不断地提高城市自身的旅游供给能力。但是，一个城市的旅游吸引力和旅游服务设施毕竟是有限的，要想满足游客日益增长的旅游需求，打破旅游城市行政地域的分割，实现跨行政区域的旅游城市分工与协作是必由之路。

国家结构下的中国优秀旅游城市体系建设，就是要把对优秀旅游城市布局与建设的眼光扩大到全国的范围，变优秀旅游城市单一的平行结构形态为层级性的网状结构体系，这不仅有助于从（地区范围、区域范围乃至全国范围）旅游城市以外的区域，更全面、更科学地配置旅游资源，还有效地借助了市场的力量，促使各旅游城市之间加强合作，互通有无，同享共有的区域性资源与设施，以实现旅游经济在更广范围和更深层次上的共赢。

三、国家结构下优秀旅游城市体系框架

国家结构下的优秀旅游城市体系是一个庞大的旅游城市系统，下面只概要地给出了基于国家整体结构考虑的优秀旅游城市体系建设的框架性建议。

1. 层次分明的等级结构

与现状的散点式、随意性的优秀旅游城市发展形成鲜明对比的是，着眼全

国范围、通盘考虑全局利益的国家结构下的优秀旅游城市体系建设，其所强调的是把优秀旅游城市当作一个整体的系统来考虑。在系统的内部，优秀旅游城市从高到低分为国家级、区域级、地区级和一般级四个等级层次来建设。各层级的优秀旅游城市分别找准其在整个国家优秀旅游城市体系中的位置，各有侧重地发挥自己应有的作用；同一等级内部的优秀旅游城市之间，相互协调、突出特色，最终使整个的优秀旅游城市体系达到效能最大化。

2. 均衡分布的网状格局

我国现行的优秀旅游城市的成长机制是“成熟一个、发展一个”的基本思路，这种非均衡式的发展战略，极大地有利于那些在经济与社会条件方面较优越的城市率先一步跨入到优秀旅游城市的行列中，这也客观地造成了我国优秀旅游城市地域分布差异显著的现状。本研究根据中心地理论的空间网状扩散规律所构建的国家结构下的优秀旅游城市体系，理论上形成的是一个层层嵌套的六边形网状结构形态。这样的分布，既满足了优秀旅游城市空间均衡发展的要求，又清晰地揭示了优秀旅游城市之间的等级结构关系，实现了科学性与实践性的完美结合。

3. 系统的总量控制与动态平衡

国家结构下的优秀旅游城市体系，是基于系统整体性的认识高度提出的。我国的优秀旅游城市是从国家城市体系中脱胎出来的新型城市类型，它的系统规模自然要受到国家城市体系规模的制约与限制。在全国城市总数量一定的条件下，优秀旅游城市的总数也应该是相对固定的，这就是对优秀旅游城市体系实施的总量控制。也就说，一旦基于国家结构的优秀旅游城市体系的总量规模被确定下来以后，理论上讲，就不再继续接受新的城市加入到优秀旅游城市的队伍中来了，只有当新的城市在旅游职能、旅游影响力及旅游效益等方面能够充分替代掉优秀旅游城市体系中的某个城市的时候，系统才允许该城市加入到优秀旅游城市的队伍中来。这种适度提高了的优秀旅游城市准入制度，不仅可以提升优秀旅游城市队伍的整体素质，而且还可以给那些正在申报中的城市引入必要的竞争机制。

所谓的动态平衡，是基于要打破中国优秀旅游城市“终身制”的考虑。我国现行的对已经成为优秀旅游城市的考核办法，采用的是对其资格进行复查的方式。这种资格复查，象征意义往往大于实际效果，且并不能从根本上触及城市的切身利益。动态平衡做法的具体含义就是，虽然优秀旅游城市体系的总量与等级序列是相对固定的，但并不对应于系统内的具体城市。也就是说，国家结构的优秀旅游城市体系的总量规模是一定的，体系内的等级层次是固定的，但体系内的城市及其所对应的等级却不是一成不变的，允许新城市（新晋升上来的优秀旅游城市）替代旧城市（曾经被命名为优秀旅游城市的城市）。这样，既消除了优秀旅游城市的“终身制”，又明确了优秀旅游城市新旧更替和等级晋升的具体路径。

4. 区域联动的市场空间区划

基于中国优秀旅游城市整体结构的考虑，本研究在中心地等级结构规律指导下，设计并规划出的我国省域优秀旅游城市市场区，是将区域比较优势与市场引力机制高度结合之后产生的，旨在增强中国优秀旅游城市之间的相互联系、促进区域间优秀旅游城市联动发展的优秀旅游城市市场空间区划。它不仅较好地反映了我国目前省域旅游发展的客观现实，而且也为我国的区域旅游合作提供了科学的地域组织框架基础。

第三节 中国优秀旅游城市体系建设的基本思路

着眼整个国家范围，站在国家战略的高度，本着统筹兼顾、协调统一、“全国一盘棋”的原则，本节主要从加强区际分工、发展旅游城市群、建设区域旅游市场区的角度，阐述建设中国优秀旅游城市体系的基本思路。

一、加强优秀旅游城市的区际分工

前已述及，中国优秀旅游城市发展至今，一个突出的问题就是各城市彼此独立发展，相互之间缺乏必要的联系与协作。通过前面第四章中对中国优秀旅游城市的职能分析可以发现，我国的旅游城市按照其旅游经济产出量的多少可以分成综合性职能、专业化职能和单一职能这样三种类型。正是由于旅游城市在职能及其影响力上存在着这样和那样的差异，才为不同地区间旅游城市的地域分工与协作提供了可能。

城市经济研究的大量成果表明，城市地域分工与专业化发展的出现是大规模城市区域形成的客观基础。随着地域分工的加深，一方面，会使不同地区、不同城市向着不同的方向发展，使得一个地区或城市为另一个地区或城市生产并交换产品成为了可能；另一方面，受人的需求多样性和不可分割性的影响，地域分工也促成了地区或城市经济的专业化发展，而地区经济的专业化则使不同地区与城市在经济、社会、文化等方面的生活产生相互需求，从而又把各个地域或城市吸引到商品、信息等的相互交换中来，为参加交换的地区或城市带来了额外的利益，并把不同的地域或城市通过以贸易为主的包括各种生产要素流动的方式紧密地联系起来，在一定的地域范围内形成了具有一定内聚力和专业化特色的新区域。

以中国优秀旅游城市为代表的我国旅游城市建设已经进行了十多年的时间。这当中，优秀旅游城市的创建为其城市所在区域的旅游业的发展带来了活力，但是，当优秀旅游城市的总体数量不断扩大之后，用统一的衡量标准评选出的众多个优秀旅游城市，其旅游发展有着很大的相似性，缺失了鲜明特色的优秀旅游城市，不仅徒有虚名，而且也未能在地区旅游业的发展中真正起到骨干带动作用，结果不仅使优秀旅游城市的影响力降低了，还使得“创优”招致非议。作者认为，深入挖掘优秀旅游城市在区域旅游业发展中的作用，不光是要对不同等级、不同规模的旅游城市分门别类地加以区别对待，还要找出在现有分布条件下有利于这些城市分工协作、专业化发展的新路子。这样才能不断扩大优秀旅游城市的旅游影响力，最大限度地发挥优秀旅游城市整体的优势，为区域乃至全国的旅游业深入发展再立新功。今天，在中国旅游业进入转型与升级之际，区域间优秀旅游城市的分工与协作问题已提到议事日程上来了。

（一）优秀旅游城市区际分工的意义

中国优秀旅游城市的区际分工，即区域间旅游城市的旅游地域分工。区际旅游分工是区际旅游关系的前提，它是旅游经济活动专业化、协同化、有序化发展的空间表现，是各个区域旅游经济的产业结构、行业结构和产品结构等的分异与关联。各区域旅游经济间的相互分工与依存，即可构成全国区际旅游经济分工耦合的总格局。

1. 有利于地区旅游经济的专业化发展

这里所说的专业化是指一个城市减少其在旅游生产活动中不同职能的操作种类，而将旅游活动集中于较少的不同职能的操作上。区际旅游分工在地域上集中表现为地区旅游经济的专门化发展。

地区旅游经济的专业化发展是旅游城市之间通过纵向分解和纵向联合，形成地区旅游经济群落的结果，是旅游经济发展到相对成熟阶段，旅游生产社会化的地域表现，它是地域凭借其自身在自然、经济和社会等方面的某些优势，逐步形成的具有地域特色，而且优于其他地域的旅游专业化生产方式。地区旅游经济的专业化，既是区际旅游分工的结果，也是城市旅游分工的前提，它不仅是本区域旅游经济发展的需要，而且也是全国旅游经济发展的需要。因此，地区旅游经济的专业化，决定了一个区域在全国旅游产业上的地位与作用，同时由它的发展带动相关产业的发展。

2. 有利于密切各地区间旅游资源的相互联系

在区际旅游分工的过程中，一方面，不同地区、不同地点的城市旅游职能会向不同的方向发展，使得一个地区为另一个地区生产并交换旅游产品成为可能，也使得一个地区利用另一个地区的旅游资源变成现实；另一方面，游客的旅游需求具有多样性和不可分割性，旅游经济的专业化可以把各个地域都吸引到商品、信息等的相互交换中来，从而为参加交换的旅游城市带来额外利润。所以，通过旅游区际分工可以密切城市间的旅游经济联系，加大旅游城市间的往来与交流，消除或降低城市旅游资源的重复性开发，提高城市间旅游资源的利用效率。

（二）优秀旅游城市的区际分工模式

区际分工有多种形式，前苏联经济地理学家萨乌什金将区际经济分工划分为六大类：（1）在经济上完整的地区之间（如国家经济区）的分工；（2）在某些个别中心之间（如工业枢纽或大城市）的分工；（3）在经济中心四周的（如城市、联合企业）某一空间内的分工；（4）在某一统一的生产过程的不同阶段上的分工；（5）季节性地域分工；（6）偶然性的（如国家在政治或经济上的偶发事件）地域分工。上述这六种地域分工可以相互重叠和交叉[①]。

在我国，常见的区际分工主要有垂直分工、水平分工和混合分工三种[②]。“垂直型”分工主要指某地区的产业结构以生产中间产品为中心，以另外地区的一个或多个终极产品为核心，建立起自己的以互补和依附为主要功能的产业结构体系。“水平型”分工是指在产品成品上的分工。根据各自区域的特点和优势，有些地区以资本、技术密集型产品的生产为主，有些则以劳动密集型产品为主，通过交换，互通有无、各得其所。水平分工的前提是地区之间在生产规模、经济结构乃至消费偏好等方面存在差异，这种分工的好处在于地区之间的分配较公平，易于被参与分工的地区所接受，对于克服重复建设和分散建设，达到经济规模，共同开发跨区域的资源有重要的作用。“混合型”分工即指上述两种形式的分工兼而有之的分工。

考虑我国优秀旅游城市发展的现实情况，眼下，要完成单个旅游城市之间的分工与协作发展尚不现实；若考虑对优秀旅游城市实施省际间的合作分工，却又因为优秀旅游城市在省域内的分布不平衡而使分工过于牵强。因此，本研究提出：可以先在中国优秀旅游城市聚集区之间开展区际分工的试验，待取得成效后再将这种分工逐步扩展到省际乃至单个优秀旅游城市之间。

本研究已在前面第三章第三节中有过对中国优秀旅游城市聚集区的分析，以下所讨论的主要是在中国优秀旅游城市聚集区之间进行的区际旅游城市功能

---

① 萨乌什金. 经济地理学：历史、理论、方法和实践. 毛汉英等译. 商务印书馆，1987. 335.

② 江曼琪著. 区际经济运行机制研究. 天津科学技术出版社，2000. 49.

的分工问题。由于各个旅游城市聚集区之间在旅游资源要素赋存上的不同，必然导致区际之间在旅游经济活动方式、内容与旅游产品交换上的不同，这在空间上就表现为区际间的旅游城市功能分工与旅游经济联系。通过开展这种区际间的旅游分工，可以实现优秀旅游城市聚集区内的各级城市间的良性互动和密切联系，不仅能够充分发挥旅游城市聚集区的集成优势，而且还能最大限度地发挥旅游城市聚集区的的带动作用，形成特色鲜明的区域旅游城市分布格局。

1. 我国优秀旅游城市聚集区的资源特色

京、津、冀、辽旅游城市聚集区是由北京市（京）、天津市（津）、河北省（冀）和辽宁省（辽）组成，包括东北南部的辽宁、华北平原的中北部和西部太行山地以及冀北山地的一部分，土地面积36.4万平方千米，人口1.4亿。这里是我国开发历史较早的地区之一，聚集着包括首都北京在内的21座优秀旅游城市。其中，首都北京历史悠久、景色壮丽、建筑雄伟、古迹众多，是全国旅游业发展的重点地区，也是目前我国接待游客最多的城市；天津是我国东部沿海的大工业基地之一，轻重工业都比较发达，也有众多的历史遗址；河北是中华民族的重要发祥地；辽宁是以海滨风光和清前史迹为主要特色的旅游省区。因此，该区域是一个以浓厚的历史文化积淀为主要特色的旅游城市聚集体，其旅游城市的历史文化特色在全国独占鳌头。同时，区内铁路、公路成网，交通四通八达。其中，北京不仅是全国的铁路网中心，还是全国的航空网中心和华北地区的公路网中心。北京与国内各省会城市及旅游中心城市之间都有航空线，由北京出发的国际航线也有几十条。此外天津、大连和秦皇岛还是我国北方重要的客运海港和海运游客集散地，并辟有到全国各主要港口的沿海旅游专线。发达的经济、便捷的交通和丰富的旅游资源，使该区域成为我国旅游业最发达的地区之一。这里虽有发展旅游产业的良好条件，但区内各地旅游城市的发展差距较大。最突出的表现就是北京的旅游需求旺盛，但市场供给严重不足，发展潜力令人担忧；而天津的旅游资源相对匮乏，对外的旅游吸引力相对不足；河北虽有秦皇岛、承德等热点旅游城市，但全省整体的旅游环境氛围较为薄弱；辽宁的大连和沈阳也是全国重要的旅游城市，但全省的旅游产业关联度不是很强。这样的现状，迫切要求冀、辽两省所聚集的21座优秀旅游城市之间在旅游供需上互通有无，在旅游功能上各有侧重，尽快实现良性协作。

鲁、豫旅游城市聚集区包括河南、山东两省，拥有32.4万平方千米的土地面积，人口1.9亿，总共聚集了39座优秀旅游城市。地处中原的河南省，是中华民族的发祥地之一，是全国的旅游资源大省和全国人口第一大省。河南历史源远流长，文化博大精深，对华夏文明和东方文化的形成都起到了重要作用；河南还是三大古都（安阳、洛阳、开封）所在地，人文旅游资源十分丰富，此外，近几年迅速火爆起来的焦作云台山水游，更为古老的中原大地增添了几许自然山水的秀色。山东素有“齐鲁之邦”之称，古老的文化和悠久的历史共同孕育了山东丰富的人文景观；山的雄伟与海的博大共同塑造出了山东壮丽的名山、海景、名泉的自然景观特色。然而，与把旅游业列为新型主导产业的山东省相比，河南薄弱的地方经济、落后的交通条件，使其在旅游业的整体发展上与它的近邻山东相比，还有很大差距。但同处中原内陆，共同兼备自然秀色与古老文化的山东与河南两省完全可以通过资源整合，进一步扩大资源吸引力，提高旅游经济效益。

川、渝旅游城市聚集区主要是指四川省和重庆市这一省一市，两地总面积约 56.7 万平方千米，人口约 1.2 亿。这里共聚集着 15 座优秀旅游城市，拥有大足石刻、峨眉山——乐山大佛、都江堰——青城山、九寨沟——黄龙等众多的世界自然或文化遗产，是个自然与人文旅游资源兼备、以“真山、真水、真古董”为特点的我国重要的和极具旅游发展潜力的地区。然而，在广阔的区域范围上，除了成都平原和重庆市这两个开发历史较早的地区之外，其他的广大地区，不仅开发的时间短，而且个别地区至今尚未开发；加之山高路险、交通不便，旅游经济效益低下一直是川渝地区旅游发展的主要问题。因此，变旅游资源优势为经济优势，最大限度地发挥城市旅游经济的带动作用，依靠旅游业摆脱贫困、实现小康，是川渝地区旅游城市发展的主要方向。

湘、鄂旅游城市聚集区指的是地处长江中、上游地区的湖南和湖北两省。全区土地面积 39.8 万平方千米，人口 1.3 亿，共有 17 座优秀旅游城市聚集在这里。这里是我国东西部之间的过渡地带，地势低平、河网交织、湖泊众多、土壤肥沃。自然景观方面，依托长江黄金水道，拥有雄伟壮丽的峡谷景观；在人文景观方面，堪与中原文化相媲美、被称为“中国文化南支”的楚文化就诞生在这里；还有引人入胜的三国史迹也诞生在这里。在近代，这里也一直处于社会变革的急流浪尖之上，标志着中国封建社会终结的辛亥革命首义成功就在湖北武昌，从这里走出的革命伟人之多在全国也是首屈一指。还有代表着现代中国工程技术水平，令世界瞩目的特大型水利工程——三峡大坝也坐落在这里。集自然美色于一体，融古今文明于一身，自然与人文旅游资源珠联交融是湘鄂地区旅游资源的最大特点。丰富的自然和人文景观，为这里的旅游开发提供了较大的发展潜力。然而，本区除了两湖平原之外的广大地区，经济基础还很薄弱，旅游开发尚处在初级状态或萌芽阶段。因此，以优秀旅游城市的发展带动区域经济发展，以旅游推动地区经济繁荣的任务是十分艰巨的。在这一点上，湘、鄂旅游城市聚集区与川、渝旅游城市聚集区有着很大的相似性。

江、浙旅游城市聚集区是指上海、江苏和浙江两省一市所包围的地区，其土地面积21.1万平方千米，人口约1.4亿。本区地理位置优越，气候条件良好，自古经济实力雄厚，文化繁荣，水陆交通方便，物产丰富，人口集中，是我国旅游业最兴旺发达的地区，聚集有上海、南京、杭州、宁波等44座优秀旅游城市。随着江浙地区经济的快速发展，城市规模不断扩大，城市的旅游功能日渐凸显，在许多重要的旅游城市周围不断涌现出新兴的旅游城市，使该区成为我国旅游城市最密集的地区。本地区水乡泽国的特征明显，外加丰厚的历史文化底蕴、星罗棋布的古典园林以及交相辉映的古老城市和现代建筑，形成了集宗教文化、都市风貌和江南水乡风情于一体的旅游资源特点。此外，这里还有层次丰富、数量充足的旅游接待设施和雄厚的旅游开发实力，拥有数量巨大、消费能力极强的潜在旅游客源。这些有利因素，都为本地区旅游业的发展领先于国内其他地区创造了条件。强大的旅游资源吸引力、众多优秀旅游城市的荟萃与聚集，彰显了江浙地区旅游城市发展的强大外向辐射性和旅游吸引力。尽管如此，深入发展的需要更加迫切地要求该区域内部的各旅游城市之间紧密合作、整合优势、协同做大旅游市场，不断扩大其对外的旅游影响力。

粤、闽、琼旅游城市聚集区处在我国东南前哨的位置，包括福建（闽）、广东（粤）和海南（琼）三省，土地面积有33.6万平方千米，约有1亿人口，这里共聚集着32座优秀旅游城市，是我国又一处优秀旅游城市集聚密度最大的地区。该地区面向经济发展迅速的东南亚，毗邻香港和澳门地区，地理位置相当优越。且开发历史悠久，经济繁荣。尤其在近代，经济在全国占有重要的地位，三省的人口仅占全国的约9%，但其GDP却占全国的15%，出口总额几乎占到全国的 25% ，全球金融危机之前的经济始终以年均 14%的高速度增长。经济的繁荣为该区的旅游开发提供了充足的资金和设备条件。粤、闽、琼地区是一个以人文景观占优的地区，且凸显出中原古文化与古越文化的交融、近代中西文化的冲撞与交融的特点，不仅具有很高的文化品位，而且有显著的岭南文化特色。改革开放以来，本区域旅游业发展迅速，旅游收入高速增长，旅游业发展在全国处于领先地位，其中广州、深圳、珠海、三亚、厦门等都是我国最重要的旅游热点城市。繁荣发展的经济、充足的旅游客源与广泛的对外交流，再加上极富特色的南国风情，为本区域的旅游发展走在全国前列奠定了坚实的基础。

通过上面对我国各优秀旅游城市聚集区的深入分析，可以使我们得到这样三个有益的结论：

第一，京、津、冀、辽与鲁、豫这两个旅游城市密集区，彼此临近，同处于环渤海湾地带，区域旅游业的总体发展上特点相似（均以厚重的历史文化积淀为主要的旅游吸引物）、旅游资源互有补充（辽宁的山、天津的海、山东的泉），客观上具备了旅游城市分工协作的条件；同时，作为首都的北京，无论是在政治的执行力上还是在旅游的影响力上，都有能力来实现对其他几个省市内旅游城市功能的整合。

第二，川、渝与湘、鄂这两个旅游城市密集区，相互临近，同处中西部过渡地带，旅游资源十分丰富。但在国家东部先发展、西部大开发战略的实施过程中，中部相对落后的经济制约了这里的旅游发展，也影响了这里旅游城市的建设步伐。众所周知，旅游业的发展，资源是基础，经济实力是旅游开发的先决条件，未来中部地区旅游城市辐射能力的提升和旅游拉动作用的进一步发挥，首先还是要立足于发挥本地区的旅游资源优势，走强壮旅游经济实力、再优化旅游环境、不断提升旅游产品品位、逐步实现旅游产品升级换代的良性旅游发展的路子。因此，在目前旅游经济普遍落后于东部地区的川、渝和湘、鄂两个旅游城市聚集地区，依靠各自独立的力量，短时间内壮大其旅游城市的影响力是不太现实的；川、渝、湘、鄂四地的旅游城市联合起来、一体化发展，将更有利于中部地区旅游城市的快速崛起，对促进中部地区旅游业的腾飞有着重要的战略意义。

第三，江、浙与粤、闽、琼这两个旅游城市聚集区分别位列长三角与珠三角这两个我国经济社会发展最快、最发达的地区，两地五省的旅游开发历史悠久、市场经济发育、对外交流与联系广泛、社会消费旺盛，具有很好的旅游发展潜力和产业升级优势。因此，为适应本地区日益提高的旅游市场需求的变化，可以考虑在该地区内尽早实现旅游产品的升级换代。

2. 我国优秀旅游城市聚集区的职能分工与核心产品设计

根据以上的分析，按照资源共享、优势互补、就近联合的原则，将我国优秀旅游城市聚集区规划为环渤海湾、中西部过渡地带和东南沿海三大区际旅游功能区，区际内各分区的旅游主导产业以及核心旅游产品如表 7-3 所示。

在区内分工模式的选择上，由京、津、冀、辽、鲁、豫四省二市共同组成的环渤海旅游城市聚集区中，因首都北京各方面的实力异常强大，致使该区域内旅游城市的分工可以在纵、横两个方向上展开。首先是以北京为中心的纵向垂直式的旅游产品分工体系。主要是因为北京不仅旅游资源种类齐全，而且有雄厚的经济实力、悠久的开发历史和作为首都的超强魅力等，都使其汇聚了众多的有着多种旅游需求的海内外游客。然而，单纯北京一地的旅游资源与设施条件均难以满足游客的需求，而以北京强大的旅游辐射能力，再加上周边其他四省一市在旅游产品种类和城市功能上与北京形成的有机互补，是可以建立起以北京为中心的垂直式分布的旅游产品体系的。而辽宁、河北、山东、河南和天津这四省一市内的旅游城市，因在城市旅游接待能力、城市经济结构以及城市消费水平等方面存在差异，这样正好可以针对各个旅游城市自身的功能与特点，采用水平式的旅游产品分工形式，通过交换，互通有无，各得其所。

表 7.3　我国主要优秀旅游城市聚集区的区际分工

<table>
<tr><th colspan="2"></th><th>区际内各分区旅游主导产业</th><th>区域特点</th><th>核心产品</th><th>分工模式</th><th>主导产业</th></tr>
<tr><td rowspan="6">环渤海旅游城市聚集区</td><td>北京</td><td>旅游接待、服务、消费</td><td>资源丰富、客源充足、城市地位重要</td><td>观光、度假与休闲并举</td><td rowspan="6">混合分工</td><td rowspan="6">旅游接待
旅游服务
旅游消费
相结合</td></tr>
<tr><td>天津</td><td>旅游消费为主</td><td>紧邻北京，经济实力雄厚，资源匮乏</td><td>休闲结合度假</td></tr>
<tr><td>河北</td><td>旅游接待为主
旅游服务为辅</td><td>旅游资源多样，经济实力相对不足</td><td>观光为主
度假为辅</td></tr>
<tr><td>辽宁</td><td>旅游接待为主
旅游服务为辅</td><td>旅游资源多样
经济实力相对不足</td><td>观光为主
度假为辅</td></tr>
<tr><td>山东</td><td>旅游接待与旅游服务并重</td><td>旅游资源多样
经济实力雄厚</td><td>观光与度假并重</td></tr>
<tr><td>河南</td><td>旅游接待为主</td><td>旅游资源丰富
经济实力薄弱</td><td>观光</td></tr>
<tr><td rowspan="4">中西部过渡地带旅游城市聚集区</td><td>四川</td><td>旅游接待为主</td><td>旅游资源丰富
旅游客源充足</td><td>观光</td><td rowspan="4">水平分工（初级）</td><td rowspan="4">旅游接待为主</td></tr>
<tr><td>重庆</td><td>旅游接待为主
旅游消费为辅</td><td>资源丰富、客源充足、城市地位重要</td><td>休闲结合度假</td></tr>
<tr><td>湖南</td><td>旅游接待为主</td><td>旅游资源丰富
经济实力薄弱</td><td>观光</td></tr>
<tr><td>湖北</td><td>旅游接待为主</td><td>旅游资源丰富
经济实力薄弱</td><td>观光</td></tr>
<tr><td rowspan="4">东南沿海旅游城市聚集区</td><td>江苏</td><td>旅游服务与旅游消费并重</td><td>旅游客源充足
经济实力雄厚</td><td>休闲与度假并重</td><td rowspan="4">水平分工</td><td rowspan="4">旅游服务与旅游消费并举</td></tr>
<tr><td>浙江</td><td>旅游服务与旅游消费并重</td><td>旅游客源充足
经济实力雄厚</td><td>休闲与度假并重</td></tr>
<tr><td>广东</td><td>旅游服务与旅游消费并重</td><td>旅游客源充足
经济实力雄厚</td><td>休闲与度假并重</td></tr>
<tr><td>福建</td><td>旅游服务与旅游消费并重</td><td>旅游客源充足
经济实力雄厚</td><td>休闲与度假并重</td></tr>
</table>

资料来源：作者整理

处在中西部过渡带上的川、渝、湘、鄂四省，因目前尚缺乏明显处于领导地位的中心级旅游城市，所以各旅游城市之间只好各自根据自己的优势，相应发展适合于本地区特点的旅游产品，靠自然地域上的天然联系（相互临近），实现旅游产品间的互相交换，属于一种较为初级的产品水平分工形式。

东南沿海的江、浙、闽、粤、琼五省之间，在地区经济发展优势上极为相似，但各自在生产规模、经济结构和消费偏好方面还存在差异，加上该地区处在我国市场经济最发达的地带，商品交换与分工协作意识比较强，因此实现五省区之间旅游产品的水平分工是现实和可靠的。

当然，在幅员广阔的西北和西南地区，虽有拉萨、昆明、桂林、南宁等较为突出的观光热点型旅游城市，但由于目前该地区优秀旅游城市的总量比较少、分布的也比较分散，区域旅游城市的整体功能还不够强大，主导产业不够突出，且在短时间内也很难形成明确的产业功能定位，这也是我国今后在协调优秀旅游城市的区域整体建设时应该特别注意的问题之一。

二、突出优秀旅游城市群建设

城市群是社会发展的城市化进程中出现的一种城市空间组织形式，是高级阶段的城市化。伴随着区域内工业化、市场化和现代化的不断深入，城市群得以形成和发展。对城市群概念的一般性理解是：在具有发达的交通条件的特定区域内，由一个或几个大型或特大型中心城市率领的若干个不同等级、不同规模的城市构成的城市群体[①]。城市化发展的经验告诉我们，城市群形成的过程，首先是从中心城市开始，然后才逐步扩散辐射开来，带动且促进了周边城市群的形成，并进一步调整了城市群之间的关系，从而形成区域经济中心的过程。在一个经济的和地理的大国中，由空间布局和相关条件决定，往往会梯次推进，形成多个城市群[②]。

中国优秀旅游城市在经过十几年数量扩充式的旅游城市化大发展之后，正处在产业转型和产品升级的关键时刻，正面临着巨大的市场考验和进一步整体优化的抉择。未来中国优秀旅游城市的发展若继续沿着“成熟一个、发展一个”的老路走，显然是不符合时代要求的。对全国的优秀旅游城市进行层级的划定并对全国的优秀旅游城市聚集区作区际旅游功能的规划，不仅可以为今后我国优秀旅游城市的总体建设提供有益的发展思路，同时也为国家优秀旅游城市群的建设提供了理论依据和现实可能。其突出作用表现在以下两个方面：

---

① 徐清梅等. 中国城市群几个基本问题的观点述评. 城市问题，2002（1）：18-22.

② 王诗成，郑贵斌. 将沿海三大城市圈建设列入国家战略，加快环渤海城市圈的整合步伐. 区域经济，2004（1）：47-48.

1. 改变了以往优秀旅游城市的建设思路

中国优秀旅游城市的建设，始于我国旅游业大繁荣、大发展的上世纪 90 年代中后期。它的出现旨在掀起中国城市旅游发展的高潮，为以城市为主体的旅游开发注入活力，为区域旅游业的繁荣奠定基础。应该说这种“成熟一个、发展一个”的旅游城市建设的思路，在推动当时国内旅游全面开花、区域旅游竞相绽放的中国旅游业大发展的初期，的确收到了良好的效果。但不顾地区条件、盲目“创优”，也使攀比旅游城市建设的风气盛行，致使中国优秀旅游城市数量无节制的大幅度增长，各旅游城市之间的发展差距不断加大，旅游城市整体建设的步伐跟不上的问题日益显现，中国优秀旅游城市的创建活动曾处于尴尬境地。

时至今日，中国旅游业的发展已走到了“建设世界旅游强国”、“旅游刺激经济增长与拉动内需发展”的特定历史阶段，其作为“发展旅游、繁荣经济”的唯一职能正在逐步减弱，代之而来的是“旅游在发达地区向精细化发展、在落后地区加快发展、在中游地区下大力气发展”的中国旅游业的深度发展阶段。为此，“突出重点、区别对待、有针对性发展”的优秀旅游城市建设思路正日益符合时代发展的新需要。

从前面的分析中可以看出，优秀旅游城市数量的激增并不完全是导致优秀旅游城市建设饱受争议问题的关键之所在。随着时间的推移，有更多的城市晋级到优秀旅游城市行列中来本应是件好事，问题在于：是不是所有的城市都要以“创优”作为自己城市发展旅游业的主要目标？用共同的指标来衡量参差不齐的各类城市是否具备优秀旅游城市条件，这是否能最大限度地调动和发挥各级各类城市发展旅游业的积极性？是否有利于促进各具特色的优秀旅游城市的出现？凡此种种，不得不使我们对中国优秀旅游城市的进一步发展作更加深入的思考。

本研究对我国现有的优秀旅游城市结构进行层级划分（见第四、五两章中有关优秀旅游城市职能类型划分、优秀旅游城市等级层次划分的研究），其结果是：中国优秀旅游城市可以被分作“核心城市”、“中心城市”和“一般城市”三个级别，三者虽同为中国优秀旅游城市，但可以通过差异性的职能分异、科学化的等级规模控制与合理的空间布局约束，以避免优秀旅游城市“规模大小不一”、“功能与作用差异悬殊”的盲目发展的弊端，向着分门别类、各有侧重；既彼此协调统一、又着眼全局的“对号入座式”的方向发展。这样，今后全国的任何一座城市都可以根据本城市特有的条件，结合城市未来的发展方向，并通盘考虑本城市在自身所在区域的城市旅游发展中所处的地位及其所应承担的作用，向着既切合城市自己发展实际又符合城市所在区域旅游发展方向的趋势前进，而不必以相同的标准和唯一的尺度将本来有着鲜明特点的各色城市都整齐划一地打造成中国优秀旅游城市。这样，一方面可以避免旅游业相对发达城市的“吃不饱”问题，另一方面也可以避免那些不太具备旅游业发展条件的城市牵强附会地追赶“创优”标准的问题。同时，亦可以使国家对优秀旅游城市的管理工作逐步走上“理性创优、逐级晋升，区别对待、分级管理”的新路子。

2. 以优秀旅游城市群建设推动区域旅游的大发展

多年来，中国优秀旅游城市的建设主要是依靠国家旅游局的号召与推动，各级城市自觉响应与执行，并由国家旅游局制定一揽子标准，从筛选、验收，到监督、检查，各个环节层层把关。最近几年，国家旅游局已把对优秀旅游城市建设作为了一项常抓不懈的工作予以推动。特别是为继续推动全国城市旅游的深入发展，国家旅游局又发起了争创“中国最佳优秀旅游城市”的活动。“争创最佳”活动的推出，虽对已有的各优秀旅游城市向着更高的旅游城市标准迈进提出了一个参照目标，但从实际执行效果上看，未能全面调动起各级城市的积极性。这一方面与各级城市对创最佳优秀旅游城市的目的和意义认识不足有关，另一方面，也与最佳优秀旅游城市与优秀旅游城市之间在地位与作用等关系上的不够明确有关。本研究认为：不必再推出更多新的旅游城市的称号，就以现实存在又普遍获得认可的中国优秀旅游城市为基础，今后国家对优秀旅游城市建设的工作更多地要作整体上的通盘考虑，从国家战略的高度出发，兼顾国家的、区域的和城市的多方利益，以优秀旅游城市群的建设，促进旅游城市之间的相互联系与合作，通过各级优秀旅游城市间的优势互补和整体协调，实现国家整体意义上的优秀旅游体系的整体功能与效益的最大化。具体设想如下：

首先，将一、二级的优秀旅游城市（对优秀旅游城市的等级分类详见第五章第三节的内容）按自然地域组团建成区域优秀旅游中心地城市[①]，以这些优秀旅游中心地城市为核心各自向外辐射和吸纳有发展潜力的其他优秀旅游城市，组建成相互关联的优秀旅游城市群，进而推动区域旅游城市向更高的境界深入发展。这样，本研究在第五章对中国优秀旅游城市的等级分类中，通过多变量聚类分析的方法得出的北京、天津、上海、广州 4 个一级旅游城市，沈阳、大连、吉林、南京、无锡、苏州、杭州等 16 个二级旅游城市。按照自然地域进行组合，沈阳、大连、吉林可构成东北地区的旅游中心地城市，北京、天津、青岛、郑州共同组成华北地区的旅游中心地城市，上海、南京、无锡、苏州、杭州、宁波成为华东地区的旅游中心地城市，武汉、长沙为华中地区的旅游中

① 以组织、指挥与推动地区旅游经济发展为主要功能的优秀旅游城市被称为区域优秀旅游中心地城市。在中国优秀旅游城市体系中，能够完整地行使这样功能的城市只有靠那些处在高层次特别是那些具有较强旅游影响力的大城市来承担。

心地城市，西安、成都、重庆为西北地区的旅游中心地城市，广州、深圳为华南地区的旅游中心地城市。唯有西南地区和青藏高原这两个自然区域暂时缺少区域优秀旅游中心地城市。在上述的六片自然区域内，还可以结合具体情况，有步骤地扩展各自旅游中心地城市的数量规模。根据现有的各地旅游业发展的实际情况，东北地区因仍处在以提供旅游接待服务为主的发展阶段，可以先考虑将城市功能较为完善的哈尔滨和齐齐哈尔两市建成旅游中心地城市；华北地区因有国家战略的支持与保证，在京、津率先发展的强力带动下，承德、秦皇岛、济南、烟台、威海和洛阳这些旅游功效较为突出的城市都将会朝着区域旅游中心地城市的方向发展；江南沿海地区依托有雄厚的经济实力，又处在旅游产品升级换代的前沿地区，因此像扬州、常州、绍兴、温州等城市都最有希望发展成为该区域的旅游中心地城市；华中地区地处中西部交接地带，肩负着中部地区旅游大发展的历史重任，像张家界、宜昌、黄山、南昌这些久负盛名的旅游目的地城市都将会是重点得到发展的旅游中心地城市；西北地区的乌鲁木齐、银川和兰州这些城市，因在城市旅游基础设施条件方面具有区内比较优势，也很有可能成为该地区最早获得发展的旅游中心地城市；华南地区的厦门、福州和海口亦可以以其广泛的知名度和旅游影响力，跻身于该地区优秀旅游中心地城市的行列。

其次，有针对地重点扶植经济相对落后地区优秀旅游城市的升级工作，逐步实现区域优秀旅游城市的均衡发展。在以上的基于全国整体的优秀旅游城市群的建设中，唯有西南地区和青藏高原地区暂时缺少区域优秀旅游中心地城市，从全国优秀旅游城市整体发展的角度出发，采取国家扶植的办法外加政策倾斜的措施，加快这两个地区优秀旅游城市的升级工作是十分必要的。其中，由于青藏铁路的开通，拉萨和格尔木这两个优秀旅游城市的地位已得到显著提高；对于旅游资源富集，但经济基础相对薄弱且交通条件有限的西南地区，国家应首先考虑把昆明、桂林、南宁和贵阳等这些有条件的旅游重镇和旅游名城建设成西南地区的区域优秀旅游中心地城市。

最后，采用国家重点培育、区域均衡带动、整体关联式发展的优秀旅游城市群的建设思路，循序渐进、层层推进中国优秀旅游城市健康、有序地向前发展。所谓国家重点培育，即对于像贵阳、南宁、昆明、拉萨、格尔木等这些已具备了优秀旅游城市条件，处在区域旅游发展的重要节点位置上，但缺乏进一步提升旅游城市等级的城市，应由国家在政策和资金上予以帮助和支持，以使其快速担当起区域旅游中心地城市的重任；所谓区域均衡带动，是指今后各地区的优秀旅游城市建设不应再随机性的自由式发展了，取而代之的是在丰富和完善优秀旅游中心地城市群建设的基础上，按照优秀旅游城市的等级层次，结合必要的市场需求，逐级向下扩散开来，分轻重缓急的层级带动式的发展优秀旅游城市；所谓整体关联，是指在具备了以上条件之后，全国各区域间的优秀旅游城市须在旅游功能、城市规模和产业效益等方面，逐步形成一种国家整体上可控、市场调节有效的区域旅游发展默契，逐步实现区域旅游经济的一体化发展。

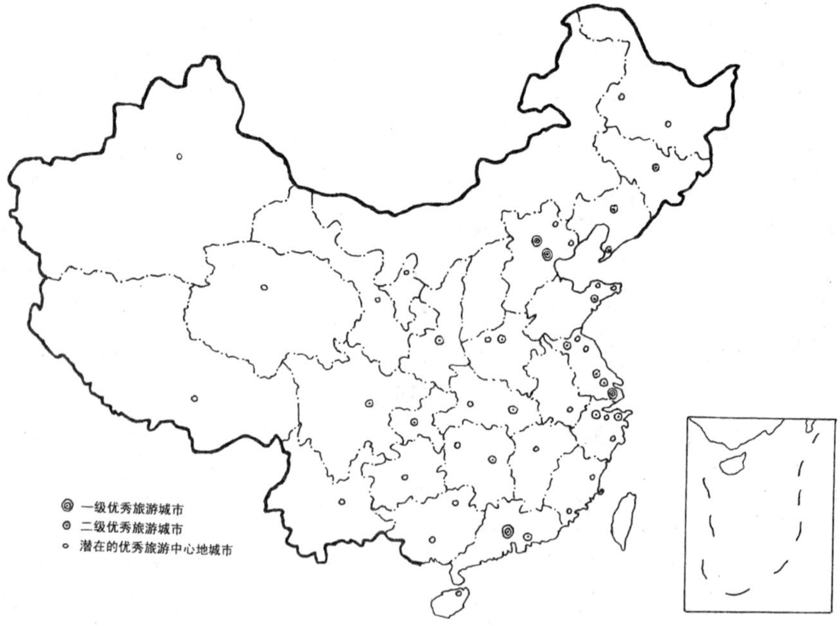

图 7.1 优秀旅游中心地城市群分布图

资料来源：作者自绘

三、完善区域旅游市场区建设

所谓区域旅游市场区的建设，是指以国家整体利益为最高准则的区域间旅游合作的市场格局规划。从整个国家意义上讲，区域旅游业发展的最高目标是要实现国家整体旅游利益的最大化。产业发展的实践更是清楚地告诉我们，在日益激烈的市场竞争中，联合求生存、合作共发展才是现代产业发展的出路。然而，区域旅游联合的总体框架是怎样的，如何才能实现全国各区域之间的旅游互惠与双赢的局面。以优秀旅游城市为依托的我国区域旅游市场的形成及国内旅游消费格局的诞生，为我国区域旅游合作的市场范围划定及其空间组织结构的设计提供了有益的尝试。

本研究这里所说的区域旅游市场区是指在旅游经济上有着密切联系的区域，它是根据旅游经济联系的内在要求，以某些中心城市为依托而形成的特定地域。它是我国优秀旅游城市发展到一定阶段以后，为实现国家整体旅游经济利益最大化的要求，具有全国意义的区域性、专业化的地域优秀旅游城市统一体。它更是一个结构有序、功能齐全、运转灵活，不断从外部引进能量而保持自身旺盛生命活力的区域旅游经济有机体。

作为一个区域旅游市场区，它必须具备广泛、密切和深层次的区内与区际旅游经济联系。因为经济联系是区域经济增长和发展的必要条件，是区域旅游市场区形成的重要标志。因此，旅游市场区内的各个旅游企业、各个旅游产业部门及各个旅游城市之间都有着千丝万缕的联系，包括旅游产品的交换和交流，包括旅游文化、旅游信息的往来和联系，还包括旅游客源上的流动。

当然，上述这些联系也同样存在于不同的旅游市场区之间，即区际联系。这里可以看出，只有打破优秀旅游城市封闭发展的状态，实行对外开放的发展战略，才能形成多种多样的区内、区际联系，区域旅游经济才能借助这些联系真正发展起来。

在谈到区域旅游合作的问题时，总要首先回答关于合作的动力机制问题。其实，关于合作的动力来源，无外乎主动的与被动的两种形式，但追逐利益的最大化是合作要达到的最终目的。这里，只要我们把这个利益的主体（也就是谁是最终的利益获得者）找到，那么合作的机制问题也就会变得像选择合作的方式与方法那样简单而又迎刃而解了。其实，旅游业得以生存与发展的资源基础都是国家的资源，这是无庸置疑的事实；政府的主导使我国旅游业得以飞速发展，这也是我国旅游业 30 年来最成功、最重要的经验[①]。这些都告诉我们，依靠国家资源发展起来的中国旅游业，国家利益高于一切，全国各大区域、各地区、各级城市的旅游业理所当然地应该服从和服务于国家的整体利益；换句话说，中国旅游业的繁荣与深入发展必然要求全国各区域间实现更加紧密的旅游合作与相互协调的统一发展。鉴于此，以优秀旅游城市为依托的全国区域旅游市场格局的划分，无异于是对全国区域旅游合作之地域组织方式的一种有益探索。

按照本研究在第六章中所设计的中国优秀旅游城市省域市场空间区划，全国可被划分为 4 个大区域级旅游市场区、15 个区域级旅游市场区、39 个地区级旅游市场区以及数量众多的单一城市旅游市场区（详见第六章第三节内容）。这种基于旅游经济指标划定的旅游市场区，较好地反映了我国各省域旅游发展的

① 国家旅游局课题组. 中国旅游业改革开放 30 年发展报告. 中国旅游报，2008-12-31（4）.

现实，又科学地划定了旅游市场区的层级，为全国性的区域旅游合作奠定了地域组织上的框架性基础。

基于这样的设计，今后国家在对区域旅游的发展施以宏观性的战略指导的时候，即可按照这样的逻辑来完成：即，4 个大区域级的旅游市场区统一由国家根据旅游发展战略的需要进行统筹建设；15 个区域级市场区的旅游发展则在 4 个大区域旅游市场区的辐射与带动之下，靠市场的力量和省域之间的有机分工与紧密合作来完成。这样，既可以解决国家在组织区域旅游合作时常常出现的“鞭长莫及”的问题，又可以防止“眉毛胡子一把抓”的现象发生，同时，各省区也可以从具体的实际出发找准自己的发展方向与合作对象。39 个地区级市场区主要通过市场机制的作用，更多地是定向地为其上级市场区作配套服务。众多的一般性旅游城市则重点是要突出地发挥其特有的资源优势与城市功能，以不断地壮大自身城市的旅游经济实力。

四、优秀旅游城市体系建设与国家旅游发展战略的统一

“围绕国家战略布局，统筹区域旅游协调发展”，这是“十一五”期间国家旅游发展的战略方针[①]。围绕这一战略方针，国家旅游局做出了更进一步的具体部署，即在东部地区分别以环渤海地区、长江三角洲地区、珠江三角洲地区为中心，打破地区壁垒，加快推进旅游市场的一体化进程，形成国内旅游业发展实力最强、旅游消费市场最旺的优势区域；中部地区要结合长沙和武汉城市群的“全国资源节约型和环境友好型社会综合配套改革试验区”的建设，大力推进旅游业的创新发展，提高旅游业发展效益，最大限度地实现旅游发展的关联带动作用，促进旅游消费市场的繁荣发展；西部地区要充分利用好国家加大对该地区实施基础设施建设的有利时机，进一步加快旅游基础设施的配套工作，逐步完善旅游产业体系，改善旅游发展的环境，促进旅游市场规模的扩大，聚集旅游市场人气，充分发挥出西部地区在推动全国旅游业持续发展和促进旅游消费中的后发优势[②]。

综观上述这些战略设想的实现，无论要完成哪一项任务，都必须紧紧依靠以旅游城市、尤其是以众多的优秀旅游城市为代表的地域旅游经济综合体的共同努力才能实现。因此，本研究所倡导的大力加强中国优秀旅游城市体系建设，不仅完全符合国家旅游发展战略总目标的要求，也为进一步推动以优秀旅游城市为核心的全国旅游目的地整体建设打下了坚实的基础。

---

① 中国国家旅游业发展“十一五”规划纲要. 国家旅游局汇编. 中国旅游出版社，2008. 24.

② 邵琪伟. 国家旅游局局长邵琪伟答记者问. 中国旅游报，2008-11-24（1）.

首先，加强优秀旅游城市体系的建设可以把以往靠“单枪匹马”、“单打独斗”式的松散的单体旅游城市的建设，通过对它实施职能上的有机调整、空间上的地域组织、等级规模上的合理约束，来使优秀旅游城市这支队伍形成为一个结构更加严谨、联系更加密切、效益更加突出的城市型旅游目的地的集合。这样，一方面既充分发挥了优秀旅游城市在国家区域旅游业发展中的城市节点作用；另一方面也使“中国优秀旅游城市”的品牌效应得以再度提升，为国家在新时期城市型旅游目的地的建设树立了榜样。

其次，以优秀旅游城市的区际分工、重点旅游城市群的建设以及区域旅游市场区建设为核心的中国优秀旅游城市体系的建设，为落实“十一五”国家旅游发展战略找到了以旅游城市建设促区域旅游发展的突破口。当然，落实“十一五”国家旅游发展战略是可以有多种渠道和多个角度的。然而，以优秀旅游城市为核心推动旅游目的地城市的整体建设和以统筹优秀旅游城市区域均衡发展为纽带的区域旅游联动发展战略，不失为在科学发展观思想的指导下，完成国家“十一五”旅游发展战略目标的绝佳途径和有效手段。

最后，突出国家结构下中国优秀旅游城市的整体性建设，推动“全国一盘棋”思想下的优秀旅游城市“空间统筹、区域协调”的发展战略，反映了新时期国家旅游发展战略的客观要求，体现了旅游城市建设与时俱进的发展趋势。众所周知，区域的发展靠城市经济的带动，产业的发展靠先导行业的引导。优秀旅游城市既是吸引人们休闲娱乐的好去处，又是当前刺激区域经济增长的主阵地；它集新型的旅游目的地形式于一身，领现代服务业之潮流，不仅对国家的旅游发展起着重要的支撑和保障作用，而且也将对区域的经济、社会和人的全面发展起到积极的促进作用。从某种意义上讲，强调基于国家结构的优秀旅游城市体系建设，不仅影响着区域经济的繁荣与发展，也关乎到国家旅游发展战略的实现。

第八章　竞争条件下中国优秀旅游城市空间结构优化

中国优秀旅游城市经过了十几年的发展，走过了艰辛的路程，在有力地促进了国家旅游业大发展的同时，也催生了我国一种新型的旅游目的地类型——中国优秀旅游城市的出现。十几年来，中国优秀旅游城市这支队伍不断发展壮大，迄今它已成为独具中国特色的旅游城市类型，在地方和区域旅游业的发展中起着越来越突出的重要作用。

随着经济全球化、区域经济一体化和现代科技的迅速发展，旅游业已成为我国参与国际分工、加快经济结构调整、促进产业升级的重要途径，旅游城市的建设问题正日益受到各级城市的高度重视，同时这也使旅游城市间的市场竞争变得日趋激烈。今天，总数将近占到全国城市总数一半的中国优秀旅游城市，在肩负国家城市旅游发展重任、承担着促进区域经济转型重任的同时，正在经历着激烈的竞争。由于历史、地理和社会经济发展等多种因素的影响，客观地造成了优秀旅游城市在我国空间分布上的不均衡，这种空间分布的不均衡在我国旅游城市发展的初期阶段，为推动旅游城市高效、差异化的率先发展起到了应有的促进作用。但在旅游已成为国家拉动消费、扩大就业、增进社会和谐的当今国家战略的特定历史时刻，这种不均衡的局面将极大地影响到国家旅游战略的全面统筹发展，因此，优秀旅游城市分布不均的态势亟待调整与优化。

本章就是在分析中国优秀旅游城市竞争态势的基础上，结合城市空间结构科学化发展的要求，对中国优秀旅游城市的空间结构调整提出具体建议，针对国家的旅游发展战略目标，制定了中国优秀旅游城市的空间发展战略。

第一节　优秀旅游城市的竞争态势

市场经济的深入发展给以城市为核心的经济实体带来了激烈的竞争。在城市旅游经济日益占据重要地位的今天，作为我国地区旅游业支柱的优秀旅游城市的竞争程度亦明显增高，这种竞争突出地表现在数量竞争和空间竞争这两个方面上。

一、数量上的竞争

1996 年国家旅游局发起倡导创建中国优秀旅游城市活动，两年后的 1998 年诞生了我国第一批 54 个优秀旅游城市。之后每间隔一至两年都会不定期地新增数量不等的优秀旅游城市。截至 2007 年底，全国总共已有 306 座优秀旅游城市。在短短的 10 年时间里，中国优秀旅游城市的数量从零一跃猛增到占全国城市总数的 46%（2007 年全国城市总数 661 座），平均每年以新增 28 个优秀旅游城市的速度快速增长（其中 2000 年、2005 年和 2007 年是优秀旅游城市数量相对增幅较大的三个年度，详见表 8.1）。如此高速度地一味发展下去，再用大约 13 年的时间，整个全国的 661 座城市就都成为优秀旅游城市了。

表 8.1　中国优秀旅游城市数量增幅情况表

年份	1998	2000	2001	2003	2004	2005	2006	2007
优秀旅游城市数量	54	122	138	183	206	247	271	306
平均每年递增数量	—	34	16	23	23	41	24	35

资料来源：作者整理

表 8.2（见下页）反映的是全国各省“中国优秀旅游城市”的数量变化情况，其中年均递增量居前三位的山东、浙江和江苏三省全部都是东部地区的发达省份；年均递增数量最少的宁夏、西藏和青海三省也无一例外地全部都是西部欠发达的省区。与资源竞争、技术竞争和市场竞争规律相一致的是，优秀旅游城市在我国东部地区的竞争要明显地高于西部地区。

除了单纯的数量竞争以外，中国优秀旅游城市在城市旅游职能及其旅游发展方向上也表现出了高度的竞争态势。通过检索优秀旅游城市的主题定位口号（详见附录 B）可以发现：在全部 247 个优秀旅游城市（截至 2006 年的统计数字）中，有33个城市是以“山水城市”自居，更有25个城市把“文化古城”当作自己城市的旅游主打品牌，还有10个“休闲娱乐之都”城市、6个“浪漫之都”城市、5个“草原城市”和5个“人间仙境”城市。这里不去赘述优秀旅游城市的形象定位问题，单从这些使用众多相同的优秀旅游城市定位主题口号中，依稀可见我国的优秀旅游城市在城市的旅游职能及其旅游发展方向上竞争的激烈程度。

表8.2　全国各省优秀旅游城市数量年度递增情况表

	1998	2000	2001	2003	2004	2005	2006	2007
河北	2	1	1	2	1	0	1	2
山西	0	2	0	1	0	1	0	0
内蒙古	0	2	0	4	2	1	0	2
辽宁	2	4	1	1	2	2	2	2
吉林	1	2	0	0	2	0	0	2
黑龙江	1	5	0	1	1	1	0	0
江苏	5	8	1	2	1	5	2	2
浙江	3	4	3	4	2	5	2	3
福建	2	3	1	1	0	0	0	0
安徽	3	3	0	0	0	0	1	0
江西	1	1	1	1	0	2	1	2
山东	6	4	2	4	2	2	3	6
河南	1	4	1	6	1	6	1	1
湖北	0	5	0	4	0	0	0	0
湖南	3	2	0	1	1	1	1	1
广东	4	6	3	5	0	2	0	0
广西	3	2	1	0	1	0	0	5
海南	2	2	0	1	0	0	0	0
四川	3	2	0	3	1	5	4	3
云南	4	0	0	0	1	1	0	0
贵州	0	1	1	0	1	1	0	2
西藏	0	1	0	0	0	0	0	0
陕西	2	1	0	1	0	0	1	1
甘肃	1	1	0	1	1	2	2	0
青海	0	0	0	1	1	0	0	0
宁夏	0	1	0	0	0	0	0	0
新疆	2	1	0	1	2	3	2	0

资料来源：作者整理

中国优秀旅游城市总体数量的快速增长所带来的必然是各个优秀旅游城市之间的激烈竞争，而数量竞争的背后则是要求对优秀旅游城市质量的全面提升。2003年，为推动“创优”工作向纵深发展，全面提高优秀旅游城市的质量标准，实现“优中选优”的战略目标，国家旅游局联合世界旅游组织开始“中国最佳旅游城市”项目研究并公布了《“中国最佳旅游城市”创建指南》。“最佳标准”的提出是对“优秀标准”的提升，它源于“优秀标准”而又高于“优秀标准”，其最大的特点就是淡化了对旅游业在地方经济发展中的作用以及对旅游设施的更高要求，也更加注重作为旅游目的地城市在交通环境、好客环境、旅游文化环境、购物环境、绿色环境等旅游“软实力”方面的建设要求，同时，还设置了9个专项优秀旅游城市称号，以突出旅游目的地城市的独特性（详见表8.3）。在2008年的全国旅游工作会议上，国家旅游局提出：为巩固和扩大“创优”成果，在继续推进“创优”工作的同时，正式启动了创建“中国最佳旅游城市”工作（简称“创佳”）。此举与其说是为“中国优秀旅游城市”搭建了一个新的、更高的发展平台，不如说是为遏制优秀旅游城市数量竞争而采取的提高“中国优秀旅游城市”准入标准的一个重要手段。

表8.3 中国最佳旅游城市评估指标

序号	评估领域	最高得分	基础标准
1	旅游者体验及满意度	120	100
2	当地居民获益度、满意度和参与度	80	65
3	旅游资源和景区（点）的丰富程度、质量及独特性	120	不设
4	自然及文化景观的规划、保护水平	40	30
5	环保、旅游自然和文化资源保护、污染控制	80	50
6	交通及城市基础设施	40	25
7	旅游设施和服务的覆盖面、质量和独特性	160	125
8	城市旅游管理、规划、发展及营销	80	65
9	有关方面合作发展旅游业的格局	80	65
10	与9个专项①相关的独特方面	200	150
	合计	1000	675

资料来源：吴必虎等《中国最佳旅游城市标准的理论与实践》，《旅游学刊》，2003，（6）：41

① 专项标准按以下9个“主题”项目分别制定并获得相应的称号：中国最佳观光旅游城市、中国最佳历史文化旅游城市、中国最佳娱乐旅游城市、中国最佳商务会展旅游城市、中国最佳餐饮旅游城市、中国最佳购物旅游城市、中国最佳度假旅游城市、中国最佳民俗风情旅游城市、中国最佳绿色旅游城市。

二、空间上的竞争

中国优秀旅游城市分布不均的结果必然造成其在空间地域发展上的竞争。本研究在第三章第一节中分析中国优秀旅游城市空间分布特征时就已发现：在我国广阔的国土空间上，分布在北纬 20 度~40 度、东经 110 度~125 度之间的优秀旅游城市数量最多，其数量约占全国优秀旅游城市数量总和的四分之三；该区域范围内仅分布在山东、河南、江苏、浙江和广东这 5 省的优秀旅游城市，其数量就占到全部优秀旅游城市总数的 42%，且这 5 省的优秀旅游城市的分布密度也在全国居绝对领先地位（如表 8.4 所示）。

表 8.4　中国优秀旅游城市省域旅游经济差异统计表（2006 年）

密度单位：个/万平方公里

省区名称	优秀旅游城市个数	优秀旅游城市密度	年旅游接待量		年均旅游接待量		年旅游总收入		年均旅游总收入	
			万人	排序	万人	排序	亿元	排序	亿元	排序
河北	9	0.37	26041	2	2893	1	2572	2	286	1
山西	4	0.25	6587	13	1647	2	291	18	73	7
内蒙古	9	0.08	2551	21	250	24	276	19	31	21
辽宁	12	0.81	13296	5	1108	7	955	7	80	6
吉林	4	0.21	3230	19	808	13	274	20	69	9
黑龙江	9	0.20	5276	16	586	19	339	14	38	20
江苏	23	2.14	26834	1	1167	6	3401	1	148	2
浙江	21	2.06	13106	6	624	17	1377	4	66	11
安徽	6	0.43	4747	18	791	14	304	17	51	17
福建	7	0.58	5881	15	840	12	682	9	97	3
江西	6	0.36	5095	17	849	11	320	15	53	14
山东	20	1.28	14255	4	713	16	1037	5	52	16
河南	19	1.14	10105	8	532	20	800	8	42	19
湖北	9	0.48	7713	9	857	10	473	10	53	15
湖南	8	0.38	7172	10	897	9	452	11	57	13
广东	20	1.12	12282	7	614	18	1880	3	94	4
广西	7	0.30	6641	12	949	8	307	16	44	18
海南	5	1.41	1516	22	303	23	125	23	25	22
四川	15	0.29	19288	3	1286	4	1022	6	68	10
贵州	4	0.23	3128	20	782	15	251	21	63	12

省区名称	优秀旅游城市个数	优秀旅游城市密度	年旅游接待量		年均旅游接待量		年旅游总收入		年均旅游总收入	
			万人	排序	万人	排序	亿元	排序	亿元	排序
云南	6	0.15	7011	11	1169	5	428	12	71	8
西藏	1	0.008	180	27	180	26	20	26	20	23
陕西	4	0.19	6081	14	1520	3	352	13	88	5
甘肃	6	0.13	1237	24	206	25	63	24	11	27
青海	2	0.03	637	25	319	22	26	25	13	25
宁夏	1	0.15	501	26	501	21	17	27	17	24
新疆	10	0.06	1498	23	150	27	132	22	13	26

资料来源：作者整理

中国优秀旅游城市在地域空间上相对聚集所造成的空间竞争带来的最直接的影响就是加剧了各个优秀旅游城市在旅游市场空间上的竞争程度。如表 8.4 中所示，在优秀旅游城市空间竞争最为激烈的山东、河南、江苏、浙江和广东这 5 省中，从全年旅游接待量的统计上看，这 5 省均位居全国前列（2006 年时的全年旅游接待量位序分别为第 4、8、1、6、7 位），但若平均到其各自的优秀旅游城市上，这 5 省的优秀旅游城市年均旅游接待量在全国中的排序则大幅下降（2006 年平均旅游接待量位序分别下降到第 16、20、6、17、18 位），这大大降低了这些旅游城市的旅游接待能力，换句话说，在优秀旅游城市聚集的省区，优秀旅游城市的地域发展空间竞争愈发激烈，致使优秀旅游城市的市场发展空间受到挤压；同理，在旅游经济效益上也表现出同样的规律（如表 8.4 中最后两列统计数据所示）。由于得不到足够的市场扩展空间的保证，一方面会降低那些较为发达地区的优秀旅游城市的市场影响力，另一方面也会加剧地区内部优秀旅游城市之间争抢市场份额的恶性竞争局面。

第二节　优秀旅游城市的空间结构优化

优秀旅游城市的空间结构是指中国优秀旅游城市在我国地域上的空间分布、组织方式、相互联系以及由此形成的网络结构。中国优秀旅游城市在经过了十几年自发式的快速增长之后，其在空间分布上表现出的东多西少、地区差异显著、集中趋势明显的特点，以及日益暴露出的体系不全、结构欠佳、协作能力差的不足，已经成为制约中国优秀旅游城市持续深入发展的重要原因。针对中国优秀旅游城市的空间分布现状，为实现中国优秀旅游城市国际化、现代化、长效化的持续发展，必须优化中国优秀旅游城市的空间结构。

一、旅游城市化驱动着优秀旅游城市空间结构的优化

改革开放以来，经过 30 年的发展，旅游已成为重要的经济、社会文化现象。旅游业也已成为国民经济新的增长点。作为第三产业的重要组成部分，旅游业的发展已成为促进我国城市化发展的重要力量，旅游城市化现象已逐渐成为多元城市化道路的一种模式①。一方面，城市的食宿、娱乐、休闲、通讯、购物等设施比较发达，为旅游活动的实现提供了保障。另一方面，受闲暇时间、经济支付能力、交通等因素的影响，多数游客仍将城市或城市近郊作为首选的旅游目的地②。旅游者对城市旅游目的地的选择行为加速了城市旅游业的大发展，也加快了旅游城市化的进程。具体而言，旅游的城市化增强了城市和旅游的吸引力，实现了旅游与相关产业的产业融合，提高了旅游从业人员的产业素质，完善了城市的旅游保障体系，因而使旅游城市有条件成为区域旅游业的核心地带。

1. 旅游城市化强化了优秀旅游城市之间的相互作用

旅游城市化是社会经济发展到一定阶段的产物，是伴随着旅游业和城市化不断发展而出现的一种必然现象（陆林，2006）。蔡建明指出：在城市化发展的动力因素中，旅游是推动城市化发展的特殊因素③。旅游作为一种特殊的经济活动，能有效地刺激城市中商业、房地产、娱乐、饮食以及服务等行业的发展，从而推动城市化的进程。中国优秀旅游城市的创建与发展也是在这样的城市化浪潮的推动下展开的，其目的正是为了加速我国城市旅游业的发展，提高城市的综合服务水平，促进城市经济的全面发展。

中国优秀旅游城市十几年的创建历程让我们认识到，优秀旅游城市的发展是相互依存和互动的，城市旅游经济的活力在于联合而非“单打独斗”。于是，在“大旅游、大市场、大发展”的国家旅游发展战略的指导下，优秀旅游城市纷纷放弃了彼此封闭、相互竞争的发展思路，走上了区域间旅游城市关联、协作、联合发展的道路。从 2003 年“长三角旅游城市 15+1 高峰论坛”上发布的“杭州宣言”，到 2008 年“西安、宝鸡两市无障碍旅游合作协议”的签立，据不完全统计，短短五年的时间里，旨在加强旅游城市间合作、促进旅游城市持续

① 陆林，葛敬炳. 旅游城市化研究进展及启示. 地理研究，2006（4）：747.

② 吴必虎，唐俊雅，黄安民等. 中国城市居民旅游目的地选择行为研究. 地理学报，1997（2）：97-103.

③ 蔡建明. 中国城市化发展动力及发展战略研究. 地理科学进展，1997（2）：9-14.

共赢发展的"无障碍旅游行动计划"就有八个之多（详见表8.5）。理论上讲，优秀旅游城市城市空间结构的组织方式是由城市要素间的相互作用决定的。而旅游城市化的进程不仅加速了优秀旅游城市之间旅游资源的互补性利用，也增强了优秀旅游城市之间的可达性，更增强了优秀旅游城市之间抵御风险的能力。在"资源互补、设施共享、市场均摊、利益共赢"的合作战略下，优秀旅游城市之间的相互作用与影响正随着旅游城市化步伐的加快而变得日益紧密。

表8.5　2003年以来我国旅游城市间推进的无障碍旅游行动计划（不完全统计）

序号	区域	涉及的城市	颁布时间	协议成果
1	长三角地区	江、浙、沪16个城市	2003	杭州宣言 黄山宣言 无锡共识
2	山东半岛地区	青岛、济南、烟台、威海、淄博、东营、日照、潍坊	2004	山东半岛城市群旅游合作宣言
3	东北地区	哈尔滨、沈阳、大连、长春、鞍山	2005	东北"4+1"城市无障碍旅游区框架协议
4	环渤海地区	北京、天津、大连、沈阳、鞍山、秦皇岛、承德、唐山、赤峰、锦州、葫芦岛	2005	环渤海港口城市旅游合作框架协议
5	丝路沿线地区	西安、乌鲁木齐、银川、西宁、哈密、天水、敦煌等丝路沿线18个城市	2007	敦煌宣言
6	闽粤赣地区	赣州、龙岩、漳州、三明、广州、梅州、惠州、汕尾8个城市	2007	红色旅游合作协议书
7	金沙江流域地区	昆明、昭通、曲靖、楚雄、毕节、六盘水、遵义、凉山、泸州、内江、攀枝花、宜宾、自贡、资阳14个地市	2007	金沙江流域（下游）旅游发展合作论坛
8	西安宝鸡	西安、宝鸡	2008	推进两市旅游合作协议

资料来源：据汪宇明、何小东《中国区域旅游合作的进展与空间格局》，《旅游论坛》，2008（4）：77，有删改

2. 旅游城市化促进了优秀旅游城市经济结构的转变

城市经济结构是国家国民经济结构的重要组成部分，是社会分工状态在城市经济领域内的反映。它不仅决定了城市的经济功能和城市性质，而且还充分展现了城市生产力结构和生产关系结构的现状。

自“十五”以来，调整城市经济结构一直是我国城市经济工作的主要任务。近年来，城市发展的经济数据显示，服务业对商业活动和社会活动的影响正日益重要，其对经济发展的贡献作用也越来越大。制造业地位的下滑与服务业地位的上升，意味着服务业将成为支撑城市和国家经济长期发展的支柱。旅游业作为现代服务业的代表，能直接或间接带动相关产业的消费的增长，已经成为第三产业的龙头，成为带动相关工业和农业消费的动力。根据旅游卫星账户研究，1 元旅游直接消费可以带动 8 元到 10 元的消费[①]。正是看到了旅游业对刺激城市消费所起的巨大作用，在各个具有旅游发展潜力的优秀旅游城市中，城市经济结构正发生着迅速的改变，向着以第三产业为主或是二、三产业并举的日趋合理的城市经济结构转变。

表 8.6（见下页）列出了我国 20 个主要旅游城市三次产业构成近年来的动态变化趋势，从中不难看出：有 60%的城市已经呈现出“三二一”式的现代产业结构形态，城市产业结构实现了由工业型向服务型的转变。其余城市的产业结构形态也正由“二三一”向“三二一”逼近。这是国家主导的以中国优秀旅游城市创建活动推动旅游城市化战略的结果，也是旅游经济带动城市经济发展的结果。城市经济发展为城市经济结构的调整和优化提供了必要的保证。随着城市经济的发展，城市的经济实力逐渐增强，使城市有能力拿出更多的物力和财力来调整和优化城市的经济结构，不断增加对城市旅游设施的投资，保证城市旅游经济持续、良好地运行[②]。

3. 旅游产业对优秀旅游城市空间结构的重塑

旅游产业是具有比较优势的综合性、劳动密集型的服务性产业。发展旅游业对扩大就业，吸引投资，促进城市经济发展，改变城乡人口结构，调整与优化产业结构，美化城市环境，提升城市形象等都具有现实意义[③]。因此，在我国社会主义市场经济取得辉煌成就的今天，一个以现代服务业为基础，以旅游业为龙头的现代城市消费结构正逐渐成为我国城市经济的主流趋势。

---

① 国家旅游局汇编. 中国国家旅游业发展“十一五”规划纲要·专题篇. 中国旅游出版社，2008. 30.

② 王志美，张忠国. 城市经济结构是城市经济发展的基础和方向. 工业技术经济，2004（4）：35.

③ 陆林. 旅游城市化：旅游研究的重要课题. 旅游学刊，2005（4）：10.

表 8.6　部分优秀旅游城市三次产业构成变化情况

		第一产业	第二产业	第三产业			第一产业	第二产业	第三产业
北京	2000	4	38	58	厦门	2000	4	53	43
	2002	3	35	62		2002	3	56	41
	2005	1	30	69		2005	2	56	42
天津	2000	4	51	45	济南	2000	10	44	46
	2002	4	48	48		2002	8	42	50
	2005	3	56	41		2005	7	46	47
秦皇岛	2000	14	36	50	青岛	2000	12	49	39
	2002	—	—	—		2002	10	50	40
	2005	10	40	50		2005	6	52	42
沈阳	2000	7	39	54	武汉	2000	7	44	49
	2002	6	44	50		2002	6	44	50
	2005	6	44	50		2005	5	45	50
大连	2000	10	47	44	长沙	2000	11	41	48
	2002	8	47	45		2002	10	41	49
	2005	9	46	45		2005	7	43	50
长春	2000	15	44	41	广州	2000	4	44	52
	2002	13	45	42		2002	3	41	56
	2006	9	49	42		2005	2	41	57
哈尔滨	2000	20	49	31	深圳	2000	1	50	49
	2002	16	35	49		2002	1	55	44
	2005	17	35	48		2005	0.2	52.4	47.4
上海	2000	1	49	50	重庆	2000	18	41	41
	2002	2	47	51		2002	16	42	42
	2005	1	49	50		2005	15	41	44
杭州	2000	7	52	41	成都	2001	9	45	46
	2002	6	51	43		2002	8	46	46
	2005	5	51	44		2005	8	42	50
宁波	2000	—	—	—	西安	2000	7	44	49
	2002	7	55	38		2002	6	45	49
	2005	5	55	40		2005	5	43	52

资料来源：根据各城市相应年份国民经济和社会发展统计公报数据整理

城市空间结构的形成是城市经济活动对保证其经济运行所需各项要素选择的结果。在工业经济时代，为大工业生产所需要的原料、燃料、运输、劳力、资金、市场等这些传统的产业要素，在消费经济时代已发生了显著的变化。因为，从一般意义上讲，旅游产业对客源市场和旅游资源有一种趋近性①。由城市旅游拉动的城市生产性服务与满足人们不断增长的城市消费需求的城市生活性服务所要求的是城市的吸引性与城市知名度、城市交通、信息、金融、市场监管等设施的便利程度，以及城市的对外接待能力、城市环境与公共卫生、城市安全与应对突发事件的能力等，这些正逐渐成为影响城市空间布局的重要因素。由现代服务和旅游产业对整个城市经济系统的渗透与融化作用正在加剧着旅游城市化的进程，随着旅游产业在城市经济和社会发展中占据越来越重要的地位，传统的城市经济格局将被打破，由旅游产业引领的以消费拉动的现代城市服务经济格局将被逐步确立。由于受制于城市知名度、城市综合服务水平、城市投资能力、城市环境等条件，旅游产业的空间分布会呈现出与城市社会经济实力的较强相关性，两者互相影响。因此，从一定意义上讲，旅游产业主导着当今我国以优秀旅游城市为核心的旅游城市的空间发展。

二、优秀旅游城市空间结构优化过程中要解决的几个重要问题

对中国优秀旅游城市空间结构进行优化，是为了使优秀旅游城市结构更加高效、开放、有序，使优秀旅游城市的空间利用更加集约和长久，以产生更大的经济效益、社会效益和生态效益。根据城市空间发展规律，联系中国优秀旅游城市空间发展现状，下面依次从分布形态、结构走向、功能性和发展战略四个方面，来分析中国优秀旅游城市空间结构优化过程中将面对的主要问题。

1. 集聚与分散的问题

集聚与分散本是一对矛盾。纵观国际、国内城市化发展所走过的历程，其实就是集聚与分散相互平衡发展的过程。中国优秀旅游城市从创建到今天所走过的也正是一条集聚与分散相互交织的发展道路。表 8.7 的统计显示，我国各批次发展的优秀旅游城市都高度集中在地级以上的高行政等级的城市中，而在占全国城市总数 57%的广大的县级市中，优秀旅游城市的分布却相对稀少；表 8.8 的统计显示，我国各批次发展的优秀旅游城市也表现出高度集中在人口众多、经济发达的东部地区中的特点，虽然近年来中西部地区优秀旅游城市的创建速度有所加快，但其增长数量始终未能超过东部地区。

---

① 李鹏. 旅游城市化的模式及其规制研究. 社会科学家，2004（4）：99.

表 8.7　各批次中国优秀旅游城市的行政级别分布

	一批 1998	二批 2000	三批 2001	四批 2003	五批 2004	六批 2005	七批 2006	八批 2007
直辖市	3	1	——	——	——	——	——	——
副省级	14	1	——	——	——	——	——	——
地级市	24	41	11	32	9	22	11	20
县级市	13	25	5	13	14	19	13	15
总　计	54	68	16	45	23	41	24	35

资料来源：作者整理

表 8.8　各批次中国优秀旅游城市的地域分布

	一批 1998	二批 2000	三批 2001	四批 2003	五批 2004	六批 2005	七批 2006	八批 2007
东部	29	32	12	20	8	16	10	15
中部	10	25	2	18	7	12	5	8
西部	15	11	2	7	8	13	9	12
总计	54	68	16	45	23	41	24	35

资料来源：作者整理

优秀旅游城市向着地级以上的大城市和经济发达的东部地区城市集聚是我国城市旅游发展的现实选择，也是我国优秀旅游城市队伍快速发展的历史需要。从优秀旅游城市今后的发展上看，从现在到未来的一段时间里，集聚与分散的趋势还会持续一些时间，但在集聚的数量和强度上都会有大幅减弱。促使优秀旅游城市集聚的主要原因还是因为大城市在旅游客源、旅游接待能力、旅游设施条件以及在对旅游业的有效经济投入方面仍较乡村地区有较强的竞争力，因此优秀旅游城市向大城市集聚发展还会持续一段时间。但是，分散化的发展趋势必将逐渐显现：一方面，这是破除优秀旅游城市“千城一面”、缺乏特色的发展需要。因为并非大城市就是游客唯一永恒的首选旅游目的地，那些名不见经传的小城，尽管在财力、交通便利度与旅游设施条件等方面比不上大城市，但依然可以因其独特的历史文化、自然风景、风土民情乃至城市风貌而吸引无数的游客纷至沓来，并一举成为令游客满意且印象深刻的优秀旅游城市。另一方面，这也是我们强调优秀旅游城市体系建设的现实要求，它客观上引导了优秀旅游城市向着原先分布稀疏的地方转移，以此逐步实现优秀旅游城市在全国各地的均衡分布。

总之，从长远上看，中国优秀旅游城市集聚分布与分散分布并存的局面是现阶段的主要特点，而有机分散将是今后长期发展的大势所趋，也是我国优秀旅游城市空间发展的客观要求。为此，我们应努力创造条件，使优秀旅游城市向着广阔的西部地区的小城镇方向有效扩散。

2. 放射状发展与轴向发展的问题

放射状发展是以区域内一个或多个核心城市为中心，向外呈辐散状发展的城市分布结构。其最大的优点，就是易形成层次分明的城市空间分布结构体系，便于城市之间的交流与联系；不利之处则是，由于城市密集程度太高，在空间扩展上出现类似“摊大饼”的现象，致使城市空间发展规模受到限制。我国的中原（鲁、豫）、江浙、华中（湘、鄂）、华南（闽、粤、琼）以及四川等优秀旅游城市聚集区内的优秀旅游城市分布即属于这种结构态势。而在东北、西北和西南等优秀旅游城市分布较为稀疏的地区，受交通条件和城市经济发达程度的制约，优秀旅游城市沿主要交通廊道呈轴向分布的趋势较为明显。所谓轴向发展是指城市的发展明显地沿着某一线性方向对称分布的结构形式。这种相隔较远、线性带状轴向分布的优点在于，沿着城市分布轴的走向上，因地域差异的原因，容易造成城市的地域特色相对显著；而对旅游城市而言，其不利之处就在于，城市之间因为缺乏紧密联系，容易导致城市在旅游功能和旅游发展方向上重复建设现象的发生。

从今后一段时间内优秀旅游城市的发展趋势上看：（1）东北地区优秀旅游城市的分布结构有从线性的轴向发展转向放射性的面状发展的可能。其理由：一是有国家的东北老工业基地振兴计划的促进，在工业经济和城市经济的巨大推动下，其城市化步伐将进一步加快，随着大批城市纷纷向外向型、贸易型和服务型城市类型转变，在原有优秀旅游城市的周边将定会涌现出许多新的优秀旅游城市；二是这里强大的城市交通运输系统，既为城市间在资源互补、设施共享、市场均分、利益共赢的旅游紧密合作创造了条件，也有利于该地区形成相对均衡分布的旅游城市体系。（2）西北和西南地区在“西部开发”国家战略的推动下，随着国家逐步加强的西部基础设施建设，尤其是西部交通条件的进一步改善，其优秀旅游城市沿交通廊道呈线性轴向发展的趋势还会持续。显然，处在交通廊道交叉点位上优秀旅游城市将最有可能获得率先、超前发展的机遇。

3. 单一性与多功能发展的问题

就城市职能而言，多功能的城市职能是城市全面发展的基础。但是，对旅游城市而言，多而全的城市职能反倒会使城市在彰显特色方面受到抑制。同时，城市职能的多样化必然要求城市具有相当的资源、人口、科技和经济基础，而这些条件是一般中、小规模的城市所不具备的。

对旅游来说，相对于城市的接待条件与旅游服务水平而言，城市的鲜明特色（无论是在自然景观、历史文化方面，还是在社会风情、现代城市风貌方面）才是持久地招徕游客的最根本吸引力。这样看来，那些功能相对较少、规模较小的中、小城市，反倒更容易专注地塑造和发挥自己城市在某一方面的特色与优势。因此，中、小规模的旅游城市建设今后应着重走个性化、特色化发展的道路，以鲜明的城市特色增强自己在中国优秀旅游城市队伍中的竞争力。鉴于我国优秀旅游城市的发展道路走过的是一条从大规模、高规格城市逐步向中小型城市扩散的路子，对于那些已经成为优秀旅游城市的大中型城市而言，筛选城市职能优势，有侧重地挖掘和突出城市特色，应成为这些城市今后重点发展的努力方向。

总之，多功能的大中型优秀旅游城市与特色鲜明的单一性中小型优秀旅游城市并存的局面，将是今后我国优秀旅游城市的职能系统中普遍存在的现象，但功能多且特色显著的优秀旅游城市将优先获得发展。

4. 单核心与多核心发展的问题

单核心发展还是多核心发展的问题，是关系到优秀旅游城市空间发展形态的战略性问题。所谓单核心发展是指在某一区域内，优秀旅游城市围绕一个相对突出的中心城市，形成沿某一点、呈同心状逐级向外扩散的城市等级体系。这种单核心的旅游城市体系，因中心城市聚集了太高的旅游能量，相反会削弱周围城市的旅游功能；同时，中心城市太强的旅游吸引力，也会加剧其与周边城市旅游交通上的压力，出现“旅滞游难”的局面。这种省域内单核心旅游城市发展的局面在我国最早命名的几批优秀旅游城市中表现得最为明显。所谓多核心发展是指在某一区域内，优秀旅游城市围绕一个或多个中心城市，形成网状连接、多个中心、层级发展的城市结构体系。它是我国旅游城市深入发展的结果，也是优秀旅游城市结构体系升级的客观要求。当今，随着中国优秀旅游城市数量的不断增多，对优秀旅游城市整体的结构化和体系化发展的要求日趋迫切。一个多层次、多核心的优秀旅游城市体系既符合我国旅游城市空间相对均衡发展的现实需要，也是我国城市化进程中城市中心多极化发展的客观反映。

其实，无论是城市体系还是在优秀旅游城市体系中，像京津（北京与天津）、沈大（沈阳与大连）、济青（济南与青岛）、成渝（成都与重庆）、广深（广州与深圳）、郑洛汴（郑州、洛阳与开封）、苏锡常（苏州、无锡与常州）、沪宁杭（上海、南京与杭州）、长株潭（长沙、株洲与湘潭）等这些双核心或多核心城市的出现，无疑将大大改善区域优秀旅游城市集聚与极化发展的趋势。只是这种多核心旅游城市发展的趋势，要在城市密度较低、优秀旅游城市等级结构尚不完全的广大中西部地区出现，还需要相对较长的一段时间。

总的来说，有针对性地加强对中西部地区某些节点位置上的优秀旅游城市建设，强化那里的单核心优秀旅游城市的空间形态，是眼下中西部地区加快优秀旅游城市建设步伐的需要；有步骤地在中西部更广泛的区域内引导多核心优秀旅游城市格局的出现，是优化我国优秀旅游城市整体结构的客观要求。

三、优秀旅游城市的空间发展趋势

1. 区域差异化发展

面对中国优秀旅游城市在我国东、中、西部地区差异分布的现状，出于优化中国优秀旅游城市的整体结构，促进中国优秀旅游城市健康、持续发展的需要，本研究提出：今后中国优秀旅游城市的发展与建设，应重点考虑其在全国范围内的整体布局问题；对处在国家不同经济地带上的优秀旅游城市的发展问题，更应采取区别对待的发展方针。概括地讲就是：东部国际化、中部集群化、西部产业化的发展战略。

第一，东部地区的优秀旅游城市因数量多、密度大、等级高、发展的空间有限，因此“精细化”、“外向型”的发展应是该地区优秀旅游城市发展的主要方向，努力使更多的旅游城市完成其从优秀旅游城市向多功能城市型旅游目的地的方向转化。具体地讲，在环渤海湾、长江三角洲、珠江三角洲三个圈域范围内重点做好优秀旅游城市的升级工作，充分利用这三个地区比邻海外的独特的区位优势，将处在三地市场区核心位置上（详见图 6.4）的旅游城市，如北京、天津，大连、青岛，苏州、杭州，上海、温州，福建、厦门和深圳等，逐步打造成辐射东北亚、东亚、东南亚以及全亚洲地区的国际性旅游目的地城市，为中国优秀旅游城市走出国门、加入国际旅游市场竞争创造条件。此外，借国家开发开放天津滨海新区、上海浦东新区、珠三角两岸四地的有利时机，推动东部地区优秀旅游城市的发展再上一个新台阶，向着外向型、国际化的方向发展。

第二，中部地区的优秀旅游城市不仅在数量规模上要比东部地区少很多，而且在优秀旅游城市的影响力和凝聚力上也比东部地区逊色很多。或者说，中部地区缺少了许多在全国享有较高知名度和令国内外游客趋之若鹜的优秀旅游城市。为此，做大、做强中部地区旅游城市的影响力，需加强对该地区优秀旅游城市群的建设。即，依靠多个中小型城市所组成的优秀旅游城市群体的凝聚力和辐射力，共同构成面向全国的旅游吸引力，以旅游城市群体的优势影响和推动中部地区旅游业的发展，使整个中部地区优秀旅游城市的发展跃上一个新水平。具体地讲，就是逐步增强以湖南长沙为中心的全国中南部旅游市场区的市场辐射作用。从空间分布上看，在湘西南目前尚没有优秀旅游城市分布的怀化、韶阳和永州地区，在鄂西的利川、恩施地区，在皖西、北地区的阜阳、宿州和蚌埠等地，出于空间相对均衡分布的考虑，应优先加快上述这些地区建设优秀旅游城市的步伐。

第三，进一步加大西部地区优秀旅游城市的建设步伐，优先考虑将那些处在优秀旅游城市省域市场区（见第六章第二节图 6.4）节点位置上的城市发展为优秀旅游城市，或相应提高这些旅游城市的等级，以弥补西部地区优秀旅游城市分布零散且网状结构缺损的不足。西部地区是我国旅游业 21 世纪大发展的战略后备基地，也是我国实现“世界旅游强国”目标的新增长极。东部地区的旅游资源经过 20 多年的开发与利用，已经出现枯竭的迹象。从国内外的旅游市场导向上看，中国旅游业向更深层次的推进，必须积极开发西部重点地区的旅游资源。因而，那些处在区域旅游市场节点位置上、有着强大市场潜力、具备一定旅游接待条件的城市，必将首当其冲地成为西部地区新生优秀旅游城市的战略要地。

综上：对我国不同经济地域内优秀旅游城市的建设给予不同的发展战略，一方面，可以克服以往的优秀旅游城市建设中出现的“自发式申报”和“全局观念不强”的问题；另一方面，也为不同经济类型地区优秀旅游城市的发展指明了各自的努力方向。

2. 乡村化发展

中国优秀旅游城市建设是伴着我国城市化的发展进程而快速发展起来的。自改革开放以来，工业化加快了我国城市化发展的步伐，而城市化与城市经济的飞速发展又加快了中国优秀旅游城市建设的脚步。与此同时，中国优秀旅游城市的创建与发展又极大地带动了我国城市旅游的发展和旅游城市化的步伐。结果，得以使那些经济实力雄厚、人口众多、区位条件优越、拥有旅游资源或靠近旅游热点景区的大城市全都跨入到了中国优秀旅游城市的行列中。从 1998 年开始到 2007 年这短短 10 年的时间里，已将全国 46%的城市“转变”成了“中国优秀旅游城市”。在这些优秀旅游城市中，有六成以上的城市是地处城区的优秀旅游城市（即地级市），那些地处乡村地区的优秀旅游城市（即县级市）只占优秀旅游城市总数的 40%不足。城乡旅游的差别仅在优秀旅游城市的建设上就可见一斑（见表 8.9）。虽然国家一直在加快县级优秀旅游城市的创建步伐，但与优秀旅游城市总体增长的趋势相比，处在广大农村地区的县级优秀旅游城市的增幅仍显不足。

表 8.9　近十年来我国县级优秀旅游城市数量增长状况

	1998 年		2000 年		2003 年		2005 年		2007 年	
	个数	占%	个数	占%	个数	占%	个数	占%	个数	占%
县级优秀旅游城市	13	24	38	31	56	31	88	36	119	39
地级以上优秀旅游城市	41	76	84	69	127	69	159	64	187	61
优秀旅游城市数量总计	54	100	122	100	183	100	247	100	306	100

资料来源：作者整理

从城市体系的角度来看，根据城市等级体系金字塔型分布的普遍规律性要求：一个国家或一个地区内的城市中，规模越大、等级越高的城市其数量就越少，而规模越小、等级越低的城市的数量应该越多。而中国优秀旅游城市这个才诞生了十年的新型城市类型，其城市系统还远未达到均衡分布的格局。从表 8.10 的对比中，就能看出中国优秀旅游城市体系中城市等级结构的不对称性。

表 8.10　两种不同城市体系下城市等级数量与比例关系比较（2007 年）

<table>
<tr><th>全国城市数量</th><th>城市等级</th><th>城市数量</th><th>比例关系</th><th>中国优秀旅游城市数量</th><th>城市等级</th><th>城市数量</th><th>比例关系</th></tr>
<tr><td rowspan="2">661</td><td>地级以上城市</td><td>287</td><td>1</td><td rowspan="2">306</td><td>地级以上城市</td><td>189</td><td>1</td></tr>
<tr><td>县级市</td><td>374</td><td>1.3</td><td>县级市</td><td>117</td><td>0.62</td></tr>
</table>

资料来源：作者整理

与国家城市体系中城市的等级结构特征所不同的是，中国优秀旅游城市体系中县级优秀旅游城市的数量明显不足。而县级市基本上都是地处乡村地区的中小型城市。为使优秀旅游城市体系建设逐步走向科学化、规范化的发展方向，加快广大农村地区县级城市的“创优”步伐就显得尤为重要。一方面，扩充县级城市（中小型）中优秀旅游城市的数量，它符合城市等级体系的普遍发展规律；另一方面，以推动乡村地区优秀旅游城市建设为契机，促进我国农村地区旅游业的大发展，这更符合我国现阶段转变经济增长方式、加快社会主义新农村建设的国家战略。

3. 统筹与协调发展

在消费经济和区域经济一体化力量的推动下，区域界线的约束力正变得越来越小。在这种新的发展形势下，由旅游经济引发的中国优秀旅游城市创建热潮极大地加剧了优秀旅游城市之间的激烈竞争，随着旅游产业化的发展，优秀旅游城市之间的竞争已经从依赖自然资源的比较优势转变到依靠社会所创造的综合竞争优势上。这种竞争优势虽然会体现在城市内各个旅游行业部门的实力水平上，但更取决于在更大范围内与城市中旅游行业相互配合所形成的旅游产业发展的合力上。在此背景下，地区之间、优秀旅游城市之间、优秀旅游城市群体之间的多层次、多领域的旅游经济联系与合作正迅速加强。从空间发展的角度看，区域旅游产业的统筹协调发展趋势是经济一体化大背景下的旅游城市相互关联发展的具体地域表现，也是为提高中国优秀旅游城市整体竞争实力的保障手段。

这样看来，今后的中国优秀旅游城市建设不仅要摒弃“成熟一个，发展一个”的孤立的、自发性的发展方式，而且还要把发展的眼光转向其在更大、更广泛空间范围内的关联性发展上；同时，结合旅游产业自身的发展特点，更应该通盘考虑优秀旅游城市的整体建设问题。为此，要具体做好三个方面的统筹和协调发展的工作。

第一，统筹优秀旅游城市的总体规模建设，协调好各区域间旅游城市的宏观空间区位。中国优秀旅游城市在经历了十年快速、自发式的扩张性发展之后，在区域、产业和行业竞争日趋激烈的关键时刻，正逐步走上规模一定、更加强调内涵质量升级性的科学发展的路子，这既是对中国优秀旅游城市创建实践的经验总结，也是贯彻落实科学发展观的时代要求。统筹优秀旅游城市总体规模的前提是确保中国优秀旅游城市数量有节制地合理增长，统筹优秀旅游城市总体规模的依据是中国优秀旅游城市等级结构分布，统筹优秀旅游城市总体规模的目的则在于规避因中国优秀旅游城市数量激增所造成的优秀旅游城市品牌“泛化”、准入标准“淡化”、旅游城市功能“弱化”的危险，充分发挥优秀旅游城市在我国区域旅游业发展中的区位节点作用。具体的做法就是：在现状优秀旅游城市等级分布规律的基础上，参照规划后的中国优秀旅游城市等级序列分布规律，东部地区有计划地完成处在优秀旅游城市规划分布模式图中各级节点位置上旅游城市的等级确认与城市旅游职能的转换，中部地区加紧促进节点位置上旅游城市的升级工作，西部地区尽快完善节点位置上城市的“创优”建设步伐，整体上的思路就是西部加快、中部崛起、东部平稳的空间协调的发展战略。

第二，统筹优秀旅游城市地域市场空间体系建设，协调和促进旅游城市市场功能的发挥。无论是优秀旅游城市的竞争还是区域旅游产业的竞争，说到底还是旅游市场的竞争。在优秀旅游城市建设日趋走向成熟的今天，强调从系统角度合理地规划优秀旅游城市的市场空间结构，这对进一步巩固旅游城市在区域旅游产业发展中的核心地位，提高旅游城市的市场效能是会起到积极的促进作用的。区域发展的实践告诉我们：任何区域的发展都不是孤立的，都存在较大的互需、互补和互促性。互需导致互补、互补导致互促①。本研究以中心地理论作指导，结合我国优秀旅游城市具体分布实际所作的旅游市场空间区划，既为优秀旅游城市实现跨行政界线的交流与合作奠定了理论基础，又明确了合作过程中区域优秀旅游城市的核心职能。具体的布局战略就是：由东到西将全国划分成4个大区域级的旅游市场板块，其中心城市主要担当起各板块市场在发展战略上的协调任务；在四大旅游市场板块的周边，由主要的省域中心优秀旅游城市组成15个区域性的旅游市场区，其中心城市将负责起所辖市场区的旅游产业组织及其旅游城市间的职能分工；由蜂窝网状旅游市场结构图中各个顶点位置的旅游城市组成的39个地区性的旅游场区，这些城市在突出彰显其旅游城市特色的同时，还要注重加强发挥其对下级旅游城市的市场辐射作用；更多的散落在网状市场结构边缘上的一般性旅游城市，将主要着眼自身城市的市场空间，组成以提高旅游经济效益为中心的单一城市旅游市场区。这样，由层层嵌套的空间网状结构，就可以将我国众多的优秀旅游城市组织成一个结构紧密、关联度高的有机的旅游市场体系，为优秀旅游城市的科学化发展提供了依据。

第三，统筹优秀旅游中心城市建设，协调和带动区域旅游的产业升级与换代。中心城市建设是产业合理布局的依托点，也是城市体系建设的重要支撑点。我国东部地区的绝大多数城市，在率先发展的国家开发战略的推动下，随着城市经济的迅速发展，其作为中心城市的地位也不断得到加强与巩固。在随后讲求经济效益的旅游城市化发展过程中，这些城市也迅速占领了旅游中心城市的“高地”。这一点，从我国优秀旅游城市现状等级分布的结果中即可以看出②。与东部地区优秀旅游城市高密度集聚分布和优秀旅游中心城市林立的局面形成鲜明对照的是，在广大的中西部地区，不仅优秀旅游城市的数量不足，而且更缺乏有市场影响力的旅游中心城市。这当中，有城市化发展的历史原因，也有优秀旅游城市建设进程上的原因，但更多的还是与中西部地区的城市经济实力以及在交通和市场经济发育程度上的不足有关。解决这些问题，完全依靠市场的调节是不公平的。站在国家利益的高度上，统筹区域旅游产业的布局，尤其是统筹欠发达地区旅游中心城市的建设，应当成为目前中国优秀旅游城市建设中的战略重点。具体的布局战略就是：（1）在东部旅游产业发达的地区，推动省域范围内优秀旅游城市的双核心或多核心建设，以缓解因客流聚集而造成的

① 吴克明.“大长三角”统筹协调发展的趋势、目标与政策建议. 决策，2007（3）：50-53.

② 注：在我国的优秀旅游城市现状等级分布的序列中，东部地区的高等级优秀旅游城市占据了绝大多数。详见本书第117页。

市场压力问题，使旅游业逐渐由主要为满足季节性的游客消费服务转变成为经常性的社会大众消费服务，为东部城市旅游产业的升级做准备；（2）着力强化中部地区处在市场节点位置上的旅游城市的影响力，或通过旅游城市集群建设，集多个旅游城市的能量于一点上，尽快实现中部旅游城市的崛起，以推动中部城市的旅游产业化发展；（3）西部地区在国家大力推进交通和基础设施建设的有利形势的促进下，目前应以完善边缘地区优秀旅游城市的建设为主，以克服主要因交通的原因而影响优秀旅游城市空间合理布局的难题，尽快实现优秀旅游城市在西部地区的网状分布格局。

总之，统筹优秀旅游城市的空间发展反映了新时期中国优秀旅游城市整体建设的客观规律；通过创建中国优秀旅游城市活动，促进区域间旅游城市的联系，实现区域旅游产业的协调发展，体现了促进中国旅游城市整体全面发展的战略构想。这当中，优秀旅游城市的规模统筹是基础，省域旅游市场区的建设是保证，空间均衡发展是关键，三者紧密关联，互相渗透，相辅相成，统一于“全国一盘棋”的国家旅游发展战略之中。

第九章　结论与展望

本章是对前面八章的概括和总结：说明论文的研究结论、研究贡献、研究局限以及需进一步研究的问题和方向。

第一节　研究结论与贡献

本研究以蓬勃发展的中国优秀旅游城市为研究对象，从分析中国优秀旅游城市发展中普遍存在的现状问题出发，借助城市体系理论和区域空间结构演变理论的指导，对中国优秀旅游城市的系统性建设问题和空间结构的优化问题进行了深入的探讨，取得了一些有益的结论。本节将对研究结论与研究贡献进行阐释。

一、研究结论

本研究从梳理中国优秀旅游城市的创建实践中，发现了优秀旅游城市数量增长过快、空间分布不均的现状问题。在城市体系和区域空间结构演变理论的指导下，运用区划研究、聚类分析与中心地网状城市空间分布试验相结合的方法，对中国优秀旅游城市体系建设及其空间布局战略进行了研究，得出如下的主要结论：

（一）城市空间分布不均和优秀旅游城市申报制度不健全是造成中国优秀旅游城市空间分布差异的主要原因

中国优秀旅游城市是在推动我国旅游城市的发展，促进旅游业繁荣，提高旅游产业素质和发展水平，加快旅游城市国际化步伐的关键时刻，由国家旅游局在全国范围内推出的创建“中国优秀旅游城市”的活动中涌现出的一种全新的特殊类型城市。对于这样一种建立在我国现有的城市体系基础上的特殊类型的城市，其空间分布无疑会受到我国城市分布的影响，并表现出与我国城市分布相类似的特征。于是，因自然环境、开发历史、经济基础、人口聚集程度等多种因素导致的我国城市分布不均的现象在中国优秀旅游城市的分布中亦有明显表现，或者说，中国优秀旅游城市分布不均的主要原因是由我国城市分布不均所造成的。此外，中国优秀旅游城市的创建标准十几年来虽有过 3 次修订，却始终坚持“成熟一个、发展一个”的创建宗旨，更缺乏对优秀旅游城市作着眼全国范围内的空间系统上的整体布局设计，这种不健全的申报制度也是造成中国优秀旅游城市空间分布不均衡的另一重要原因。

当然了，中国优秀旅游城市在全国空间上的绝对均衡发展是不可能的。本研究所探求的是，在旅游发展、社会进步与着眼全局的国家战略相适应条件下的中国优秀旅游城市的相对均衡性发展。这种相对均衡的发展不仅有利于中国优秀旅游城市系统的整体建设，而且也会促进中国优秀旅游城市体系内部等级结构的优化。

（二）明确的职能类型、适度的规模与等级、科学的空间布局是中国优秀旅游城市体系建设的核心任务

中国优秀旅游城市体系建设是一项庞大的系统工程，要完成这项既关系着城市旅游产业发展又关乎到优秀旅游城市持续发展的艰巨任务，需做好以下三方面工作：其一，依据城市的旅游资源基础与经济发展条件，在充分满足区域旅游发展的市场需要并结合考虑必要的地域合作的基础上，确定各优秀旅游城市的职能类型，以促进优秀旅游城市之间的区域分工与协作。其二，对优秀旅游城市分等定级、实行分级分类式的管理，以明确各级各类旅游城市的发展方向；在总量控制、动态平衡原则的约束下，以提升中国优秀旅游城市的整体素质。其三，根据中国优秀旅游城市省域市场分布模式的指导，有针对性地培育和发展新兴的优秀旅游城市，以实现全国范围内优秀旅游城市的网状布局，努力推动区域间优秀旅游城市的均衡发展。

总之，一个完整和谐的中国优秀旅游城市体系应该是由有着明确的旅游发展职能、一定的总体规模与等级层次、空间分布合理的优秀旅游城市所构成的有机整体。

（三）加强优秀旅游城市体系建设、制定科学的优秀旅游城市空间发展规划是新时期政府主导的旅游城市化发展战略的重要内容

在中国优秀旅游城市队伍不断壮大的今天，当旅游业在国家转变经济增长方式中承担越来越重要角色的新的历史时期，从系统的角度加强对中国优秀旅游城市体系的全面建设，用科学的方法优化优秀旅游城市的空间结构，规范优秀旅游城市的发展方向，既是中国优秀旅游城市自身持续健康发展的需要，也是关系着国家的全局利益、统筹全国各地的旅游城市建设、协调区域旅游产业发展的国家旅游发展的战略问题。因此，加强政府主导下的中国优秀旅游城市体系建设及其空间布局规划应成为国家旅游发展战略的重要内容。

二、研究贡献

本研究的贡献可以从理论和实践两个方面进行概括，其中：

（一）理论贡献

本研究的理论贡献主要表现在以下两个方面：

1. 从旅游城市体系化建设和空间结构优化的角度丰富了国家旅游城市化发展战略的内容

旅游城市化战略大大加快了中国优秀旅游城市建设的步伐，但却始终没有解决全国优秀旅游城市整体队伍建设的问题。本研究提出的基于明确职能、限定规模、分级管理、优化空间分布结构的优秀旅游城市体系的建设思路，弥补了中国优秀旅游城市建设中系统性不强、空间观念不足的缺陷，为国家旅游城市化战略增添了新的内容。

2. 优秀旅游城市省域市场结构的设计为区域旅游城市间的合作奠定了空间框架基础

区域间旅游城市的合作与旅游产业一体化发展是当前国内旅游发展的大趋势，但合作方式与合作机制的问题始终是个悬而未决的问题。本研究对中国优秀旅游城市所作的省域市场结构的设计，虽不是专为解决区域旅游城市的合作问题所作，但这种将客源需求与市场空间发展相结合所形成的旅游城市空间区划思路，则为优秀旅游城市寻找区域合作伙伴、确定合作发展方向提供了有益的线索。

（二）实践贡献

本研究在指导中国优秀旅游城市建设的具体实践中的主要贡献表现在以下两个方面：

1. 为中国优秀旅游城市在空间区位上的建设指明了方向

在“成熟一个、发展一个”的优秀旅游城市发展策略的影响下，不仅使优秀旅游城市在全国范围内蔓延式的自由发展，加剧了优秀旅游城市空间分布不均的局面，还有优秀旅游城市在发展程度上参差不齐的问题。本研究提出的基于中心地等级序列分布的中国优秀旅游城市体系建设，使优秀旅游城市在空间发展位置的选择和等级序列的安排上都可遵照一定的发展规律可循。这样有利于把优秀旅游城市从在空间上的任意发展引导到有重点、有针对的空间区位建设的科学发展的轨道上来。

2. 为推动中国优秀旅游城市的持续性建设找到了具体的办法

以往的优秀旅游城市建设，主要是通过参加全国几年一度的优秀旅游城市资格审核与复查活动，来推动自身城市作为中国优秀旅游城市的持久深入发展。这种通过复检单个城市达标来推动优秀旅游城市持续发展的办法，往往忽略了优秀旅游城市之间的发展差距，不利于层次分明、职能明确、有机统一的全国优秀旅游城市体系的形成。本研究提出的按照中心地等级序列排布的中国优秀旅游城市结构体系，既对优秀旅游城市作了等级区分，又客观上为同等级的优秀旅游城市制定了可比的标准，这将对推动我国优秀旅游城市的持续性建设产生积极的影响。

第二节　研究局限与展望

本研究虽然取得了一些有价值的研究成果，对指导中国优秀旅游城市建设有一定的指导意义。限于作者的研究能力与条件，本研究仍然存在诸多的研究局限和不足，有待在以后的研究中予以克服并逐步完善。

一、研究局限和不足

首先，样本数据的采集时间与现状事实之间存在时间差问题。受资料可获性条件的限制，本研究所选用的各类统计数据只截至 2006 年。虽然国家 2008 年的统计数据早已公布，但本研究所针对的优秀旅游城市中有近三成的城市是县级市，而县级市的统计数据不在国家公布的统计数据之列。在不失样本空间代表性又尽可能多地获取样本数据的双重考虑下，通过多重搜集比较，本研究最终把样本数据采集时间截至 2006 年。因此，建立在与现状有一定时间差基础上所得出的统计分析结果，虽可以解释中国优秀旅游城市发展“过去时”的问题，但在对优秀旅游城市发展“进行时”问题的描述上还有一定差距。

其次，中国优秀旅游城市是由多种职能类型的城市发展演化而构成的复杂的城市队伍。本研究虽然对这些城市职能类型作了系统的分类(见第四章内容)，但在对整个优秀旅游城市体系作具体的等级划分和空间布局安排的时候，未能针对这些不同的城市类型，逐一的作更加深入的探讨，只将其作为旅游职能突出的城市笼统地予以考虑。由于缺乏深入地分析这些城市具体的职能特点，有可能导致这些城市在实际中具体实施旅游协作时会出现“理论分工”与“实际分工”上的差异问题。

最后，探讨优秀旅游城市的职能构成及其类型划分是个庞大的系统性工作。限于职能分类的复杂性与具体研究中的可行性，本研究只对优秀旅游城市的职能类型作了定性的描述性分析。此外，在对优秀旅游城市等级分类指标的选取上也还有不足，本研究只抽象和提炼了影响优秀旅游城市等级的六组变量，难免没能穷尽所有应考虑的其他信息。

二、未来研究展望

对中国优秀旅游城市体系及其空间布局问题的研究，不仅涉及旅游城市体系和城市旅游目的地的空间发展问题，而且与城市体系和区域旅游产业发展等问题密切相关，是一项复杂的系统工程。本研究作为“城市型旅游目的地体系建设与空间发展”这一研究领域方面的探索性研究，还有大量工作等待更进一步的深入探讨。在此，对后续研究作以下两点展望：

首先，是有关优秀旅游城市的职能问题。其一，就是对优秀旅游城市职能的量化分类，以弥补单纯定性研究的不足；其二，在对优秀旅游城市体系建设和空间布局问题的研究中增加对不同职能类型的优秀旅游城市问题的考虑。这样会更加贴近优秀旅游城市实际发展的现实，避免等级划分及市场区划中过多的主观性。

其次，是关于优秀旅游城市体系的动态发展问题。作为一个开放的系统，中国优秀旅游城市体系应该在保证系统规模与结构一定的前提下，允许其内部各等级城市之间实现相互转化。有关不同等级的优秀旅游城市之间实现转化的条件、转化后对系统本身造成的影响等问题将是今后研究的重点。

总之，从全国范围系统地开展对优秀旅游城市体系及其空间发展问题的专题研究才刚刚开始，本研究也只是在这方面作了一点点探索性的尝试，要完成的相关研究还有很多，期待着在研究条件允许的情况下，不断积累成果，使本研究日臻完善。

参考文献

一、中文文献

[1] 保继刚等著. 城市旅游 原理·案例 [M]. 天津：南开大学出版社，2005

[2] 保继刚，古诗韵. 城市 RBD 初步研究 [J]. 规划师，1984（4）：59-65

[3] 白祖诚. 建设北京雄美迷人的旅游形象 [J]. 旅游学刊，1994（3）：17-21

[4] 蔡孝箴主编. 城市经济学（修订版）[M].天津：南开大学出版社，1998

[5] 曹诗图. 旅游城市空间竞争探析 [J]. 地域研究与开发，2003（6）：69-71

[6] 崔功豪，魏清泉，陈宗兴编著. 区域分析与规划 [M]. 北京：高等教育出版社，1999

[7] 柴彦威著. 城市空间 [M]. 北京：科学出版社，2000

[8] 陈才著. 区域经济学原理 [M]. 北京：中国科技出版社，1991

[9] 陈秀山，张可云. 区域经济理论 [M]. 北京：商务印书馆，2004

[10] 辞海[M]. 上海：上海辞书出版社，1979

[11] 长江三角洲旅游城市合作“杭州宣言”[J]. 风景名胜，2003（8）：18-19

[12] 戴永光. 旅游城市可持续发展评价指标体系 [J]. 云南地理环境研究，2006（1）：35-42

[13] 窦群. 创建中国优秀旅游城市活动总结 [N]. 2001 中国旅游年鉴，北京：中国旅游出版社，2001

[14] 杜宁睿著. 区域研究与规划 [M]. 武汉：武汉大学出版社，2004

[15] 高汝熹，罗守贵著. 城区核心竞争力——都市功能空间实现的根本途径[M]. 上海：上海交通大学出版社，2004

[16] 顾朝林，陈璐，丁睿等. 全球化与重建国家城市体系[J]. 地理科学，2005（6）：641-654

[17] 顾朝林，柴彦威，蔡建明等著. 中国城市地理 [M]. 北京：商务印书馆，1999

[18] 顾朝林，胡秀红. 中国城市体系现状特征 [J]. 经济地理，1998（1）：

21-26

[19] 顾朝林. 中国城镇体系等级规模分布模型及其结构预测 [J]. 经济地理，1990（10）：54-56

[20] 郭振淮主编. 经济区域经济区划 [M]. 北京：中国物价出版社，1998

[21] 郭鸿懋，江曼琦，陆军. 城市空间经济学 [M]. 北京：经济科学出版社，2002

[22] 郭培章主编. 中国城市可持续发展研究 [M]. 北京：经济科学出版社，2004

[23] 国家旅游局《关于进一步促进旅游业发展的意见》.中国旅游报，2007-9-14（3）

[24] 国家旅游局课题组. 《中国旅游业改革开放 30 年发展报告》，中国旅游报，2008-12-31（4）

[25] 郝寿义，安虎森主编. 区域经济学 [M]. 北京：经济科学出版社，1999

[26] 何光韦著. 朝阳产业 走向辉煌——蓬勃发展的中国旅游业 [M]. 北京：中国旅游出版社，2007

[27] 何光韦. 在 1999 年全国旅游工作会议上的讲话.中国旅游报，1999-1-5（D1）

[28] 何光韦主编. 中国旅游业 50 年 [M]. 北京：中国旅游出版社，1999

[29] [德]赫特纳（A.Hettner）著，王兰生译. 地理学——它的历史、性质和方法 [M]. 北京：商务印书馆，1982

[30] 侯景新，尹卫红. 区域经济分析方法 [M]. 北京：商务印书馆，2004

[31] 胡兆量主编. 中国区域发展导论 [M]. 北京：北京大学出版社，1999

[32] 黄进. 旅游城市竞争力研究 [J]. 改革与战略，2005（12）：17-20

[33] 华东师范大学等 8 院校合编. 中国经济地理 [M]. 上海：华东师范大学出版社，1986

[34] 纪晓岚著. 论城市的本质 [M]. 北京：中国社会科学出版社，2002

[35] 金波，吴小根. 中国旅游城市体系研究 [J]. 城市研究，1999（5）：31-34

[36] 金丽，赵黎明. 国际旅游城市形成发展的动力机制 [J].社会科学家，2007（6）：113-116

[37] 江曼琪著. 区际经济运行机制研究 [M]. 天津：天津科学技术出版社，2000

[38] 姜杰，张喜民，王在勇著. 城市竞争力 [M]. 山东：山东人民出版社，2003

[39] 李天元等译. 旅游目的地竞争力管理 [M]. 天津：南开大学出版社，

2006

[40] 李明德. 试论国际旅游城市的标准 [J]. 旅游学刊，1999（6）：45-49

[41] 李志刚. 关于“中国最佳旅游城市”标准问题的探讨——兼谈桂林入选“中国最佳旅游城市”的可能性 [J]. 桂林旅游高等专科学校学报，2001（3）：74-76

[42] 李蕾蕾著. 旅游地形象策划——理论与实务 [M]. 广州：广东旅游出版社，1999

[43] 李家龙，李家齐. 创建深圳旅游的城市品牌 [J]. 特区经济，2004（8）：31-33

[44] 李艳双，韩文秀，曾珍香等. DEA 模型在旅游城市可持续发展能力评价中的应用 [J] .河北工业大学学报，2001（5）：62-66

[45] 李悦铮，俞金国著.区域旅游市场发展演化机理及开发 [M].北京：旅游教育出版社，2005

[46] 李小建主编. 经济地理学 [M]. 北京：高等教育出版社，1999

[47] 李振泉，杨万钟，陆心贤主编.中国经济地理（修订第四版）[M].上海：华东师范大学出版社，1999

[48] 李国平，李岱松，薛领等编著. 京津冀区域科技发展战略研究 [M]. 北京：中国经济出版社，2008

[49] 李国平，薛领等著. 产业与空间 [M]. 北京：中国经济出版社，2008

[50] 连晓燕. 旅游城市的发展动力与路径研究[博士学位论文]. 浙江：浙江大学，2007

[51] 梁滨. PPT 战略与旅游扶贫. 中国旅游报，2008-8-22（11）

[52] 梁文生. 十一五：旅游业发展的战略机遇期. 中国旅游报，2005-12-14（7）

[53] 刘卫东，樊杰，周成虎等著. 中国西部开发重点区域规划前期研究 [M]. 北京：商务印书馆，2003

[54] 梁明珠，陈小洁，廖慧娟.论城市文化与旅游城市品牌构建 [J].商业经济文荟，2005（1）：63-65

[55] 刘锋著. 中国西部旅游发展战略研究 [M]. 北京：中国旅游出版社，2001

[56] 刘卫东，樊杰，周成虎等著. 中国西部开发重点区域规划前期研究 [M]. 北京：商务印书馆，2003

[57] 柳振万. 创建中国最佳旅游城市的理论思考与实践探索. 中国旅游报，2007-1-24（13）

[58] 陆大道著. 区域发展及其空间结构 [M]. 北京：科学出版社，1998

[59] 陆大道等著. 中国区域发展的理论与实践 [M]. 北京：科学出版社，2003

[60] 陆亚洲主编. 中国区域持续发展研究 [M]. 北京：气象出版社，1997

[61] 康平. 中国国家发展战略 [M]. 北京：红旗出版社，2005

[62] 马野，魏炳坤，杨德全等著.中心城市的经济理论与实践 [M].北京：中国展望出版社，1986

[63] 门洪华. 中国国家战略体系的建构 [J]. 教学与研究，2008（5）：5-8

[64] 倪鹏飞著. 中国城市竞争力理论研究与实证分析 [M]. 北京：中国经济出版社，2001

[65] 潘建民著. 旅游城市产业结构优化研究 [M]. 北京：中国旅游出版社，2008

[66] 潘建民，黄进.论旅游城市的竞争力 [J]. 桂林旅游高等专科学校学报，2004（2）：9-12

[67] 潘建民著. 中国创建与发展优秀旅游城市研究 [M]. 北京：中国旅游出版社，2004

[68] 彭华，钟韵. 创建优秀旅游城市思考——旅游开发与城市建设一体化 [J]. 旅游学刊，1999（2）：38-42

[69] 彭震伟主编. 区域研究与区域规划 [M]. 上海：同济大学出版社，1998

[70] 屈海林，邱汉琴. 香港都市旅游的形象及其竞争优势 [J]. 旅游学刊，1996（1）：36-39

[71] 曲颖，李天元. 基于旅游目的地品牌管理过程的定位主题口号评价——以我国优秀旅游城市为例 [J]. 旅游学刊，2008（1）：30-35

[72] [苏联]萨乌什金著，毛汉英等译. 经济地理学：历史、理论、方法和实践 [M]. 北京：商务印书馆，1987

[73] 宋河有，李辅斌. 浅论中国优秀旅游城市的旅游发展 [J].市场论坛，2006（2）：41-42

[74] 孙盘寿，杨廷秀. 西南三省城镇的职能分类 [J]. 地理研究，1984（3）：17-28

[75] 孙盘寿. 我国城市人口规模的变化 [J]. 地理学报，1985（4）：345-358

[76] 孙久文. 区域经济规划 [M]. 北京：商务印书馆，2004

[77] 孙钢著. 新世纪区域旅游发展大思路 [M]. 北京：中国旅游出版社，2001

[78] 陶黎，梁坚，杨宏浩译. Duncan Tller,YvonneGuerrier, Martin Roboertson

主编.城市旅游管理 [M]. 天津：南开大学出版社，2004

[79] 陶晓燕. 海滨旅游城市可持续发展研究[博士学位论文]. 南京：河海大学，2006

[80] 藤田昌久，保罗·克鲁格曼，安东尼·J. 维纳布尔斯著，梁琦主译. 空间经济学 [M]. 北京：中国人民大学出版社，2005

[81] 田穗生，罗辉，曾伟著. 中国行政区划概论 [M]. 北京：北京大学出版社，2005

[82] 魏小安著. 旅游目的地发展实证研究 [M]. 北京：中国旅游出版社，2002

[83] 魏小安. 旅游城市与城市旅游——另一种眼光看城市 [J]. 旅游学刊，2001（6）：8-12

[84] 邬春仙，牛小慧. 会展业——北京市的朝阳产业 [J]. 北京统计，2003（5）：34-35

[85] 姚士谋，汤茂林，陈爽等主编. 区域与城市发展论 [M]. 安徽：中国科学技术大学出版社，2004

[86] 殷敏. 论北京商务旅游的发展 [J]. 北京社会科学，2008（2）：38-44

[87] 叶裕民著. 中国区域开发论 [M]. 北京：中国轻工业出版社，2000

[88] 杨英. 广州旅游城市形象的定位及有效推广探析 [J]. 经济前沿，1999（1）：12-15

[89] 杨吾扬，梁进社著. 高等经济地理学 [M]. 北京：北京大学出版社，1997

[90] 杨万钟主编. 经济地理学导论 [M]. 上海：华东师范大学出版社，1999

[91] 严重敏，宁越敏. 我国城镇人口发展变化特点初探 [C]. 人口研究论文集，上海：华东师大出版社，1980

[92] 于洪俊，宁越敏. 城市地理概论 [M]. 合肥：安徽科学技术出版社，1983

[93] 袁亚忠，张冬梅. 构建旅游城市体系、推动西部旅游发展 [J].新疆社科论坛，2002（6）：31-34

[94] 王大悟. 论旅游城市环境的好客性 [J]. 旅游科学，2001（2）：8-9

[95] 王凯. 中国主要旅游资源赋存的省际差异分析 [J].地理学与国土研究，1999（3）：72-76

[96] 王法辉. 我国城市规模分布的统计模式研究 [J]. 城市问题，1989（1）：14-20

[97] 王明浩主编. 中国大城市 [M]. 天津：天津科学技术出版社，1993

[98] 王慧敏著. 都市旅游集成竞争优势 [M]. 上海：上海社会科学院出版社，2007

[99] 王铮，丁金宏等著. 理论地理学概论 [M]. 北京：科学出版社，1994

[100] 王铮主编. 城市与区域管理分析的计算研究 [M]. 北京：科学出版社，2004

[101] 汪宇明. 核心——边缘理论在区域旅游规划中的运用 [J]. 经济地理，2002（3）：373-375

[102] 吴必虎，冯学钢，武咪咪.中国最佳旅游城市标准的理论与实施 [J]. 旅游学刊，2003（6）：40-44

[103] 吴必虎. 区域旅游规划原理 [M]. 北京：中国旅游出版社，2001

[104] 吴志强，吴承照著. 城市旅游规划原理 [M]. 北京：中国建筑出版社，2005

[105] 许学强，周一星，宁越敏编著. 城市地理学 [M]. 北京：高等教育出版社，1997

[106] 许学强. 我国城镇体系的演变和预测 [J]. 中山大学学报（哲社版），1982（3）：40-49

[107] 肖梦，罗生智，任克东等主编. 城市经济学 [M]. 长春：东北师范大学出版社，1987

[108] 谢雨萍，邓祝仁. 中国旅游城市深发展原则问题初探 [J]. 北京第二外国语学院学报，2002（4）：6-10

[109] 谢守红著. 城市化发展理论和实践 [M]. 北京：中央编译出版社，2004

[110] 张梦著. 区域旅游业竞争力理论与实证研究 [M]. 成都：西南财经大学出版社, 2005

[111] 张蕾. 中国优秀旅游城市体系分析 [J]. 城市问题，2005（5）：33-37

[112] 张辉，秦宇，厉新建.转型时期的中国旅游业. 中国旅游报，2003-4-23（7）

[113] 张辉. 中国旅游产业发展的再认识. 中国旅游报，2004-8-20（6）

[114] 张树民. 对民生语境下我国旅游业产业优势及产出能力的思考. 中国旅游报，2008-5-9（10）

[115] 张秀生，卫鹏鹏主编. 区域经济理论 [M]. 武汉：武汉大学出版社，2005

[116] 赵黎明，杨其元等著. 旅游城市系统 [M]. 武汉：华中科技大学出版社，2007

[117] 赵兵. 旅游城市可持续发展研究 [J].南京林业大学学报（人文社科版），2004（4）：59-63

[118] 赵伟编著. 城市经济理论与中国城市发展 [M]. 武汉：武汉大学出版社，2005

[119] 郑坚强，黄伟雄，黄耀丽. 珠三角旅游城市一体化研究 [J]. 资源开发与市场，2002（6）：48-50

[120] 周玲强. 国际风景旅游城市指标体系研究 [J].杭州大学学报（理学版），1999（1）：27-30

[121] 周玲强，冯晓虹. 论旅游城市总体形象与综合环境的资源价值 [J]. 经济地理，2002（S1）：317-320

[122] 周一星，R.布雷特肖. 中国城市（包括辖县）的工业职能分类：理论、方法和结果 [J]. 地理学报，1988（43）：287-298

[123] 周一星著. 城市地理学 [M]. 北京：商务印书馆，1995

[124] 周一星著. 城市地理学 [M]. 北京：商务印书馆，2003

[125] 周一星，杨齐. 我国城镇等级体系变动的回顾及其省区地域类型 [J]. 地理学报，1987（2）：97-111

[126] 周起业编著. 西方生产布局学原理 [M]. 北京：中国人民大学出版社，1987

[127] 周起业，刘再兴，祝诚实等著. 区域经济学 [M]. 北京：中国人民大学出版社，1989

[128] 朱弘，吴旗韬. 中国省际及主要旅游城市旅游规模 [J]. 地理学报，2005（6）：919-927

[129] 朱舜著. 行政区域经济结构与增长 [M]. 北京：经济科学出版社，2003

[130] 中国大百科全书·地理学. 北京：中国大百科全书出版社，1990

[131] 中国自然地理图集 [M]. 北京：地图出版社，1984

[132] 中国国家旅游业发展“十一五”规划纲要（专题篇）[M]. 国家旅游局汇编，中国旅游出版社，2008

[133] 中国人民大学区域经济研究所编著. 产业布局学原理 [M]. 北京：中国人民大学出版社，1997

二、英文文献

[1] Agyei-mensah and samuel. Marketing its colonial heritage: A new lease of life for Cape Coast, Ghana. International journal of urban and regional research,

2006, 30 (3): 705-716

[2] Andrew, B. P., Tourism and the Economic Development of Cornwall. Annals of Tourism Research, 1997, 24 (3): 721-735

[3] Andrew Kirby and David Lambert: The Region, Longman Group Limited, 1984

[4] Agarwal, S. Restructuring Seaside Tourism the Resore Lifecycle. Annals of Tourism Research, 2002, 1: 25-55

[5] Barreira, Irlys Alencar F. The City in the Flow of Time: Invention of the Past and Heritage. Sociologias, 2003, 5 (9): 314-339

[6] Bill Brawell. Tourism Marketing Images of Industrial Cities. Annals of Tourism Research, 1996, 23 (1): 201-221

[7] Begg, I., Cities and Competitiveness, Urban Studies, 1999, 36 (5-6): 795-809

[8] Bill Bramwell and Liz Rawding. Tourism Marketing Images of Industrial Cities. Annals of Tourism Research, 1996, (1): 201-221

[9] Bendavid-Val, Avrom. Regional and Local Analysis for Practitioners. 4th. New York: Praeger, 1991

[10] Bennett Susan. The Spectacular Scene Toronto. Sociologgieet Societes, 2005, 37 (1): 109-123

[11] Barreira and Irlys Alencar. The city in the flow of time: invention of the past and heritage. Sociologies, 2003, (9): 314-339

[12] Bonden M. The Best Cities for Business. Fortune, 2001, 142 (13): 218-232

[13] Brent Ritchie J. R. & Geoffrey I. Crouch, The Competitve Destination: A Sustainbility Perspective, Tourism Management. 2000, 21: 79-92

[14] Brotchie J. et al. (Eds.). The Future of Urban Form. London: Croom Helm, 1985

[15] Byrd Erick T, Cardenas David A and Greenwood Jerusha B. Factors of stakeholder understanding of tourism: The case of Eastern North Carolina. Tourism & Hospitality Research, 2008, 8 (3): 192-204

[16] Buhalis, D., Marketing the Competitive Destination of the Future. Tourism Management, 2000, 21 (1): 97-116

[17] Chaisawat Manat. Travel and Tourism Education in Thailand. Journal of Teaching in Travel and Tourism, 2005, 5 (3): 197-224

[18] Cai, L.P., H. Bo and R. Feng, Domestic Tourism Demand in China's Urban

Centers: Empirical Analyses and Marketing Implications. Journal of Vacation Marketing, 2001, 8 (1): 64-74

[19] Castells, M. : The Informational City: Information Technology, Economic Restructuring and the Urban-regional Process. Basil Blackwell, Padstow, 1989

[20] Cooper, C., and S. Jackson, 1989, Destination Lifecycle: The Isie of Man Case Study

[21] Cadwallader M. Urban Geography and Social Theory. Urban Geography, 1998, (9): 227-251

[22] Cannon, T., Region, Inequality and Spatial Policy in China. In: T. Connon and A. Jenkines, eds. The Geography of Contemporary China. London: Routledge

[23] Chan, Kam Wing: Cities with Invisible Walls: Reinterpreting Urbanization in Post 1949 China. Oxford University Press, Hong Kong, 1994

[24] Chris Jensen-Butler, Cities in Competition. Urban Studies. 1999, 36: 5-6

[25] Clark D. Urban Geography. London: Billing and Sons Limited. 1982, 141-180

[26] David F. B. Network Cities: Creative Urban Agglomerations for the 21st Century. Urban Studies, 1995, 32 (2): 313-327

[27] Dematteis G. Globalization and Regional Integration: the Case of the Italian Urban System.Geojournal, 1997, 43 (4): 331-338

[28] Dennis R Judd. Promoting Tourism in US cities. Tourism Management, 1995, 16 (3): 175-187

[29] Dennis A. R., James H. J., John D. K. The Changing Forces of Urban Economic Development: Globalization and City Competitiveness in the 21st Century. Cityscape: A Journal of Policy Development and Research, 1998, 3 (3): 71-105

[30] Drake Circus. York: Managing the city. Cities, 1997, 14 (6): 333-342

[31] Eamonn D' Arcy and Georffrey Keogh, The Property Market and Urban Competitiveness. Urban Studies. 1999, 36: 5-6

[32] Fan, C. Cindy: Foreign Trade and Regional Development in China. Geographical Analysis, 1992, 24 (3): 240-256

[33] Frenkel, S., J. Walton and A. Dirk, Bavarian Leavenworth and the Symbolic of a Theme Town. Geographical Review, 2000, 90 (4): 559-584

[34] Faulkner Bill and Tideswell Carmen. A Framework of Monitoring Community Impacts of Tourism. Journal of Sustainable Tourism, 1997, 15 (1):

3-28

[35] Friedmann, J. World City Formation. Life Space and Economic Space. New Jersey: Transaction Books, 1988.57-92

[36] Friedmann, J. Where We Stand: A Decade of World City Research In P. Knox and P. Taylor(eds), World Cities in a World System. New York: Cambridge University Press. 1995

[37] Florida R. Toward the Learning Region. Future, 1995, 23 (5): 527-536

[38] Gatz, D. Tourism Planning and Lifecycle. Annals of Tourism Research, 1992, 19: 752-770

[39] Gladstone David L. Tourism urbanization in the United States. Urban Affairs Reviews, 1998, 34 (1): 3-27

[40] Gladstone, David L.Fainstein, Susan S. Tourism in US Global Cities: A Comparison of New York and Los Angeles. Journal of Urban Affairs. 2001, 23 (1): 23

[41] Gleason, Nancy. If you build it...: A cost-benefit analysis of tourism development. Government Finance Review, 1995, 11 (4): 50

[42] Gilbert , D. and M. Clark, An Exploratory Examination of Urban Tourism Impact. Cities, 1997, 14 (6): 343-352

[43] Gilles D., Diego P. Diversity and Specialization in Cities: Why, Where and When Dos It Matter. Urban Studies, 2000, 37 (3): 535-555

[44] Gotham, Kevin Fox. Tourism from Above and Below: Globalization, Localization and New Orleans's Mardi Gras. International Journal of Urban and Regional Research, 2005, 29(2): 309-326

[45] Godfrey, K. & Clarke, J. The Tourism Development Handbook. New York, Continuum, 2000

[46] Gotham Kevin Fox. Destination New Orleans. Journal of Consumer Culture, 2007, 7 (3): 305-334

[47] Go, F. M. and R. Govers, Integrated Quality Management for Tourism Destinations: A European Perspective on Achieving Competitiveness. Tourism management, 2000, 21 (1): 79-88

[48] Gospodini Aspa. Urban Design, Urban Space Morphology, Urban Tourism：An Emerging New Paradigm Concerning Their Relationship. European Planning Studies, 2001, 9 (7): 925-934

[49] Grant, Elizabeth. Race and Tourism in Americas' first city. Journal of

Urban history, 2005, 31 (6): 850-871

[50] Grabler , K. Cities and the Destination Life Cycle. In: J. A. Mazanec(ed), International City Tourism : Analysis and Strategy , London: Pinter, 1997, 54-71

[51] Grant, Elizabeth. Race and Tourism in America's First City. Journal of Urban History, 2005, 31 (6): 850-871

[52] Gu Chaolin: China's Urban Housing System in Transition, The Journal of Chinese Geography, Vol. 6, No.2, 1995

[53] Harrill, Rich and Potts, Thomas D. Tourism Planning in Historic Districts. Journal of the American Planning Association. 2003, 69 (3): 233-237

[54] Hays, R. Allen. The Tourist City (Book Review). Urban Affairs Review. 2000, 36 (2): 279

[55] Herbert D. T, C. J. Thomas. Urban Geography: A First Approach. Jhon Wiley & Sons, 1982

[56] Hovinen , G. R., Revisiting the Destination Lifecycle Model. Annals of tourism research, 2002, 29 (1): 209-230

[57] Heidi Dahles. Redefining Amsterdam as A Tourist Destination. Annals of Tourism Research, 1998, 25 (1): 55-69

[58] Huang Xiao and Anmin. Leisure-based Tourist Behavior: A Case Study of Changchun. International Journal of Contemporary Hospitality Management, 2000, 12 (3): 210

[59] Hinch Thomas D. Urban Tourism: Perspectives on Sustainability. Journal of Sustainable Tourism, 1996, 4 (2): 95-110

[60] Holcomb, Briavel. Cities and Visitors: Regulating People, Markets, and City Space. International Journal of Urban & Regional Research. 2005, 29 (2): 471-472

[61] Ioannides, Dimitri. Effects of Tourism Growth. Journal of the American Planning Association. 2000, 66 (3): 334

[62] Israeli, Yechezke and Mansfeld, Yoel. Transportation accessibility to and within tourist attractions in the Old City of Jerusalem. Tourism Geographies. 2003, 5 (4): 461-481

[63] Israeli Yechezkel and Mansfeld Yoel. Transpotation accessibility to and within tourist attractions in the Old City of Jerusalem. Tourism Geographies, 2003, 5 (4): 461-481

[64] James Simmie, Innovative Cities, Spon Press, London and New York,

2001

[65] Jansen-Verbeke and Myriam. Scanning museum visitors: Urban tourism marketing. Annals of tourism research, 1996, 23 (2): 364-375

[66] Jonathan V. B., Richard G. S., Peter J. T. A Rosort of World Cities. Cities, 1999, 16 (6): 445-458

[67] Judd D R.Promoting tourism in US cities. Tourism Management, 1995, 16 (3): 175-187

[68] Judd, Dennis R, The Infrastructure of Play: Building the Tourist City. M. E. Sharp, Armonk, N.Y. 2003

[69] Kozak, M. and M. Rimmington, Measuring Tourism Destination Competitiveness: Considerations and Empirical Findings. Hospitality Management, 1997, 18: 273-283

[70] Kirkby, R. J. R., Urbanisation in China: Town and Country in a Develoning Economy 1949-2000AD., New York: Columbia University Press, 1985

[71] Kam Wing Chan. Economic Growth Strategy and Urbanization Policies in China. Research Paper No. 175, 1989, Centre for Urban and Community Studies, University of Toronto

[72] Krugram P. Development, Geography, and Economic Theory. Cambridge: MIT Press, 1995

[73] Lash, S. and John Urry: Economies of Signs & Space. SAGE Publication, London, 1994

[74] Law, C. M. Urban Tourism: The Visitor Economy and the Growth to Large Cities, Continuum, London, 2002

[75] Law, Christopher M. The Tourist City (Book Review). Urban Studies. 2000, 37 (7): 1210

[76] Leung, Chi Kin: Locational Characteristics of Foreign Equity Joint Venture Investment in China, 1979-1985. Professional Geography, 1990, 42 (4): 403-421

[77] Lindberg, K., E. Jeremy and S. Keith, Ecotourism Questioned Case Studies from Belize. Annals of Tourism Research, 1996, 23 (3): 543-562

[78] L. Ioyd. P. E. and Dicken P. Location in Space, Harper and Row, London, 1977

[79] Loleen B. Building Competitive Cities. Canada West Foundation, 2002

[80] Lundtorp , S. and S. Wanhill , The Resort Lifecycle Theory Generating

Processes and Estimation, Annals of Tourism Research, 2001, 28 : 947-964

[81] Malecki E. J. New Firm: Formation in the USA: Corparate Structure & Policy Considerations Entrepreneurship & Regional Development, 1990, (2): 247-265

[82] Marks Rafael.conservation and community: The contradiction and ambiguities of tourism in the stone town of Zanzibar. Habitat international, 1996, 20 (2): 256-278

[83] Mee, KNG, Peter H., etc. Hong Kong: World City or Great City of the World. The University of Hong Kong, Centre of Urban Planning and Environment Management, 2000

[84] Meethan, Kevin. York: Managing the Tourist City. Cities, 1997, 14 (6): 333-342

[85] Melendez, Anaida. Sustainable Tourism and Recreation in the Public Urban Space. International Sociological Association, 1998

[86] Melendez Anaida. Sustainable tourism and Recreation in the Public Urban Space. International Sociological Association, 1998

[87] Michael Barker. Visitor safety in urban tourism environments, the case of Auckland, New Zealand. Cities, 2002, 19 (4): 273-282

[88] Mill R. H. & Morisson, A. M. The Tourism System: An Introduction Text. 2nd ed, Prentice-Hall, Inc. 1992

[89] M. Gill, R. Viewpoint Urban Management in Developing Countries. Cities, 1998, 15: 463-471

[90] Martin Boddy. Geographical Economics and Urban Competitiveness: A Critique. Urban Studies, 1999, 36: 5-6

[91] Moore, R. S. Gender and Alcohol Use in a Greek Tourism Town. Annals of Tourism Research, 1995, 22 (2): 300-313

[92] Mullins P. Class relations and tourism urbanization: the regeneration of petite bourgeoisie and the emergence of a new urban form. International journal of urban and regional research, 1994, 18 (4): 591-608

[93] Newman, HarveyK. Race and the tourist bubble in downtown Atlanta. Urban affairs reviews, 2002, 37 (3): 301-321

[94] Nicolaides, Becky M. The Resort City Gets Real. Journal of Urban History, 1998, 25 (1): 110-121

[95] Page, S. Urban Tourism, London: Routledge. 1995

[96] Page, S. J. and C. M. Hall, Manageing Urban Tourism, Prentice Hall, London, 2003

[97] Parlett, G., J. Fletcher and C. Cooper, The Impact of Tourism on the Old Town of Edinburgh. Tourism Management, 1995, 15 (5): 355-360

[98] Paskaleva-Shapira, Krassimira A. New Paradigms in City Tourism Management: Redefining Destination Promotion. Journal of Travel Research. 2007, 46 (1): 108-114

[99] Paul Cheshire. Cities in Competition: Articulating the Gains from Integration. Urban Studies. 1999, 36: 5-6

[100] Pearce , D. G., Tourist Districts in Paris: Structure and Functions. Tourism Management, 1998, 19 (1): 49-65

[101] Pearce, D. Tourism Development, Longman, 2nd ed, 1983

[102] Pearce, D. Tourism: A Geographical Analysis, Longman, First ed , 1987

[103] Peter E. Murphy (ed.) , Quality Management in Urban Tourism, John Wiley & Sons, 1997

[104] Pipan Tatiana and Porsander Lena. Imitating uniqueness：How big cities organize big events organizations studies. Organizations studies, 2000, 21: 1-27

[105] Prosser, G. M., Tourism Destination Lifecycle: Progress, Problems and Prospects. Paper Presented at National Tourism Research Conference, Melbourne, Australia. 1995

[106] Richards Greg and Wilson Julie. The Impact of Cultural Event on City Image: Rotterdam, Cultural Capital of Europe 2001. Urban Studies, 2004, 41 (10): 1931-1951

[107] Robert J. Rogerson, Quality of Life and City Competitiveness. Urban Studies. 1999, 36: 5-6

[108] Rogerson Christian M. Creative Industries and Urban Tourism: South African Perspectives. Urban Forum, 2006, 17 (2): 149-166

[109] Ross, Ian. Heritage site designation to boost tourism. Northern Ontario Business, 2002, 22 (10): 26

[110] Russo, A. P., The " Vicious Circle " of Tourism Development in Heritage Cities. Annals of tourism research, 2002, 29 (1): 165-182

[111] Salazar, Noel B. Tourism and Glocalization: "Local" Tour Guiding. Annals of Tourism Research, 2005, 32 (3): 628-646

[112] Sassen , S., The Global City. Princetion: Princetion University Press,

1991

[113] Sautter E. T., Leisen B. Managing Stakeholders: A Tourism Panning Model. Annals of Tourism Research, 1999, 2: 47-53

[114] Selby, Martin. Understanding Urban Tourism: Image, Culture and Experience Palgrave Macmillan, London; New York, 2004

[115] Selby, Martin. Consuming the city: conceptualizing and researching urban tourist knowledge. Tourism Geographies. 2004, 6 (2): 186-207

[116] Shaw, Stephen; Bagwell, Susan; Karmowska, Joanna. Ethnoscapes as Spectacle: Reimaging Multicutural Districts as New Destinations for Leisure and Tourism Consumption. Urban Studies, 2004, 41 (10): 1983-2000

[117] Sheehan Lorn, Brent Ritchie and Hudson Simon. The destination Promotion Triad: Understanding A Symmetric Stakeholder Interdependencies Among the City, and DMO. Journal of Travel Research, 2007, 46 (1): 64-71

[118] Staeheli, L. A. and Thompson, A. Citizenship, community, and struggles for public space, The Professional Geographer, 1997, 49: 28-38

[119] T.C.Chang. Urban heritage tourism : the globallocal Nexus. Annals of tourism research , 1996, 23 (2): 284-305

[120] Teo, Peggy. The limits of Imagineering: a case study of Penang. International journal of urban and regional research, 2003, 27 (3): 545-563

[121] Tisch Jonathan. Travel and Tourism: Economic Engine for American′s Cities. Nation's cities weekly, 1999, 22 (36): 8-17

[122] Thomas I. City-size Distribution and Urban System. Environment and Planning. 1985, 17: 905-913

[123] Williama Kim H and Chacko Harsha E. The Effect of Ethnic Differences on Travel Characteristics: An Exploration of Marginality anf Ethnicity in Urban Tourism. International Journal of Hospitality&Tourism Administration, 2008, 9 (2): 147-163

[124] Wilkerson Chad. Tourism in US global cities: A comparison of New York and Los Angeles. Journal of urban affairs.2001, 23 (1): 23-27

[125] Wang Zhishi. Emergy synthesis of tourism-based urban ecosystem. Journal of environment management. 2008, 88 (4): 831-844

[126] Yong Kun Suh. Preferences and Trip Expenditures a Conjoint Analysis of Visitors to Seoul, Korea. Tourism Management, 2004, 25 : 127-137

[127] Mc Comb, David G. Galveston as a tourist city. Southwestern Historical

Quarterly. 1997, 1 (3): 330-360

[128] Meethan, Kevin. York: managing the tourist city. Cities. 1997, 11 (6): 333

[129] Gladstone, David L. Tourism Urbanization In The United States. Urban Affairs Review.1998, 9 (1): 3-27

[130] Pagano, Michael A. The Tourist City. American Political Science Review. 2000, 3 (1): 192-194

[131] Law, Christopher M.. The Tourist City. Urban Studies. 2000, 1 (7): 1210-1212

[132] Hays, R. Allen. The Tourist City. Urban Affairs Review. 2000, 11 (2): 279-282

[133] Sanders, Heywood T. The Infrastructure of Play: Building the Tourist City. Journal of the American Planning Association. 2004, 4 (2): 242-243

[134] Sassen, S. : Cities in a World Economy. Pine Forge Press, London, 1994

[135] Garcia-Castello, E.Garcia-Garrido, J.Rodriguez-Lopez, A.D. Laguarda-Miro, N.Pascual-Garrido, J. Designing a desalination plant for a tourist city located in the Mediterranean Spanish coast. Desalination. 2007, 2 (1): 189-198

[136] Paskaleva-Shapira, Krassimira A. New Paradigms in City Tourism Management: Redefining Destination Promotion. Journal of Travel Research. 2007, 8 (1): 108-114

[137] Souther, J. Mark. The Disneyfication of New Orleans: The French Quarter as Facade in a Divided City. Journal of American History. 2007, 12 (3): 804-811

[138] Victora, T., S. Eranb and F. S. Sevila, Residents' Attitudes Toward Tourism Development. Annals of tourism research, 2002, 29 (3): 668-680

[139] Yamamura, T. The Process of Social Transformation Associated with Tourism Development in the World-Heritage City, Lijiang China. In : K. L. Wober(ed), City Tourism, 2002, 123-132, Wien: Springer-Verlag

[140] Wahab, S. & C. Cooper. Tourism in the age of Globalization, London and New York, Rouledge, 2001

[141] Wall, G., Peripheries Area Tourism. Annals of Tourism Research. 1998, 25 (2): 522-523

[142] Weber, Karl W., City Tourism 2002: Proceedings of Europen Cities Tourism's International Conference in Vienna, Austria, 2002, Springer, Wien; New York

[143] Zou Deci: The Review and Prospect of Chinese Urban Planning from 1980s to 1990s. China City Planning Review, 1990, 6 (3): 3-16

[144] Zhou Yixing: The Metropolitan Interlocking Regions in China: a Prelijminary Hypothesis, in Norton Ginsbukg, Bruce, Koppal & T. G. Mcgee (eds.), The Extended Metropolis: Settlement Transition in Asia. Honolulu: Univerisity of Hawaii Press, 1991

附 录

附录A 我国相邻省区之间旅游市场范围界线点数据表

	冀	晋	蒙	辽	吉	黑	苏	浙	闽	皖	赣	鲁	豫	鄂	湘	粤	桂	琼	川	滇	黔	藏	陕	甘	青	宁	新
冀	0	2	6.4	3.3								2.6	4.2														
晋		0	4.6										3.1										4.8			6.1	
蒙			0	2.9	3.7	4.3																					
辽				0	3.7							3.1															
吉					0	1.5																					
黑						0																					
苏							0	1.4		2.1		3.8															
浙								0	5.4	3.4	4.2																
闽									0		3.7					2.2											
皖										0	2	2.2	2.3	2.2													
赣											0			1.2	2.2	2.9											
鲁												0	3.3														
豫													0	3.4									3.1				
鄂														0	2.2								4.6				
湘															0	3.3	3.8		4.1		4.4						
粤																0	3.7	5.5									
桂																	0	4.5		4.5	2.8						
琼																		0		4.5							
川																			0	4.8	3.5	15	4.2	6.5	8.3		
滇																				0	3.1	13					
黔																					0						

	冀	晋	蒙	辽	吉	黑	苏	浙	闽	皖	赣	鲁	豫	鄂	湘	粤	桂	琼	川	滇	黔	藏	陕	甘	青	宁	新
藏																						0			5.6		4.5
陕																							0	4		4.8	
甘																								0	1.4	2.6	
青																									0		6
宁																										0	
新																											0

资料来源：作者计算所得

附录 B　我国 247 个优秀旅游城市的主题口号

	序号	城市名	定位主题口号
直辖市 4	1	北京	体验北京，走进奥运
	2	上海	精彩每一天
	3	天津	渤海明珠，近代缩影
	4	重庆	壮丽三峡，激情重庆
河北 7	5	秦皇岛	中国唯一以皇帝名字命名的城市
	6	承德	游承德，皇帝的选择
	7	石家庄	燕赵古韵，魅力新城
	8	涿州	文化涿州，古今流芳
	9	廊坊	京津走廊，温馨之都
	10	保定	红色旅游，文化古城，山水保定
	11	邯郸	游名城邯郸，品燕赵文化
山西 4	12	太原	煤乡明珠，古城太原
	13	大同	让世界了解大同，让大同走向世界
	14	永济	这里是黄河之曲，这里是舜都之城，这里有王之涣的千古绝唱，这里有大唐帝国的辉煌
	15	晋城	晋城山水，棋源古堡
内蒙古 9	16	包头	中国草原休闲之都
	17	锡林浩特	草原明珠
	18	呼和浩特	天堂草原，魅力青城——欢迎您
	19	呼伦贝尔	天骄故里，五彩森林，体验自然冰雪，感受民俗风情
	20	赤峰	契丹草原，龙的故乡
	21	满洲里	中俄蒙三国风情兼得的北疆跨国旅游胜地
	22	扎兰屯	塞外苏杭
	23	阿尔山	中国避暑之都，神泉雪城——阿尔山
	24	霍林郭勒	到霍林郭勒看最美的草原
辽宁 12	25	大连	浪漫之都，时尚大连
	26	沈阳	活力之都，沈阳旅游
	27	丹东	中国边境第一城，和平之都，绿色丹东
	28	鞍山	金玉之都，魅力鞍山

	序号	城市名	定位主题口号
	29	抚顺	清代王朝发祥地，北方山水魅力城
	30	本溪	枫叶之乡本溪县，都市休闲后花园
	31	锦州	锦绣之州，神奇之旅
	32	葫芦岛	北京后花园
	33	辽阳	关东名城古韵，华夏巨佛奇观
	34	兴城	——
	35	铁岭	中国铁岭，快乐老家
	36	盘锦	中国盘锦，湿地之都，魅力无限
吉林 4	37	长春	美丽碧树看长春，无尽冰雪北国情
	38	吉林	山水吉林，魅力江城
	39	蛟河	红叶之城，美丽蛟河
	40	集安	多彩高句丽，秀美新集安
黑龙江 9	41	哈尔滨	天鹅项下的珍珠
	42	牡丹江	游白山黑水，找牡丹江山水
	43	伊春	森林里的城市
	44	大庆	绿色油化之都，天然百湖之城，中国温泉之乡，美丽大庆
	45	阿城	——
	46	绥汾河	绥芬河——旅游者的温馨家园
	47	齐齐哈尔	绿色食品之都，中国魅力城市——欢迎来到中国鹤城，齐齐哈尔
	48	铁力	到铁力漂流，向快乐出发
	49	虎林	——
江苏 22	50	南京	文化南京，博爱之都
	51	无锡	无锡是个充满温情和水的地方
	52	扬州	烟花水都，诗话扬州
	53	苏州	天堂苏州，东方水城
	54	镇江	三山演绎古今爱情传奇——东方浪漫爱情旅游之都
	55	徐州	楚风汉韵古彭城，名山碧水新徐州
	56	江阴	霞客故里，旅游胜地
	57	宜兴	领略宜兴碧水青山，品味陶都风土人情
	58	句容	佛道古胜地，山水新句容
	59	昆山	江南片玉，灵秀昆山
	60	吴江	千年水天堂，人间新吴江
	61	常熟	世上湖山，天下常熟
	62	吴县	——

	序号	城市名	定位主题口号
	63	常州	中华龙城，江南常州
	64	南通	追江赶海到南通
	65	连云港	神奇浪漫之都
	66	溧阳	山水溧阳，生态家园
	67	盐城	湿地之都，水绿盐城，欢迎您
	68	淮安	寻漕运古迹，品淮阳美食，探水下泗州，享生态家园，访名人故里，看淮安新貌
	69	张家港	浪漫之都
	70	太仓	长江第一港
	71	如皋	如皋如歌，常来长寿
浙江 21	72	杭州	生活品质之城，东方休闲之都
	73	宁波	东方商埠，时尚水都
	74	绍兴	游鲁迅故里，看越池风情
	75	金华	风水金华，购物天堂
	76	临安	生态临安，休闲胜地
	77	诸暨	游西施故里，观五泄飞瀑布
	78	建德	山水画廊，休闲天堂
	79	温州	时尚之都，山水温州
	80	东阳	——
	81	桐乡	人杰地灵菊香，人间天堂桐乡
	82	湖州	山水清远，生态湖州
	83	嘉兴	水都绿城，休闲嘉兴
	84	临海	千年府城，山水临海
	85	温岭	永远的第一缕曙光
	86	富阳	富春山水，孙权故里
	87	海宁	游潮乡胜景，览天下奇观
	88	衢州	神奇山水，名城衢州
	89	舟山	海天佛国，渔都港城
	90	瑞安	天瑞地安，景秀书香
	91	兰溪	兰香神州，溪碧钱塘
	92	奉化	蒋氏故里，弥勒道场，人文荟萃，人居福地
福建 7	93	厦门	海上花园，温馨厦门
	94	武夷山	世界双遗产，纯真武夷山
	95	福州	八闽古都，有福之州
	96	泉州	海峡西岸名城，多元文化宝库

	序号	城市名	定位主题口号
	97	永安	桃花陶令桃源洞，开天辟地新感受
	98	三明	天下幽奇，中国绿都，生态旅游胜地
	99	漳州	花果之乡，锦绣漳州
安徽 6	100	黄山	中国黄山，人间仙境
	101	合肥	包公桑梓地，黄山北大门
	102	亳州	华佗故里，药材之州
	103	马鞍山	山水诗都
	104	安庆	游安庆，唱黄梅——每天都是一出戏
	105	芜湖	半城山，半城水
江西 6	106	井冈山	走红色之旅，游绿色井冈
	107	南昌	历史名城，滨江飞虹，现代新城，山水都城
	108	九江	梦里水乡，魅力九江
	109	赣州	江南宋城，客家摇篮，东江源头，红色摇篮
	110	鹰潭	中国道都，魅力鹰潭
	111	景德镇	要了解中国，就要了解 China
山东 20	112	青岛	扬帆奥运，相约青岛
	113	济南	四面荷花三面柳，一城山色半城湖——泉水之都，济南旅游
	114	威海	拥抱碧海蓝天，体验渔家风情
	115	烟台	人间仙境，梦幻烟台
	116	泰安	登泰山，保平安！
	117	曲阜	孔子故里，东方圣城
	118	蓬莱	人间仙境
	119	文登	温泉之都——中国文登
	120	荣城	——
	121	胶南	山海情怀，温馨之旅
	122	淄博	灵秀之都，古韵淄博
	123	青州	佛国寿山，古州福地
	124	潍坊	这里是享誉世界的国际风筝之都，这里是闻名遐迩的蔬菜之乡，这里是中外驰名的宝石城，欢迎您到潍坊来！
	125	聊城	中国聊城——江北水城
	126	日照	游山登五岳，赏海去日照
	127	乳山	美丽乳山，浪漫之旅
	128	临沂	滨水生态城，商贸物流城，历史文化名城，绿色沂蒙，红色风情，文韬武略，地质奇观

	序号	城市名	定位主题口号
	129	济宁	杏坛盛梦，春秋之路，运河之都，宝塔佛光
	130	邹城	人文孟子，山水邹城
	131	寿光	——
河南 19	132	郑州	大河之南，文明古都
	133	开封	七朝都会，北方水城
	134	濮阳	中华龙乡，花园城市
	135	济源	山水经典，河南济源
	136	登封	中国少林武术之乡——登封
	137	洛阳	千年帝都，牡丹花城
	138	三门峡	文化圣地，天鹅之城
	139	安阳	文化之都，豫北强市，魅力安阳
	140	焦作	山水经典，魅力焦作
	141	鹤壁	山水人文精品，古韵生态鹤壁
	142	灵宝	人杰地灵，物华天宝
	143	新郑	黄帝故里，中国新郑
	144	许昌	曹魏古都，神古镇
	145	新乡	秀在太行，美在新乡
	146	商丘	火源商祖，魅力商丘
	147	南阳	南阳南都，爱情之都，智慧之都
	148	禹州	游三都故里，览人间极品
	149	长葛	——
	150	舞钢	山水舞钢，秀甲中原
湖北 9	151	武汉	白云黄鹤，知音之城
	152	宜昌	金色三峡，银色大坝，绿色宜昌
	153	荆州	昔日刘备借荆州，今朝荆州倚天下
	154	十堰	武当走向世界，十堰拥抱未来
	155	钟祥	神秘钟祥，帝王之乡
	156	襄樊	三国源头，魅力襄樊
	157	荆门	世界文化遗产地，鄂中生态旅游走廊
	158	鄂州	——
	159	赤壁	赤壁——三国历史圣地与湖北对外开放的南大门
湖南 8	160	长沙	多情山水，天下洲城
	161	岳阳	洞庭天下水，岳阳天下楼
	162	韶山	韶山——一代伟人毛泽东的故乡
	163	常德	桃花源里的城市——常德

	序号	城市名	定位主题口号
	164	张家界	生态——森林——山水，人间仙境
	165	郴州	绿色郴州
	166	资兴	——
	167	浏阳	浏阳旅游，给你与众不同的精彩
广东 20	168	深圳	深圳——每天带给你新的希望
	169	广州	南国风情，动感花城
	170	珠海	浪漫之城，中国珠海
	171	肇庆	山水名城，岭南故里，休闲胜地
	172	中山	伟人故里，锦绣中山
	173	佛山	广州人游新佛山
	174	江门	侨乡山水风情画
	175	汕头	海风潮韵，世纪商都
	176	惠州	名山秀水惠州游
	177	南海	岭南山水，休闲驿站
	178	韶关	——
	179	清远	开心清远，旅游首选
	180	阳江	海天动情阳光游
	181	东莞	——
	182	潮州	海滨邹鲁，领海名邦
	183	湛江	相约祖国大陆最南端，碧海银沙期待您
	184	河源	温泉之都·恐龙故乡·客家水乡
	185	开平	——
	186	梅州	千年客都，中国梅州
	187	茂名	新海滨，新茂名
广西 7	188	桂林	山水甲天下，魅力新桂林
	189	南宁	奇山秀水绿南宁
	190	北海	南海珍珠之乡，滨海度假圣地
	191	柳州	桂林山水甲天下，柳州风情醉五洲
	192	玉林	岭南美玉，胜景如林
	193	梧州	游梧州骑楼，品岭南文化
	194	桂平	宗教圣地朝拜，天国风云考察，欢迎您到神秘的桂平来！
海南 5	195	海口	阳光海口，娱乐之都
	196	三亚	美丽三亚，浪漫天涯
	197	琼山	琼台福地

	序号	城市名	定位主题口号
	198	儋州	不到儋州不知海水蓝，不到儋州不知香蕉红，不到儋州不知泥土热，不到儋州不知人情浓
	199	琼海	中国温泉之乡
四川 14	200	成都	一个你来了就不想走的地方
	201	峨眉	云上金顶，天下峨眉
	202	都江堰	青山净水，天人合一
	203	乐山	乐山乐水乐逍遥——中国乐山
	204	崇州	生态园林城市——崇州
	205	绵阳	探源李白文化 体验原始山水 休闲神奇绵阳
	206	广安	小平故里行，华蓥山上游
	207	自贡	神奇盐都，魅力自贡
	208	阆中	阆苑仙境
	209	宜宾	休闲之都，养生福地
	210	泸州	醉游泸州
	211	攀枝花	冬季暖阳，夏日清凉，度假天堂
	212	雅安	世界第一只熊猫发现地和命名地，世界茶文化发祥地，两汉文化宝库，红军文化必读华章
	213	江油	九寨门户、蜀道咽喉、华夏诗城、李白故里
云南 6	214	昆明	昆明天天是春天
	215	景洪	——
	216	大理	风花雪月，逍遥天下
	217	瑞丽	——
	218	潞西	神奇美丽的勐巴娜西——潞西欢迎您！
	219	丽江	中国的丽江，世界的丽江
贵州 4	220	贵阳	森林之城，避暑之都
	221	都匀	高原桥城，绿色都匀
	222	凯里	——
	223	遵义	转运之城，传奇遵义
西藏 1	224	拉萨	——
陕西 4	225	西安	华夏文明故都，丝绸之路起点
	226	咸阳	中国第一帝都
	227	宝鸡	炎帝故里
	228	延安	神圣、神秘、神奇——生态延安之旅
甘肃 6	229	敦煌	让敦煌走向世界，让世界了解敦煌
	230	嘉峪关	天下第一雄关——嘉峪关

	序号	城市名	定位主题口号
	231	天水	中华文明之源，羲皇故里，百里石窟艺术走廊，陇上江南，名城古韵
	232	兰州	——
	233	张掖	塞上江南，丝路明珠
	234	武威	中国旅游标志之都
青海 2	235	格尔木	中国盐湖城
	236	西宁	中国夏都
宁夏 1	237	银川	塞上明珠，中国银川
新疆 9	238	吐鲁番	世界四大文化体系的交汇点，华夏灿烂文明进程的活化石，人与自然和谐生存的欢乐园，西域丝路博物馆
	239	库尔勒	相约魅力巴州，探秘楼兰神韵
	240	乌鲁木齐	古丝路神秘故城，今西域民族风情
	241	喀什	不到喀什就不算到新疆
	242	克拉玛依	雅丹、戈壁、绿洲、油田尽在克拉玛依
	243	哈密	西域古镇，人文新市
	244	阿克苏	龟兹故地·西域精萃
	245	伊宁	——
	246	阿勒泰	人类滑雪起源地的激情体验
新疆兵团 1	247	石河子	——

资料来源：曲颖《基于旅游目的地品牌化的定位口号评价》（有增删），南开大学硕士论文，2008 年

附录C 关于进一步深入开展创建“中国优秀旅游城市”活动的通知

各省、自治区、直辖市旅游局，各参加创建“中国优秀旅游城市”活动城市旅游局：

为贯彻落实《中共中央关于加强社会主义精神文明建设若干问题的决议》，大力加强旅游行业的精神文明建设，全面提高我国旅游业的产业素质和发展水平，加快各旅游城市与国际接轨的步伐，最近两年多来，国家旅游局在全国范围内组织开展了创建“中国优秀旅游城市”的活动，得到了75个城市的积极响应，使这些城市的旅游环境、旅游市场秩序和旅游服务质量有了明显改善，旅游产业的发展进一步加快。

开展创建“中国优秀旅游城市”的活动，是我国旅游行业实现跨世纪腾飞的重要举措，是社会主义精神文明建设的组成部分。两年多来的创建活动证明，与各城市“两个文明”建设的总体目标紧密结合，由城市政府主导，发动城市各有关部门、单位和群众广泛参与的这项活动，具有强大的生命力和实效性。创建活动的实践，也极大地丰富和深化了各有关方面对什么是“中国优秀旅游城市”、为什么要创建“中国优秀旅游城市”以及如何创建“中国优秀旅游城市”等问题的认识，探索总结出了一系列行之有效的工作经验。

为推动创建工作沿着明确的目标进一步深入健康发展，国家旅游局根据两年多来的工作实践和各地区对1996年7月8日下发的《中国优秀旅游城市现场检查和评分标准(征求意见稿)》的修改意见，在广泛调研、认真研究并适当借鉴国际经验的基础上，研究制定了《中国优秀旅游城市检查标准(试行)》(以下简称《标准》)，现予下发施行。

本《标准》按照优秀旅游城市必须具备的素质和当前阶段我国旅游业加快发展及与国际接轨的现实要求，按城市旅游经济发展、城市旅游产业定位、城市旅游业发展的主导机制、城市旅游业的管理体系、城市旅游行业的精神文明建设、城市的生态自然环境、城市的现代旅游功能、城市旅游教育和培训、城市旅游交通、城市游览区(点)与市场促销、城市的旅游住宿设施、城市的旅行社、城市的旅游餐饮、城市的旅游购物服务、城市的旅游文化娱乐、城市的旅游厕所、城市及周边短线旅游的“一日游”管理、城市的旅游安全与保险等18个方面，对优秀旅游城市应该具备的素质作出了详细的量化，提出了明确要求。

按照这个《标准》开展创建活动，必将把创建工作推向新的高度，为各城市旅游业实现跨世纪的腾飞打下坚实基础。

一、各级旅游局和有关城市要进一步端正对创建工作的认识，牢固树立“以创建为主，以软件为主”、“重在发动群众参与，旨在提高旅游产业素质”、“不做表面文章，注重实绩实效”等指导思想，克服重名轻实、急功近利、急于求成等不良倾向，使创建活动更加深入、扎实地开展下去，促进城市旅游业的工作基础和发展环境不断改善，经济效益、社会效益和环境效益不断提高，为城市的对外开放和社会发展作出更大贡献。

二、“中国优秀旅游城市”的产生，按“自检——申报——初审——验收——命名表彰”的程序进行：

（一）自检：本《标准》下达后，请各参创城市旅游局向城市创建“中国优秀旅游城市”领导小组汇报一次，然后对照本《标准》的各项要求，高标准、严要求地开展自查自检，努力找出差距，并相应修改创建工作规划，落实工作措施。

（二）申报：经自检认为已达到“可申报验收的分数线”的城市，按以下要求申报初审：

1．副省级城市、地级市和县级市向受国家旅游局委托的所在省、自治区旅游局申报，直辖市直接向国家旅游局申报；

2．申报时，由城市旅游局正式写出申报文件，说明经过自检，认为已达到标准，请求进行初审。申报文件须随附以下材料：(1)城市人民政府同意申报验收的公函；(2)按《中国优秀旅游城市检查标准(试行)》的自检打分表；(3)本市创建“中国优秀旅游城市”的工作总结。以上文件及附件均一式三份上报。

（三）初审：

1．副省级城市、地级市和县级市申报验收的文件，由国家旅游局委托所在省、自治区、直辖市旅游局负责受理并进行初审，直辖市由国家旅游局负责受理并派出工作小组进行初审；

2．初审中，要结合现场考查，对申报城市提出的各种有关文件和数据认真进行检查审核，严格按照《中国优秀旅游城市检查标准(试行)》进行重新打分，并帮助参创城市找出工作差距；

3．对初审合格、认为已达到分数线的参创城市，由所在省、自治区、直辖市旅游局(或国家旅游工作小组)向国家旅游局书面提出进行验收的报告，说明经过对该参创城市的初审，认为已达到标准，请求进行验收。该文件须附以下材料：(1)初审工作的详细汇报；(2)按《中国优秀旅游城市检查标准(试行)》的初审打分表；(3)参创城市上报的所有文件及附件。以上文件及附件均一式两份上报。

（四）验收：

1. 验收工作由国家旅游局统一组织，邀请中央精神文明建设指导委员会办公室派员参加。

2. 验收小组根据各省、自治区、直辖市旅游局(或国家旅游局工作小组)提出的初审报告，按照《中国优秀旅游城市检查标准(试行)》，结合现场考查，对被验收城市的各项有关工作进行认真全面的检查验收，并重新逐项打分。

3. 验收小组在验收期间，还将对来该市旅游的海内外旅游者进行现场抽样调查，征询他们对该城市旅游环境、旅游市场秩序及旅游服务质量的意见，作为验收的重要参考依据。

4. 验收小组工作结束后，要与城市人民政府认真交换意见，并向国家旅游局提出书面验收报告。对经过验收，总分达到标准，且海内外旅游者满意率较高的城市，由验收小组向国家旅游局正式推荐；如参创城市虽然总分达标，但海内外旅游者满意率较低，验收小组可以不予推荐。

（五）命名表彰：

1. 对验收合格的城市，由国家旅游局批准命名为“中国优秀旅游城市”，授予“中国优秀旅游城市”标牌，并对海内外公告。

2. 对于创建工作深入扎实、成效显著但暂时还未达到“中国优秀旅游城市”标准的参创城市，国家旅游局将发文予以表彰，鼓励其继续抓好创建工作。

三、创建“中国优秀旅游城市”是一项长期的战略任务，其目标是：经过十年左右的努力，使全国主要旅游城市都进入“中国优秀旅游城市”的行列。第一批“中国优秀旅游城市”产生后，此项工作将像评定星级旅游涉外饭店一样，纳入各级旅游局的日常工作范围，每年集中初审和验收一批。

四、为确保“中国优秀旅游城市”的质量和信誉，“中国优秀旅游城市”不搞终身制，由国家旅游局不定期组织复查。对于在命名后不思进取，旅游环境、秩序、质量滑坡，海内外旅游者满意率明显下降的城市，国家旅游局在查实情况后，将发出通报，取消其称号，收回其标牌。

五、依据今后创建工作新的实践和我国旅游业发展新的形势，国家旅游局在适当的时候，将对《中国优秀旅游城市检查标准(试行)》作出补充和修订。

特此通知。

国家旅游局

一九九八年二月十六日

附录D　中国优秀旅游城市检查标准(试行)

国家旅游局

1998年2月

本标准满分1000分
可申报验收的分数线：
直辖市：850分
副省级市：800分
地级市：750分
县级市：700分

目　次

序号	项目分类	最高得分
1	城市旅游经济发展	50
2	城市旅游产业定位	50
3	城市旅游业发展的主导机制	40
4	城市旅游业的管理体制	55
5	城市旅游行业的精神文明建设	60
6	城市的生态自然环境	40
7	城市的现代旅游功能	130
8	城市旅游教育和培训	40
9	城市旅游交通	70
10	城市旅游区(点)与市场促销	80
11	城市的旅游住宿设施	50
12	城市的旅行社	50
13	城市的旅游餐饮	45
14	城市的旅游购物服务	55
15	城市的旅游文化娱乐	40
16	城市的旅游厕所	50
17	城市及周边短线旅游的“一日游”管理	35
18	城市的旅游安全与保险	60

序号	项目分类	最高得分	评分细则	自检得分	初审得分	验收得分
1	城市旅游经济发展 (旅游业总收入占本市 GDP 比例或旅游外汇收入)	50				
1.1	比例大于 15%或旅游外汇收入超过 10 亿美元		50			
1.2	比例在 10%～15%之间或旅游外汇收入在 5～10 亿美元之间		30			
1.3	比例在 5%～10%之间或旅游外汇收入在 1～5 亿美元之间		20			
1.4	比例在 3%～5%之间或旅游外汇收入在 3000 万～1 亿美元之间		10			
1.5	比例小于 5%或旅游外汇收入低于 3000 万美元		5			
2	城市旅游产业定位	50				
2.1	城市对旅游业发展有明确且重要的定位(如支柱产业、龙头产业、优先发展的重点产业等)		10			
2.2	旅游业纳入国民经济和社会发展总计划		10			
2.3	市政府制定了旅游业发展中长期规划		10			
2.4	市政府对旅游业发展有专项资金或专项政策支持		10			
2.5	旅游市场促销经费有专门渠道并且每年有所增长		10			
3	城市旅游业发展的主导机制	40				
3.1	市委、市政府主要领导对旅游业发展经常有指示、有部署、有检查		10			
3.2	市政府有主管领导牵头的旅游协调议事机构或制度		5			
3.3	市政府每年召开旅游工作会议，研究解决旅游业发展中的实际问题		5			
3.4	市政府主要领导牵头组成创建中国优秀旅游城市领导小组		5			
3.5	市政府发布旅游行业管理规章		5			
3.6	市人大颁发地方性旅游法规		10			
4	城市旅游业的管理体制	55				
4.1	旅游行政管理机构					
4.1.1	旅游行政管理部门机构健全，统一管理全市国际国内旅游业的职责明确		10			
4.1.2	旅游行政管理部门按照编制配齐人员，工作得力		5			
4.1.3	所辖区域内有健全的旅游行政管理网络		5			
4.2	旅游行业管理状况					
4.2.1	城市有上下衔接、配合有力的旅游行业管理体系		10			
4.2.2	设置质监所并有效开展工作		5			
4.2.3	旅游与公安、工商等部门协调配合有力，对扰乱旅游市场秩序的问题能及时联合整治		5			

序号	项目分类	最高得分	评分细则	自检得分	初审得分	验收得分
4.2.4	旅游行政管理部门参与全市旅游投资项目的审批		5			
4.2.5	旅游与统计部门协调配合好，全市已建立起完整科学的旅游统计制度		5			
4.2.6	积极开展旅游行业标准化工作		5			
5	城市旅游行业的精神文明建设	60				
5.1	旅游行业精神文明建设有机构负责、有规划、有计划、有部署、有检查，成效显著		10			
5.2	在旅游从业人员中深入开展爱祖国、爱城市、爱旅游活动和职业道德教育，旅游景区(点)解说词健康规范		10			
5.3	旅游经营单位普遍开展“青年文明号”活动，成效显著		10			
5.4	各类旅游经营单位(旅行社、饭店、旅游景区景点、旅游车船公司、旅游餐饮购物等)都设立了文明示范窗口，成效显著		10			
5.5	旅游行业内有被省(区、市)和中央有关部门宣传或表彰的精神文明建设先进典型		10			
5.6	机场、火车站、码头、汽车站等窗口单位环境整洁，服务规范，精神文明建设有显著成效		10			
6	城市的生态自然环境	40				
6.1	建成区绿化覆盖率					
6.1.1	绿化覆盖率大于30%		8			
6.1.2	绿化覆盖率在20%～30%之间		5			
6.1.3	绿化覆盖率在10%～20%之间		3			
6.2	生活垃圾处理率					
6.2.1	处理率大于80%		8			
6.2.2	处理率在60%～80%之间		5			
6.2.3	处理率在50%～60%之间		3			
6.3	旅游景区(点)噪声平均值小于60分贝		8			
6.4	城市空气污染指数小于100		8			
6.5	城市饮用水水质达标率大于96%		8			
7	城市的现代旅游功能	130				
7.1	旅游咨询服务					
7.1.2	城市电台、电视台及主要报纸有固定的旅游专题节目或专栏，为市民和旅游者提供信息服务		5			
7.1.3	设有面对公众的旅游咨询电话		5			
7.1.4	公布旅游投诉电话		5			

序号	项目分类	最高得分	评分细则	自检得分	初审得分	验收得分
7.1.5	三星级以上星级饭店普遍设立多媒体电脑信息服务		5			
7.1.6	在旅行社办公场所和门市部能方便取得旅游资料		5			
7.2	在以下地区设置规范、准确、醒目的公共信息图形符号					
7.2.1	机场、火车站、码头		5			
7.2.2	市区通往机场、火车站、码头的干道上		5			
7.2.3	市区通往主要游览区(点)的道路上		5			
7.2.4	各涉外饭店内		5			
7.2.5	各游览区(点)内		5			
7.2.6	国际会议中心、展览中心及定点旅游娱乐、购物场所内		5			
7.3	国际语言环境					
7.3.1	城区主要道路有中英文对照的路牌		10			
7.3.2	主要游览区(点)有中英文对照的说明牌		5			
7.3.3	定点旅游餐馆、商店有能用英语会话的服务人员		5			
7.4	公用设施服务系统					
7.4.1	主要街区设有公用电话		5			
7.4.2	对主要旅游经营单位的水、电及燃料供应有保证		5			
7.4.3	在机场、星级饭店内设有为海内外旅游者服务的外币兑换等金融服务点		5			
7.4.4	主要饭店、旅行社设有交通票务的电脑预订网络		5			
7.4.5	城市有饭店住宿、旅行社散客服务的预订网络		5			
7.4.6	城市有同声传译的国际会议中心		5			
7.4.7	城市有举办大型国际性展览会的场馆		5			
7.5	城市夜景					
7.5.1	有一条以上用霓虹灯和彩灯装饰的街道，供旅游者晚间购物、娱乐、餐饮		5			
7.5.2	有两处以上用霓虹灯和彩灯装饰的晚间游览点，供旅游者晚间购物、娱乐、餐饮		5			
7.5.3	晚间有水上游览或其他旅游项目		5			
8	城市旅游教育和培训	40				
8.1	旅游教育					
8.1.1	开办旅游职业高中		5			
8.1.2	开办中等旅游学校或在中专中设旅游专业班		5			
8.1.3	高等学校中设有旅游系或旅游专业		5			
8.2	旅游培训					

序号	项目分类	最高得分	评分细则	自检得分	初审得分	验收得分
8.2.1	有面向全市旅游从业人员的培训基地或固定的培训点		5			
8.2.2	80%以上的饭店高中级管理人员取得全国旅游行业岗位培训证书		5			
8.2.3	80%以上的旅行社高中级管理人员取得旅行社经理资格证书		5			
8.2.4	80%以上的旅游车船公司高中级管理人员取得各级旅游局的岗位培训证书		5			
8.2.5	80%以上的旅游从业人员都经过各种专业培训		5			
9	城市旅游交通	70				
9.1	城市的可进入性					
9.1.1	有开通国内航线的机场		5			
9.1.2	有开通国际航线(或包机)的机场		5			
9.1.3	有火车站		5			
9.1.4	有旅游专列停靠		5			
9.1.5	有江、河、湖、海客运码头		5			
9.1.6	有高速公路进、出口		5			
9.2	市内交通					
9.2.1	通往城市主要旅游区(点)的交通					
9.2.1.1	有配备导游服务的观光巴士		5			
9.2.1.2	有旅游专线车		5			
9.2.1.3	有公共汽车		5			
9.2.2	出租汽车服务					
9.2.2.1	出租汽车数量上和时间上能满足海内外旅游者需求		5			
9.2.2.2	出租汽车清洁卫生，规范服务，按里程表计价，不拒载，不欺诈		5			
9.2.3	旅游车船					
9.2.3.1	城市有一家以上旅游汽车公司，且认真执行《旅游汽车服务质量标准》		5			
9.2.3.2	城市有一家以上游船公司，且规范化服务，游船清洁卫生		5			
9.2.3.3	有一艘以上符合《内河游船星级标准》的二星级以上游船或其他高档游船		5			
10	城市旅游区(点)与市场促销	80				
10.1	旅游产品的种类					
10.1.1	有 5 处以上年接待游客超过 10 万人次的旅游景区(点)		10			

序号	项目分类	最高得分	评分细则	自检得分	初审得分	验收得分
10.1.2	有国家旅游度假区		7			
10.1.3	有已投入运营的省级旅游度假区或其他度假设施		5			
10.1.4	有两种以上专项(或特种)旅游产品		5			
10.1.5	有两条以上农业或生态旅游线路		4			
10.1.6	每年有一次以上定时举办的大型旅游活动		4			
10.2	旅游区(点)的管理					
10.2.1	旅游区都有经市政府批准的总体规划		5			
10.2.2	旅游区(点)管理制度落实，清洁卫生保持良好		5			
10.2.3	旅游区(点)对人文及风景资源保护有力，无建设性破坏		5			
10.2.4	旅游区(点)安全设施齐备且维护良好		5			
10.3	旅游市场促销					
10.3.1	积极参加国家旅游局主办的国内旅游交易会，组织国内旅游促销及开展区域旅游联合		10			
10.3.2	积极参加国家和省旅游局组织的海外促销		10			
10.3.3	参加海外旅游预订国际互联网		5			
11	城市的旅游住宿设施	50				
11.1	旅游涉外饭店					
11.1.1	客房的数量、档次基本满足海内外旅游者需求		5			
11.1.2	涉外饭店的星级评定率达到 80%以上		10			
11.1.3	星级饭店的复核率每年达到 100%		10			
11.1.4	全市星级饭店的客房出租率全年达到 60%以上		5			
11.2	社会旅馆					
11.2.1	实行国内旅游团队住宿定点制度		10			
11.2.2	定点旅馆公共卫生状况符合有关法规和标准要求		5			
11.2.3	安全管理及防火、防盗、防食物中毒工作制度健全		5			
12	城市的旅行社	50				
12.1	旅行社经营形象					
12.1.1	旅行社办公场所和门市部都有整洁的门面和醒目的标牌		8			
12.1.2	有旅行社门市相对集中的“旅游一条街”，各门市内都有醒目的旅游线路及价目表		7			
12.1.3	有国家旅游局近两年内公布的国际旅游 100 强或国内旅游 100 强旅行社		5			
12.2	旅行社服务质量					
12.2.1	导游员参加等级考试的比例超过 80%并有一定比例		5			

序号	项目分类	最高得分	评分细则	自检得分	初审得分	验收得分
	的高级导游员					
12.2.2	导游全部持证上岗并执行《导游服务质量》国家标准		5			
12.2.3	旅行社普遍推行《旅行社国内旅游服务质量要求》行业标准，广告无欺诈		5			
12.2.4	旅行社与旅游团(者)普遍签订规范化的合同		5			
12.2.5	旅行社及时、认真地处理旅游者投诉		5			
12.2.6	全市近三年内没有关于旅行社严重质量事故的投诉		5			
13	城市的旅游餐饮	45				
13.1	餐馆的定点管理					
13.1.1	对海外旅游团队餐实行定点管理		10			
13.1.2	对国内旅游团队餐实行定点管理		5			
13.2	餐饮特色与质量					
13.2.1	有餐饮点相对集中的“餐饮一条街”		5			
13.2.2	有提供地方特色或民族特色餐饮的风味餐馆		5			
13.2.3	有西餐馆		5			
13.2.4	有可以接待海外客人的穆斯林餐馆		5			
13.2.5	定点餐馆就餐环境整洁，并严格执行食品卫生、保鲜等有关法规和标准		10			
14	城市的旅游购物服务	55				
14.1	旅游商品创汇占全市旅游创汇(或旅游商品收入占全市旅游总收入)的比重					
14.1.1	在25%以上		20			
14.1.2	在20%～25%之间		15			
14.1.3	在15%～20%之间		10			
14.1.4	低于15%		5			
14.2	旅游购物场所及商品					
14.2.1	有方便旅游者购物的相对集中的街区		5			
14.2.2	有3处以上定点购物商场(店)		5			
14.2.3	定点购物商场设立本地土特产品供应专柜		5			
14.2.4	主要旅游景区(点)销售的反映本景区(点)特征的旅游纪念品有10种以上		5			
14.3	旅游购物市场环境及秩序					
14.3.1	主要旅游景区(点)对摊贩实行集中管理，环境整洁，无围追兜售、强卖强买现象，无乞讨现象		5			
14.3.2	集中购物街区及定点购物商场环境整洁，秩序良好		5			

序号	项目分类	最高得分	评分细则	自检得分	初审得分	验收得分
14.3.3	无假冒伪劣产品和价格欺诈行为		5			
15	城市的旅游文化娱乐	40				
15.1	城市有一处以上固定场所常年在晚间为海外旅游者演出		10			
15.2	城市有一处以上能为旅游团队提供文艺表演的歌舞餐厅		10			
15.3	城市有一处以上旅游景区(点)能在白天开展定时文艺表演		5			
15.4	星级饭店普遍有比较丰富的晚间娱乐活动		5			
15.5	各种旅游文化娱乐活动内容健康，严禁“黄、赌、毒”		10			
16	城市的旅游厕所	50				
16.1	数量与分布					
16.1.1	旅游景区(点)设有足够的达标旅游厕所		5			
16.1.2	市区通往郊区(县)旅游景区(点)路上，如需设立厕所的已设立旅游厕所		5			
16.1.3	定点商店、餐饮及“旅游一条街”上已设立旅游厕所		5			
16.2	质量与管理					
16.2.1	以上厕所都是水冲式厕所		10			
16.2.2	以上厕所厕位间普遍设隔板和门，备有手纸，男厕设小便器		10			
16.2.3	以上厕所公共信息图形符号标识清楚，“厕所”及“男”、“女”字样应有英文对照		5			
16.2.4	以上厕所管理制度严格，无秽物，无异味		10			
17	城市及周边短线旅游的“一日游”管理	35				
17.1	市政府对规范“一日游”管理有明确法规		5			
17.2	对从事“一日游”的运营车辆实行许可证管理制度		5			
17.3	驾驶员和导游员持证上岗，规范服务		5			
17.4	运营车辆内张贴“旅游须知”(含“一日游”路线、景点门票价格、路线价目表及投诉电话)		5			
17.5	无擅自改变旅游路线、减少景点问题		5			
17.6	无擅自提价或临时向游客加收费用问题		5			
17.7	无擅自增加游客购物次数及到非定点餐馆就餐问题		5			
18	城市的旅游安全与保险	60				
18.1	旅游安全					
18.1.1	城市有巡警制度，突发情况下可以救助游客		5			

序号	项目分类	最高得分	评分细则	自检得分	初审得分	验收得分
18.1.2	在旅游涉外单位和场所规范执法，保护旅游者合法权益		5			
18.1.3	主要旅游区(点)和游客集中场所设有专职安全保卫人员		5			
18.1.4	旅游经营单位普遍建立健全安全教育、防范制度，每年都进行检查落实		5			
18.1.5	近三年内无重大旅游安全事故发生		10			
18.2	旅游紧急救援					
18.2.1	城市有紧急救援机构并公布紧急救援电话		5			
18.2.2	主要旅游区有医疗救护点		5			
18.2.3	执行重大旅游安全事故发生后的处理及报告制度		5			
18.3	旅游保险					
18.3.1	组团社给海内外团体旅游者办理意外伤害保险投保率达 100%		10			
18.3.2	有与保险公司合作开办的其他旅游保险新项目		5			
合计得分：						

附录E　“中国优秀旅游城市”验收办法

（国家旅游局　一九九八年九月四日）

国家旅游局于1998年2月26日下发了《中国优秀旅游城市检查标准（试行）》，对优秀旅游城市应该具备的素质和条件作出了详细的量化，同时明确了中国优秀旅游城市产生的程序，即严格按照“自检——申报——初审——验收——命名表彰”的程序进行，由国家旅游局统一组织验收。为客观公正地做好验收工作，国家旅游局特制定验收办法如下：

一、验收工作的内容

（一）验收组将听取经省旅游局初审合格的城市开展创建中国优秀旅游城市活动的工作汇报，全面了解该城市通过深入开展创建活动，在实现“三优一满意”(即：优美环境、优良秩序、优质服务，游客满意)方面所取得的突出成绩以及存在的不足。

（二）验收组将根据各省、自治区、直辖市旅游局提出的初审报告，按照《标准》，对被验收城市的各项有关工作进行认真全面的检查验收，并逐项打分。

（三）验收组在验收期间，将对来该市旅游的海内外旅游者进行现场抽样调查，征询对该城市旅游环境、旅游市场秩序及旅游服务质量的意见，作为验收的重要参考依据。

（四）验收组工作结束时，将向城市创优工作领导小组提出验收结论，并就进一步深入开展创优工作交流意见。在此基础上，向国家旅游局正式提交验收报告。

二、验收工作的程序

验收工作分为两个阶段：

（一）验收准备阶段：主要是做好成立验收组、审查上报材料、制定验收计划等工作，确保验收工作的有序性和完整性。

工作流程图如下：

成立验收组

↓

受理初审合格城市的申请

↓

文件资料审查→不合格→退回重办修改

↓

制定验收计划

↓

准备阶段结束

（二）现场验收阶段：

工作流程图如下：

验收组到达被验收城市

↓

首次会议

↓

验收活动

↓

资料审查→现场验收→抽样调查

↓

验收组内部交流与汇总

↓

必要时可对有关问题再做检查

↓

末次会议

↓

正式提交验收报告

三、验收准备阶段的具体工作

（一）组成验收组

1．验收组由国家旅游局组织有关人员组成。

2．验收组组长一般由国家旅游局司级干部担任。

3．验收组一般由 7 人组成，下分资料审查、现场检查、抽样调查三个工作小组，每小组两人(每小组可吸收一名所在省、区、市旅游局人员参加)。验收组可同时负责几个城市的验收工作。

4．验收组成员在出发前，要集中学习《标准》，熟练掌握验收中的有关业务；在验收中，必须遵守以下行为准则：

（1）忠于职守，清正廉洁，不吃请收礼；

（2）实事求是，客观公正，不拔高压低；

（3）团结协调，认真负责，不自行其是；

（4）严守纪律，保守秘密，不乱发议论。

（二）文件资料审查

对初审合格的参创城市，其所在省、自治区、直辖市旅游局应向国家旅游局提供以下文件：

1．省、自治区、直辖市旅游局提请国家旅游局对初审合格城市进行验收的报告；

2．省、自治区、直辖市旅游局初审工作总结；

3．按《中国优秀旅游城市检查标准(试行)》初审的打分表；

4．参创城市上报的所有申报文件：

（1）城市旅游局请求初审的报告；

（2）城市人民政府同意申报验收的公函；

（3）按《中国优秀旅游城市检查标准(试行)》自检的打分表；

（4）本市创建“中国优秀旅游城市”的工作总结。

以上文件均一式两份上报国家旅游局。如果文件审查不符合要求，则退回重办，并暂不派出验收组。

（三）制定验收计划

根据工作量的大小，各类城市安排验收的时间一般为：县级市 3 天，地级市 4 天，直辖市和副省级城市 5 天。验收计划由验收组提出，在验收组进驻现场前，通知被验收城市。

验收计划包括以下内容：

1．验收检查的范围：即《中国优秀旅游城市检查标准(试行)》所覆盖的范围和涉及的部门及场所。

2．现场验收的起止日期。

3．验收检查的日程：一般以半天为单位安排检查日程。

4．验收组的名单及职责分工。

四、现场验收阶段的具体工作

（一）首次会议

首次会议是现场验收的开始，由验收组组长主持，城市创优领导小组负责人及有关部门人员参加，程序如下：

1．与会者签到。与会的验收组成员和城市到会人员分别在规定的记录上签字，并列明身份或行政职务；

2．验收组组长讲话。内容包括重申验收检查的目的、范围、依据、程序和验收组的行为规则；

3．由城市创优领导小组介绍自检情况；

4．由省级旅游局介绍初审情况（直辖市此项略）；

5．由验收组组长宣读验收计划，进一步征求意见，无意见则正式通过；

6．宣布验收组的分工，确定城市及省级旅游局的配合人员名单。

（二）现场检查

一般按三个工作小组分别进行：

1．资料审查小组：主要负责查阅文件和数据记录。城市方面应对照《标准》要求，为验收组提供有关的法规、规定、记录、数据等文字材料。其中专业性的数据，如《标准》中“城市的生态自然环境”一章关于绿化覆盖率、空气污染指数等，以专业部门的鉴定结论为主；旅游创汇、旅游总收入等数字，以统计部门的数字为准；标准中“城市旅游经济发展”、“旅游产业定位”、“城市旅游业发展的主导机制”、“城市旅游业的管理体系”、“城市旅游业的精神文明建设”、“城市的旅游安全与保险”等要素的检查，也以查阅文件和数据记录为主，其他方法为辅。对于查阅中有疑问的问题，该小组成员可找城市有关部门调查了解或到现场调查。有关工作完成后，对有关项目进行打分。

2．现场检查小组：对《标准》中除查阅文件和数据之外的项目，如旅游景区、饭店、餐馆、旅行社、机场、火车站、码头、旅游车船、城市出租车、购物商店、旅游厕所、咨询中心、路牌、“一日游”秩序等进行现场检查，以核实自检、初审结果是否真实可靠，并进行打分。对直辖市和副省级城市，因工作量大，可采取随机抽查的办法，以保证检查的真实性、系统性、完整性。随机抽查应注意三个问题：一是要保证有足够的数量，根据检查对象的规模数量大小而定；二是要注意分层，检查不同层次的对象，以充分体现代表性；三是要适度均衡，不可一些地段、一个方面过多，而另一些地段、方面过少。

3．抽样调查小组：首先具体负责组织以问卷(中英文)形式现场征求游客意见的工作，问卷由国家旅游局统一制发。一般要求为：县级市有效回收问卷不少于50份；地级市不少于65份；副省级城市不少于80份；直辖市不少于100份。问卷对象中要有不少于 20%的海外游客(接待海外旅游者全年人数少于 1万人次的县级市和地级市可不作此硬性要求)。调查评价采取5分制表示：5分表示最好，0分表示最差。

遇有重点问题，由验收组集体研究决定。

（三）末次会议

末次会议是验收组向城市创优小组通报验收情况并交换意见的会议，仍由验收组组长主持，主要内容有：

1. 与会者签到。验收组和与会城市创优领导小组有关领导分别在规定的记录上签到；

2. 由验收组组长通报验收情况；

3. 听取由城市创优领导小组负责人对所通报的验收情况的反馈意见，必要时可对其意见作出解释；

4. 就城市进一步做好创优工作交换意见。

（四）末次会议结束后，验收组撤离，将正式验收报告上报国家旅游局审批。

五、验收结束

各验收组的工作结束后，国家旅游局将集中审批各验收组对参创城市的验收报告，提出第一批“中国优秀旅游城市”名单，经商中央文明办后，正式对外公布。

附录F 中国最佳旅游城市创建指南

国家旅游局

二OO三年六月

上篇 总论

创建“中国优秀旅游城市”活动的深入开展，极大地提高了中国城市旅游业的发展水平。然而，中国加入世贸组织后的新形势以及差异化旅游市场的新要求，都在旅游质量方面不断提出新的挑战。创建“中国最佳旅游城市”，首要目的就是进一步发展和提升中国旅游业，满足不同游客的需求，并引导全国各地的旅游业获得可持续发展，最终使中国城市与世界上领先的国际旅游城市相提并论。

诚然，一些国际公认的旅游城市如伦敦、巴黎、纽约和悉尼等，尚没有通过一个评估程序被选为世界最佳旅游城市，也没有在其国内被评为最佳旅游城市，但是这些城市都被旅游者公认为是最佳旅游城市。究其原因就是因为其声誉获得了市场的广泛认可。旅游者争相涌入，也因为它们具有特殊的环境和吸引力。当然，世界上的最佳旅游城市也不是尽善尽美的，但因为游客满意度和整体体验价值较高，它们仍被认为是最佳旅游城市。

“中国最佳旅游城市”评定标准的研究和制定，就是要为中国的主要旅游城市提供一个达到国际标准并与世界上最佳旅游城市同台竞争的机会。

一、总体原则

1. 参创资格。中国最佳旅游城市从中国优秀旅游城市中产生。考核主要集中于城市的都市区，同时也考虑所辖农村区域。其中，“最佳观光旅游城市”要考虑市区外围的旅游区（点）；“最佳绿色旅游城市”要考虑城市以外的自然保护区；“最佳民俗风情旅游城市”要考虑城市以外的少数民族村落。

2. 评选办法。中国旅游业发展正呈现强劲上升势头。这是一个快速变化、高速成长的动态经济板块，任何检验和评估的项目都不能是静态的、僵化的或机械的。应该探索一种方法，鼓励各地旅游业的动态和有机发展，实行公众、专家评判和基于事实的量化评判相结合的办法。

3. 基本要求。遵守旅游可持续发展原则是对最佳旅游城市的基本要求。旅游业发展和相关的商业发展，要与环境保护要求和当地居民的利益相一致。这方面的相关因素，都将融入最佳旅游城市的标准中。

4. 绩效检验。最佳旅游城市标准的颁布和评定，过程是完全透明的。各类考核内容均设定了最低分标准(即排除分)，只有满足这一条件才能进一步参选。评审由国内外专家组成的专家组独立执行，将使用大量资料和调查结果，并以第一手观察和讨论的结果作为评审的基础。

5. 不搞终身制。最佳旅游城市的评审每三年举行一次。相关城市的荣誉只能保留三年，到下一次评审工作展开后为止。此举将确保最佳旅游城市系因自身的真正的业绩而获得称号，而且必须努力保持并不断改进提高才能继续保持名誉。

6. 系统工程。本标准是按照务实、合理、简单、易懂的原则设计的。如果说其代表着一个重大的新起点，那么最重要的就是要将其作为一个系统工程广泛发动城市各有关方面共同创建。专家评审组对城市的反馈信息，将对城市旅游业的发展、营销和经营提供技术指导。

7. 注重民意。在最佳旅游城市的评审过程中将通过问卷调查等方式，了解游客和当地居民的满意程度。他们的体验和反映将在评审计分中占有较高的权重。

8. 设置专项称号。中国幅员辽阔，旅游资源多种多样。在最佳旅游城市评选中设置若干专项称号，有利于参评市扬其所长，形成特色，从总体上扩大中国旅游产品的国际影响力，吸引更多的海内外旅游者并延长其停留时间。专项称号设置考虑到了细分的市场需求，并为尽可能多的城市提供参与竞争的机会，可帮助有关旅游城市确定自已的战略发展方向。

二、实施程序

1. 申报。参评城市都要写一份正式的申请表，表明要参评哪一个（或两个）专项类别，并正式行文上报中国国家旅游局，非直辖市的其他城市，还需同时抄报所在省（自治区）旅游局（申报文件样式见附件一）。申报截止期后，国家旅游局统一汇总申报名单，发文通知各申报城市，并在《中国旅游报》和《中华旅游网》上公布。

2. 创建。各参评城市按照所申请的专项，对照标准进行全面创建。通过自检认为合格的城市，可申请初步评估。

3. 初步评估筛选。在中国国家旅游局统一领导下进行。直辖市由国家旅游局指派工作小组完成；其他城市由所在省（自治区）旅游局组织工作小组完成。被国家旅游局或省（自治区）旅游局指派的工作小组，将按照标准，通过对参评城市的有关报告、计划及其他文件资料进行收集和审查，并开展现场检查，进行首轮打分。初评小组可以根据“基本标准”和“专项标准”中的“排除线”，排除那些达不到最低标准线的城市；或者让参评城市认识到他们不可能获得高分，从而自愿退出下一阶段评选。

4. 专家评审。对通过第一轮筛选的城市，要接受由中国国家旅游局选择聘用的独立专家组的实地检查。专家组人员来自以下领域：

——包括规划、行业管理、市场促销等专业领域的旅游管理专家（国内的，国际的）；

——国有和民营旅游企业的负责人（国内的，国际的）；

——专于建筑遗产研究和风景研究的建筑师；

——城市规划专家；

——对不同专项城市进行评审时，还须分别邀请专项专家参加。如对最佳历史文化旅游城市进行评审时，邀请文物专家参与；对最佳绿色旅游城市进行评审时，邀请环保专家参与。

这一独立专家组将被国家旅游局授予全权，被评城市的有关管理部门要向其提供评估所必需的各种信息，以利其开展评估工作。专家组将会参阅上一阶段初评小组的评分，但不会受限于初期评估的结果。

专家组将通过实地考察和讨论，为被评城市所有的分项标准打分。打分的办法：或由每个评委各自打分，然后进行汇总计算出平均数；或由专家组经过集体讨论，决定出一个最终分数。评分表须由专家组组长签字方有效。

5. 终审决定。独立专家组对全部被评城市的评审工作完成后，将评分表汇总递交国家旅游局。国家旅游局如认为有些打分明显有误，可提出来请其复核并派人参与复核。

复核工作完成后，针对 9 个专项中的每一个专项作出决定：每一专项中获得最高分数的城市即被冠名为“第×届中国最佳××旅游城市”；获得第二、第三高分的城市即被冠名为“第×届中国最佳××旅游城市提名”。

在此基础上，对获得某一冠军并按基础标准检查 9 项得分均较高的城市，冠名为“第×届中国最佳旅游城市”。

终审决定的结果由国家旅游局正式对海内外公告，并对获得称号的城市颁发证书和纪念物。

三、评估体系

对每一个参创城市，都要根据 10 项标准来进行全面评估。10 项标准中，前9项为“基础标准”，即每一个城市的9项得分都必须高于“排除线”，才有资格竞争专项称号；第10项为专项标准，即获得某项专项称号的城市必须在这方面评估中获得最高分。

基础标准的9项内容为：

①旅游者：旅游者体验及其满意度；

②当地居民：当地居民的受益度、满意度和参与度；

③资源和景区：当地旅游资源和景区（点）的丰富程度、质量以及资源与产品的独特性；

④市容：自然景观和文化景观的规划和维护；

⑤环境：环境质量，自然及文化旅游资源的保护利用以及污染治理和控制；

⑥基础设施：交通设施和城市基础设施；

⑦旅游设施和服务：旅游设施的覆盖面、质量和独特性；

⑧旅游管理：城市旅游管理、规划、发展和营销；

⑨有关方面合作发展旅游业的格局：政府各相关部门之间的合作，旅游相关单位之间的合作，当地居民对发展旅游业的合作。

专项标准按以下9个“主题”项目，分别制定标准：

①中国最佳观光旅游城市；

②中国最佳历史文化旅游城市；

③中国最佳娱乐旅游城市；

④中国最佳商务会展旅游城市；

⑤中国最佳餐饮旅游城市；

⑥中国最佳购物旅游城市；

⑦中国最佳度假旅游城市；

⑧中国最佳民俗风情旅游城市；

⑨中国最佳绿色旅游城市。

四、各种评估指标的权重及排除线

以下为中国最佳旅游城市评定中各种评估指标的权重及排除线：

	评估领域	权重	最高得分	排除线
基础标准	1. 旅游者体验及满意度	12%	120	100
	2. 当地居民获益度、满意度和参与度	8%	80	65
	3. 旅游资源和景区（点）的丰富程度、质量及独特性	12%	120	不设

	评估领域	权重	最高得分	排除线
基础标准	4. 自然及文化景观的规划、保护水平	4%	40	30
	5. 环保、旅游自然和文化资源保护、污染控制	8%	80	50
	6. 交通及城市基础设施	4%	40	25
	7. 旅游设施和服务的覆盖面、质量和独特性	16%	160	125
	8. 城市旅游管理、规划、发展及营销	8%	80	65
	9. 有关方面合作发展旅游业的格局	8%	80	65
专项标准	与9个专项相关的独特方面	20%	200	150
合计		100%	1000	675

五、城市的选择

最佳旅游城市标准的提出，为已跨入“中国优秀旅游城市”行列的城市全面提高旅游业发展水平和国际化水准树立了新的标尺和奋斗目标。对照基础标准和专项标准开展“创佳”，不管将来是否能获得称号，都将使本城市的旅游工作开创出新的局面。因此，希望已获得“中国优秀旅游城市”称号的城市，都要认真学习和研究这个标准，并对照这个标准去全面改进和提高工作。

申请参加“创佳”活动的城市，要对参加哪一类专项的竞争进行选择。以下意见可供参考：

——城市要对自身的优势和劣势进行认真分析，正确认识，扬长避短，选准参与竞争的专项；

——城市领导者、旅游行政管理部门、市政及与旅游相关的各部门以及各类旅游经营单位，都要对本城市参加“创佳”活动有完全一致的认识。这样，才能形成合力，有助于去实现目标；

——城市各相关方面应该全面系统地研究各项评估标准表，分解落实任务，并在申请评选前进行自评，看能否在各项标准中获得高于排除线的得分；

——城市要正确看待自己的旅游潜力，考虑长远发展目标，并通过开展“创佳”活动去逐步实现。旅游设施的数量、旅游资源的多样性、旅游产业的发展规模无疑是很重要的，但如何在此基础上形成特色，赢得海内外旅游者的共识，从而赢得长远发展，其战略意义则更需重视；

——有多种优势的城市可以参加多种专项的竞争。在多种专项上获胜，有助于城市争得综合称号——中国最佳旅游城市。

中篇　基础标准

基础标准一：旅游者体验及满意度

最高得分：120 分　排除线：100 分

（一）评估办法：国家旅游局将组织一批有资格的市场研究机构和媒体来组织对参评城市的游客调查。这些调查应由城市旅游局协助组织和资助，调查结果及原始记录直接送国家旅游局，不与所在城市见面。

对每一个城市的调查可贯穿全过程或不定期开展几次，面访样本量总数不少于 1000 个，平均分配于国内旅游者和入境旅游者之间。对被访样本要进行检查，以确保访问对象是符合世界旅游组织定义的旅游者。

（二）问卷设计：分为 6 个问题，每个问题的答案均有"非常满意"、"满意"、"一般"、"不满意"、"很不满意"五档（问卷样式见附件二）。这 6 个问题及其总分是：

1. 您对这个城市的总体印象如何？（30 分）
2. 您对城市旅游设施的总体印象如何？（18 分）
3. 您对城市的一般便利设施印象如何？（18 分）
4. 您对城市的交通服务设施印象如何？（18 分）
5. 您怎样评价城市的整体自然环境和建成区的环境，以及污染和乱抛垃圾的程度？（18 分）
6. 您怎样评价城市的旅游价格水平？（18 分）

基础标准二：当地居民获益度、满意度及参与度

最高得分：80 分　排除线：65 分

（一）评估办法：通过查验城市呈交的文本资料与开展居民调查相结合。

（二）评委关注点和分项标准分值：

1. 旅游对当地居民的经济贡献——40 分

利用出版资料和城市政府及旅游经营者提交的其他文件和信息资源，由评委就旅游对当地经济发展的贡献和作用进行初步评价，然后通过与居民代表沟通和对居民的问卷调查结果检验来进行细化。这一评价包括：

- 旅游产业规模及其对当地经济发展的贡献，包括对 GDP 的贡献，创造商业机会、就业机会以及任何使当地居民受益的来自旅游业的发展
- 当地居民对于当地旅游业发展在促进就业、激发经济活动、增加收益

方面的看法

● 当地中等和高等院校提供的职业及管理培训机会，包括职业培训项目的课程和培训人数、向当地居民提供的旅游就业信息服务等

2. 居民对旅游的整体认知及态度——40分

通过与居民代表沟通和开展居民调查了解：

● 当地居民对旅游经济贡献的认知水平

● 当地居民对旅游发展的态度和支持程度：发展形式、规模和增长速度

● 当地居民对国内游客和国际游客的态度

（三）居民调查：由负责"基础标准一"游客调查的同一个机构承担，同样应由城市旅游局协助组织和资助，并且要按照国家旅游局制发的问卷形式进行。调查要在该城市不同行政区域里进行，以全面了解本市居民对旅游者和本市旅游经济的认知水平及满意程度；也可根据随机抽样方式选择若干家庭作为调查样本，但样本应覆盖城市的市区和郊区乡村，且被选择的家庭应与旅游业或旅游活动有一定关系。

居民调查的问卷结构与"基础标准一"对游客的问卷结构相似，主要用于探究对当地旅游业的满意度，问题将涵盖以下方面：

● 旅游业创造的就业机会及其他经济收益

● 旅游业用工状况，如工资和其他雇佣状况

● 旅游者给该城市带来的影响

● 给游客及当地居民都能带来好处的设施的发展

居民调查问卷的主要内容见附件三，国家旅游局将据此作进一步设计并统一制发。

基础标准三：旅游资源和景区（点）的丰度、质量及独特性

最高得分：120分　排除线：不设

（一）评估办法：通过查验城市呈交的文本（在气候、自然及景区数量、容量方面），结合评审专家组的实地考察，对城市旅游资源和景区（点）的丰富程度、质量及独特性进行一般性评估。饭店、主题公园、会议中心、度假设施等设施和服务将在"基础标准七"中评估。对于竞争某个专项称号的城市来说，"基础标准三"所述有限，这里只考虑与所有专项均相关的城市所拥有的总体旅游资源和景区，包括：

——风景／观光资源和景区（包括生态旅游区）

——历史文化旅游资源和景区（包括民俗遗产资源和景区）

——度假旅游资源和景区

——饮食和购物旅游资源和场所

——商务及会议资源和场所

——娱乐场所

（二）评委关注点和分项标准分值：

1. 风景／观光和生态旅游资源及景区——35 分

除了要考虑各城市上报的关于景区的书面材料，包括特殊的生态旅游区，评委还要考察关键场所，并根据如下因素进行评估：

——对游客的吸引，如景区景点是否独特和具有视觉震撼力？

——这些特色对外展示和保护得怎么样？是否有好的佐证材料？

——旅游者在交通、导游服务、步行通道、观赏野生动物方面的可进入性

——景区及其周边的设备及便利设施（如公共厕所、饭店、商场、游客信息）。这些设施的位置和设计是否对景区的景观产生负面效应？

——景区容量及游客管理体系情况（为避免高峰期过分拥挤，采取了哪些措施）

——意外事件和紧急情况下的安全设备和措施（如人行步道的扶栏，船上的救生衣，缆车运营的机械设备维护等）

2. 历史文化旅游资源和景区（包括民俗遗产资源景区）——35 分

评委要亲自去考察由该城市提出的本市主要历史文化类景区，评估将基于以下方面：

——对游客的吸引力。比如：从年代、历史意义来看，它们的独特性如何？受到保护及对外展示的情况如何？景点的讲解是通过导游还是电子系统？

——导游服务的质量（对景区的了解、语言及社会技能）

——景区及周边的设备及便利设施（如公共厕所、饭店、当地特产销售店、旅游者信息等）注意考察这些设施的位置和设计是否过于突出，破坏旅游者参观景区的感受？

——景区容量及游客高峰期的应对措施

对少数民族聚居的城市，应包括以下方面的评估：

——是否有旅游者可以接触的民俗遗产（如生活形态、音乐、舞蹈、工艺品、饮食）

——民俗景区的吸引力水平和展示方式

——民俗保留的完整程度及非商业化程度

——当地居民对发展旅游业及接待旅游者的态度

3. 度假旅游资源和景区——25 分

参与度假旅游专项评选的城市，按专项标准之七进行评估。但要从度假旅游资源质量、规模和发展前景等角度，对以下资源和景观方面进行评估：

——海滨区

——河流、湖泊、温泉

——山区

4. 饮食、购物、娱乐资源和场所——15 分

鉴于“专项标准”中对“最佳餐饮”、“最佳购物”、“最佳娱乐”城市都有标准，这里只评估：饮食类，考虑烹饪及海鲜、水果、蔬菜的供应等；购物类，考虑在工艺品、服装、家具方面的传统制作工艺等；娱乐类，考虑城市居民在不同娱乐方式上（特别是音乐和舞蹈方面）享有的声望和技巧等。

5. 商务及会议资源和场所——10 分

考察现有的商务会展场所，并从城市商务会展旅游潜在的增长来评估其未来发展规划。

基础标准四：自然及文化景观的规划、保护

最高得分：40 分 排除线：30 分

（一）检查内容：游客对建筑物是否搭配和谐是很敏感的。本标准将探讨城市内整体性自然和文化景观的协调状况，从而促进城市为游客提供一种赏心悦目的市容环境。要检查的方面有：

——建筑物的设计、高度和用料

——开发建设项目应用环境影响评估（EIA）的程度

——城市分区状况，以及将旅游区和其他非旅游因素（工厂、高密度住宅区）分离的程度

——娱乐商务区（RBD）和中心商务区（CBD）的功能和服务质量

——“老城”和“新城”间是否存在正式或非正式的缓冲区

——建筑材料的使用和搭配状况（如颜色和质地）

——街道和公共开放区的设计、整修、维护和管理

——建筑物、公交车辆的外观、清洁和维护情况

——公园其他植物区和野生动物区的规模、保护和质量

——具有便利通道和自然小道且维护良好

——具有人行道和步行街且维护良好

——标示牌的视觉效果

（二）评委关注点和分项标准分值：

1. 建筑物的设计、高度和用料；土地使用规划的体系和原则——20 分

评委将采用以现场观察为主，与城市官员、旅游经营商、居民代表交谈为辅的办法，结合基础标准一所列游客调查结果，对以下各项进行评估：

- 过去 10 年及未来 5 年的城市发展规划

- 城市实施的土地利用规划及开发规划规章，包括：

——环境影响评估要求

——开发中对涉及反映城市文化和遗产的建筑物的规定

——土地使用分区规划的应用

——娱乐商务区（RBD）和中心商务区（CBD）的功能和服务质量

——在“老城”和“新城”间是否存在缓冲区

- 建筑物的设计、高度和用料。重点考察使不同时期的建筑物保持和谐的程度和方法，评价城市对文化遗产的保护程度
- 与当地习惯、城市特点和传统风格相关的新店面设计
- 建筑材料的使用（如外形、质地、颜色）
- 街道和开放区的设计、美化、维护和管理
- 公共建筑、公交工具的外观、清洁和维护情况
- 具有人行道、步行街且维护良好
- 有关古建筑、城墙保留或搬迁的政策和实践（如果有的话）
- 桥梁及河滨设施的外观（如果有的话）

2. 公园、植物区、便利通道及自然小道、公共区域和设施的提供及维护——20 分

自然区域（如公园）和风景优美的公共开放区域（有效利用植物、花草、灌木、树木），为城市居民的繁忙生活提供了轻松的氛围。城市自然区域及其他区域的管理和维护，会给游客留下重要印象。通过观察、讨论、查看文件和游客调查结果，专家组将考虑以下方面：

- 公园、其他自然公共区域的规模、位置和质量，以及它们的维护水准（比如：花草、灌木、树木的种植，草木修剪，垃圾控制）
- 公园内的娱乐设施等
- 具有便利通道和自然小道且维护良好
- 双语指示牌、人行道、街道照明等
- 合理种植花草、灌木、树木的步行街
- 公园及步行街区里的座椅及其附近的车位
- 与自然环境相协调的标识牌

基础标准五：环境保护、旅游自然和文化资源保护、污染控制

最高得分：80 分 排除线：50 分

（一）检查内容：

——空气质量

——水质量

——废弃物 / 垃圾处理和控制

——污水处理厂的完善程度和实际处理能力

——尾气排放控制

——光和噪声污染控制

——公共厕所的清洁和维护

——有特殊市政法规强制执行的其他环境保护措施

——野生动物、植物区、湿地等的保护和保持

——有特殊市政法规强制执行的对遗址、古建筑物的保护措施

（二）评委关注点和分项标准分值：

1. 空气质量和水质量——25 分

评估空气质量要考虑工业和交通排放的影响情况。同样，水质的评估要考虑工业、农业污染和污水排放污染情况，进行河流、湖泊的水质量数据的检测。鉴于上述，如果已有的数据不足以满足评估需要，应要求该城市安排实地检测。同时要考虑该城市政府为解决污染问题所采取的措施。

2. 废弃物 / 垃圾处理和控制——25 分

旅游目的地获得成功的基本条件之一是清洁、无废弃物的环境，因为废纸、废塑料袋等废弃物是造成游客不满的一个主要原因。城市旅游区出现废弃物，清洁管理不力，将严重损害该城市在最佳旅游城市竞争中的前景。评委在考察每一个城市时都会认真观察。为防止城市在评审团到来之前进行突击“清洁”活动造成假象，建议检查以下方面：

● 城市行政部门提供的详细的关于废弃物、垃圾处理的管理情况介绍

● 街道和公共场所的清洁卫生及其维护

● 公共厕所设施的设置、清洁卫生及其维护

● 城市行政部门在提醒市民不要乱丢废弃物方面所采取的措施

● 在游客问卷调查中应包括这样一个问题（见基础标准一），即游客对该城市环境、污染程度和废弃物处理情况的满意程度

3. 环保措施和自然区域的保护——15 分

自然保护区不仅仅与乡村相关，自然物种的栖息地可能在郊区或是在城市内。评委需要观察，并要求城市提供以下两方面的数据和资料：

● 保护野生动物及其他自然区域（如河流、湖泊、林区、湿地）所采取的措施及实绩

● 到自然区域的道路清障和维护情况

4. 遗址和建筑的文化保护——15 分

在中国，没有哪两个城市是完全一样的。城市对于其公共活动区、街道、

广场、建筑物的质量和建设水平的了解，有助于城市保持并加强这一核心特征。

评委要观察以下各项：

- 建筑及街道景观的展示（包括建筑的设计、材料、质地、颜色）
- 保护历史和遗留建筑所采取的措施，包括利用的适当性、合理性
- 对未开发的废弃建筑的处理方法和政策、方案
- 街道装饰、布置的设计合理性以及维护

基础标准六：交通及城市基础设施

最高得分：40 分 排除线：25 分

（一）评估方法：一部分通过查验城市呈交的文本，一部分通过专家考察

（二）检查的主要内容：

——航空（国际、国内、省内）

——铁路交通（国内、省内）

——长途汽车服务

——公路网和路况

——航空、铁路、汽车站点服务

——停车场：位置、入口和容量

——有关场所的残疾人设施安排

——供水系统及其容量

——排污处理系统及其能力

——电力供应

——供暖、供气

——电讯：国际长话、因特网

（三）评委关注点和分项标准分值：

目的地之间来往的便利性是决定到达当地旅游者数量的一个重要因素。游客对该旅游目的地所形成的旅游体验中，公路、铁路系统的顺畅及相应的公共设施起主要作用。评委们将根据由本市权威机关提供的城市交通及基础设施的有关数据来分析其优势和不足。

1. 交通——20 分

——交通车站和停车场：位置（重点在通往市中心和主要旅游景点的当地交通运输班次）、设计及布局，机场容量及现有通道，火车站和公共汽车站，渡口；停车场

——公路网络：现有的公路网络和规划中的公路建设，尤其是那些连接车站、市中心和主要旅游景点和设施的公路；公路条件；在交通高峰期的拥堵程度

——机场服务及航班时刻表（国际、国内）

——火车和汽车车站及时刻表（省内、跨省）

——残疾人通道

2. 城市基础设施建设——20 分

——供水：满足日益增长的用水量，尤其要满足高峰时间用水量

——排污：系统、标准、满足高峰期处理需要及不断增长的处理需要的能力

——能源供应：电力系统、供气，满足高峰期需求和不断增长需求的能力

——电讯：网络范围、口径、可靠性、可应用性，包括国际长话、因特网

（四）附加考察项目：

评委们将到交通站点进行实地考察，不仅从前面提到的各方面进行评估，还要考察以下设施和服务：

——出入境管理机构和海关（在可适用的城市）

——游客信息咨询中心

——公共汽车和出租车运输

——租车设施

——团队短途旅行设施

——公共厕所设施

基础标准七：旅游设施和服务的覆盖面、质量和独特性

最高得分：160 分 排除线：125 分

（一）评估内容：为游客所直接使用的设施和直接享受的服务，在很大程度上决定了他们对旅游这个城市的满意程度。评估和评价包括以下方面：

——住宿：类型、等级、容量、位置、价格水平和服务

——餐饮：类型、容量、位置、价格水平和服务

——夜间文娱节目种类和质量（如卡拉 O K、剧院、电影院 、餐饮场所及歌舞表演等）

——短途旅游设施和服务（线路、价位、交通工具的质量），导游员素质（语言，产品知识，接待不同市场或文化背景游客的技能，社会技能，职业道德）

——大巴 / 出租车服务

——租车服务及质量（提供司机或不提供司机）

——旅行社服务的能力和质量

——团队旅游者和散客旅游者的地接服务和转接服务能力

——购物设施（类型、容量、位置、价格水平和服务）

——会展（会议、奖励、大型会议、展览）设施：范围、容量、位置、价

格、服务

——直接接触游客的管理人员（如海关官员、警察等）的语言和技能

——公共厕所设施的便利性和位置

——游客信息中心及信息亭：便利性、位置、提供信息范围、服务人员素质

——出租车服务：计价或是议价，车辆保养，司机的语言和技能，是否有无线电控制系统

——旅游者安全保障（报警电话、质量监督）

——是否具有双语路标及其完备程度（特别是在靠近游客游览区地域）

——为游客提供附属服务的便利性和质量（包括换汇、信用卡支付、美发美容、邮局）

——处理游客投诉的渠道和效率

——处理游客事故、疾病和其他紧急情况的体系和程序

——提供旅游者保险

此外，还要对城市提供给旅游者的服务的“友善”程度作一个整体评价，以激励城市有关方面在员工培训中注意让其善待和关心顾客。

（二）评委关注点和分项标准分值：

1. 住宿设施和服务——30 分

评委将抽查城市已在经营的住宿设施（包括各种不同类型的游客住宿设施）：

——提供设施的质量（如客房、其他设施及服务），根据类型和级别评估

——提供服务的质量（专业性、语言水平和技能），根据类型和级别评估

——位置（到旅游点的方便程度）

——价格竞争力（根据类型和级别评估）

——客房、其他设施及服务的接待能力（根据类型和级别评估）

同时，还将对饭店和提供会展服务的场所进行分别评估。

2. 餐饮设施和服务——30 分

评委将分别抽检市内中餐馆、西餐馆、亚洲餐馆这三类餐馆，并根据以下几个方面进行评估：

——餐馆的设计、布局、装饰

——菜单：菜的种类、是否有译成外语的菜单

——备餐情况及介绍的标准

——所提供服务的质量（专业化、语言水平和技能）

——位置（游客进入的方便程度等）

——是否物有所值

3. 文娱设施——25 分

评委将对所有为旅游者提供的白天开放和晚间开放的文娱设施类型进行评估，包括博物馆、文化中心、艺术馆、主题公园、水族馆、剧院、电影院、卡拉 OK 吧、歌舞表演场所。尤其对那些展现中国传统文化艺术（如音乐、歌曲、舞蹈、古代战争艺术等）的场所予以关注，对他们的营业安排（如营业季节和时间）进行考察。

按以下方面对每种旅游文娱设施的范例进行的考察评估：

——对外推介情况

——文化艺术价值

——社会赞助情况

——位置（到达旅游者住宿区和车站的方便程度）

——为吸引游客提供的支持和便利设施

——物有所值

4. 购物设施——25 分

评委将查阅城市提交的关于所有购物设施的规模、位置、运作形式等信息，并根据其出售的商品和所处地理位置进行分组。然后分别走访购物商店、手工艺品店和其他的著名商店（如时装店等），从以下几个方面进行评估：

——购物设施布局和展示

——商品范围（质量和特色）

——服务标准（商品知识、语言水平、技能）

——位置（到达旅游者住宿区域的方便程度）

——购物区的范围和设施（现代化购物中心，购物步行街道，双语标识牌）

——物有所值

5. 旅行社、旅游经营商、旅游设施——20 分

评委将对当地的旅行社和旅游经营商从以下几个方面进行评估：

——数量

——规模

——员工数量及层次

——服务水平（专业化、语言能力、技能）

——地接和转接能力

评委们将对饭店和目的地之间的短途旅游设施和服务进行随机检查，并根据以下几项标准进行评估：

——旅游项目的路线和内容（时间与内容是否匹配？供旅游者观赏景点或

购物的时间是否充足？或太长？太短？旅行和观光的搭配是否平衡？）

——旅游巴士舒适程度和保养状况

——导游技能（旅游业务知识、语言和社会知识）和对待游客的态度（热情、尊重还是贪图利益、延长购物时间以寻求更多回扣）

——接机、送机是否方便

——是否物有所值

6. 游客信息中心和设施——15 分

最佳旅游城市一定要有对景点、设施、旅游目的地的全面准确、方便适用的信息介绍和能帮助游客排忧解难的工作系统。评委希望城市建立符合世界旅游组织要求的旅游目的地营销系统，在公众网络上提高有多种语言版本的旅游目的地综合信息查询和电子文本的下载打印功能（包括介绍、线路地图等）；同时要在以下主要旅游设施内设有醒目的信息中心，并提供多种语言服务：

——主要交通站点

——主要景点（历史文化景区、风景区）

——市中心旅游设施集中的地区（如饭店、商店等）

——旅游者住宿的地方

评委将走访一些地方，从以下几方面对有关信息进行评估：

——以不同语言提供信息的程度

——信息提供形式（如印刷品、地图、供游客使用的计算机终端）

——信息中心职员的能力（专业知识、语言和社会知识）

——信息的范围（是否涉及旅游者住宿、交通、景点、市中心设施、游客聚集区）

评委们还将考察当旅游者遇到困难时，信息中心职员能否有效处理这些疑难问题并提供相应的帮助，主要涉及以下几个方面：

——投诉处理系统

——对游客事故、生病、紧急事件（如盗窃、遗失重要物品等）的处理

7. 公共厕所——7.5 分

在所有主要的旅游区（特别是历史名胜景点、风景区、步行街、市中心等）都应该有公共厕所。要评估的因素有：

——公共厕所设施状况（等级）

——可进入性和标识

——清洁和卫生程度

8. 辅助性设施、服务和便利设施——7.5 分

旅游者到任何旅游目的地都还必须使用很多其他的服务和便利设施，这些

设施的质量如何，将决定给游客留下的是美好感受还是糟糕印象。评委将在以下几方面进行抽样考核：

——当地的交通系统：公交（公共汽车、火车、地铁等的便捷性、标准、价格水平），出租车（车辆和驾驶员的水平，规章制度、运营许可，计价器和其他方式的计费，交通监管），租车（是否有司机，租费）

——出入境和海关管理（对于作为出入境口岸的城市）

——旅游者接触到的警察和其他公务人员的服务态度和效率

——银行系统及 ATM 自动取款机（外币兑换设施，邮局）

——个人服务（如美容美发）

——是否可以使用信用卡

——旅行社是否投保责任险

基础标准八：城市旅游管理、规划、发展及营销

最高得分：80 分 排除线：65 分

（一）城市需要向评估团递交的文本：

——城市旅游业发展规划，包括政策、方针、奋斗目标，对过去三年内成绩的回顾和评估，现在及未来三年内重点旅游项目建设和重大旅游活动

——未来三年内旅游人力资源发展规划和过去三年内在这方面所取得的成绩的具体记录

——本年度旅游业发展计划，过去一年旅游业发展对当地经济社会发展的贡献率及有关解释

——显示旅游部门和相关部门之间关系的本城市组织结构图

——本城市旅游部门的内设机构组织结构图及赋予各机构的相应权力

——本城市旅游部门人员数量及结构（包括学历及职称）

——上年度及本年度旅游部门的预算，包括总体程度及分配用于市场宣传促销方面的预算

——市场促销和市场研究方面的情况，包括范围和力度

——市场促销计划以及细分市场的促销情况

——市场促销的范围、水平、类型及方法（包括广告、公共关系、推广活动、印刷品、网站等），包括总体情况及在各地理市场和细分市场上的情况

——城市经济社会发展及旅游业发展的重要统计信息，包括针对旅游者的犯罪率及破案率

（二）评委关注点和分项标准分值：

1．旅游发展业绩和计划——50 分

在进行评估时，评委们将着眼于：

——近年来，在旅游发展政策和战略方面取得的成绩

——旅游与相关部门之间过去和将来的综合协作方式

——是否已制定包括信息化建设内容在内的切合实际的高水平未来发展计划

——计划实施和执行过程中，预算方面有无合理分配和补充

——计划实施中旅游部门是否有足够的人力和技能

——旅游机构设置是否合理，与其他部门间的关系是否协调顺畅

分数的分配如下：

——旅游发展政策、战略、计划的有效度以及这个城市的实施能力 20 分

——近年来取得的成绩，包括已建成或开展的项目 15 分

——当年项目和正在开展的项目质量 5 分

——城市旅游行政管理部门的规模、体制、结构、能力和专业化水平 10 分

2. 市场营销战略——30 分

评委们希望城市旅游行政部门能提交比较详尽的市场统计数字、研究和规划资料，并通过与负责市场营销和运作的官员的交流来进一步完善评估。当然，来自于游客调查的信息反馈也必不可少。

最佳旅游城市的评选标准必须关注市场需求，并反映旅游消费者的想法。所以，参评城市必须理解市场细分情况并相应规划自己的发展战略（即自我定位），并争取在公众网络上提供有多种语言版本的、内容比较完善的旅游目的地营销体系，提供多媒体旅游目的地宣传介绍、旅游企业促销平台和旅游电子商务媒介。

3. 旅游机构及其能力——15 分

- 具有专门的旅游机构，且职责清楚，授权明确，在制定政策、促进规划、发展、市场营销、职业培训及行业管理等方面卓有成效
- 旅游机构人员的数量和素质
- 为旅游者提供信息服务的市内旅游信息中心、咨询中心及其人员的数量、质量

4. 市场营销情况和预算——15 分

- 城市市场定位及对游客预测的指导原则的合理性
- 市场营销规划程序、市场细分和目标定位情况
- 市场数据统计和分析，旅游市场信息系统的范围和能力，市场开发项目
- 旅游部门预算的规模、总额度及分配给营销和促销交流的具体额度
- 营销交流项目的范围和质量，根据类型 / 方法（如广告、公关、促销、

印刷品、网站），地理市场和细分市场

基础标准九：合作发展旅游业的格局

最高得分：80 分 排除线：65 分

（一）评估办法：

旅游业的发展不能靠旅游行政部门单兵独进。没有城市领导者和城市相关部门（特别是规划、计划、财政、环境、建设、公共事业、教育、劳动等部门）的大力支持和配合，旅游行政部门是很难有效开展工作的。要赢得最佳旅游城市称号，各相关方面必须通力合作。

评审专家组将安排与城市旅游业发展关系密切的部门和单位举行会谈。会谈对象包括不同的政府部门、旅游业界代表和社区领导。这样做的目的，在于评估他们对旅游业的参与、合作程度，以及他们在城市旅游业发展和运行中承担的责任。根据此前递交的文本材料，专家组将围绕材料审查中产生的大量话题展开讨论，包括：

——相关部门间是否建立起通畅的信息交流、信息交换、信息共享机制，是否能协调解决好有关争端和瓶颈问题

——旅游规划情况

——商业运营情况

——污染控制情况

——文化 / 遗产保护和开发利用情况

——市容和城市保护情况

——老建筑保护情况

——旅游区（点）管理情况

——对于旅游经营单位是否有价格歧视

——政府、公众、媒体三方面监督体系对旅游业实施监督的范围和有效性

评委将根据这些讨论结果，并参照在评估其他标准中发现的问题一并进行判定。

（二）评委关注点和分项标准分值：

1．部门间合作——35 分

市政府办公厅（室）需要提交以下文件：

- 市政府对旅游规划、发展给予积极支持的有关文件资料
- 相关部门协调合作支持旅游业发展的文件资料

评委将对此进行评估，并将与有关部门人士进行座谈，验证市政府相关部门和机构间的协作体系。

评委还将评估以下信息：

——城市规划建设部门在其整体规划中，是否具有对城市文化遗产保护利用和旅游业发展的责任感，以及这方面的记录资料和经验

——城市吸引旅游投资及鼓励支持当地旅游企业发展的措施

——城市环境部门实施的与空气和水质量（如湖泊、河流）有关的污染控制措施的有效性

——城市公用部门垃圾清理和回收、街道清扫、公共厕所维护等措施的有效性

——城市自然区域和其他公共开放区的维护和景区（点）的利用措施

——城市对具有历史文化价值的建筑物的维护和保护措施

2. 旅游区（点）的管理和员工培训——25 分

评委将评估市政部门与旅游区（点）经营部门（包括与数目日增的商业经营者）之间的合作情况。这一评估将通过考察和对下列问题的讨论完成：

——旅游区（点）在管理、商业运营、宣传、对外推介、营销和服务顾客方面所采用的方法

——旅游经营者对其员工的职业培训项目和培训标准，特别是在服务顾客、提高服务质量方面的培训

——当地旅游经营者对市政府支持旅游业发展的评价意见，尤其是在水气及设备供应、业绩奖励等方面，旅游行业与其他行业相比是否遭受“价格歧视”

3. 旅游业的三方面监督体系——20 分

政府旅游部门、公众、媒体三方面监督体系在对城市旅游业发展政策、战略和运行质量的监督上，作用显得越来越重要。评委们将在城市内对旅游业的三方面社会监督体系的应用程度和有效性进行评估，包括与城市主要媒体和社会团体的领导人进行座谈，还将结合基础标准二中对居民调查的相关结果进行评判。评估主要包括：

——有无正式和非正式安排的政府旅游部门、公众、媒体共同参加的座谈制度

——旅游部门在旅游发展政策制定及战略规划实施过程中的透明度

——在制定城市旅游发展政策、战略和规划方面咨询程序的范围和价值

下篇　专项标准

专项标准是为全部通过了上述 9 项基础标准评估的城市竞争“最佳观光”、

“最佳历史文化”、“最佳娱乐”、“最佳商务会展”、“最佳餐饮”、“最佳购物”、“最佳度假”、“最佳民俗风情”、“最佳绿色”等9类“中国最佳××旅游城市”而分列设置的标准。这一组标准是平行的，最高得分都是200分，排除线都是150分。

评委将根据参创城市所选择并正式申请的专项类列，相应按该列专项标准进行具体评估。被评估的领域包括：

——独特的吸引力

——可进入性

——可提供的类型（即季节、工作日／休息日、白天／晚间）

——提供服务的范围、质量和能力

——顾客友好程度

——对外展示水平和海内外知名度

——价格水平

——可持续性专项评估采取以下办法：

按“基础标准一”所列办法，开展对旅游者的问卷调查，了解旅游者体验及满意度（调查问卷样式见附件四）然后进行汇总，按各专项标准中所列满意度权重计算得分；

查验分析由该市递交的有关专项特色方面的具体资料；

由评审专家组根据各种渠道得来的信息，对参评城市在所选择的专项类别上的独特性进行评判。

专项标准之一：最佳观光旅游城市

（一）创建宗旨

旅游者在中国的旅游模式，目前大多数是在一次旅游行程中到几个城市作短途观光。游客在一个城市的逗留时间只有1～2天。他们抵达后，只观赏几处城市的热点景区，然后又奔向下一个目的地。这种旅游模式的结果是：

——旅游热点集中，城市被困锁在一个特定的形象中，城市旅游发展形式狭隘，缺少活力，有些城市因此而不注重开发新的景观；

——住宿设施的服务雷同，缺乏个性化经营；

——停留时间短，旅游经济规模难以扩张。

创建“最佳观光旅游城市”，旨在激励旅游城市根据市场需求丰富的发展观光系列产品，用众多的观光旅游活动吸引游客，让游客在较长的停留时间里总是有事可做，从而延长逗留时间并改变传统旅游方式。

（二）评估方法

1. 要成为最佳观光旅游城市，必须在以下各项上获得高分：

- 观光旅游的吸引力特色
- 观光产品的质量
- 观光产品的市场宣传
- 城市的市场宣传
- 适宜的产品定价
- 旅游产品和活动的多样化
- 顾客满意度

2. 为了便于评委评估，在开展“游客对城市所申报专项的体验及满意度”调查中，应增加以下问题：

（1）停留期间，你参加观光型的游览了吗？

（2）如果去了，请勾出观光线路（提供列表）

（3）请根据去以下各项内容对你的观光之行进行评估（非常满意、满意、一般、不满意、很不满意）

- 观光之行的吸引力
- 是否感到物有所值
- 导游的语言及社会能力
- 导游的专业知识和讲解
- 交通标准
- 作为“观光城市”，你怎样评价这个城市

3. 评委在评估中，还将重点关注该城市的旅游市场是否规范有序？旅游经营单位是否存在只着重于让游客购物消费而不是着重于为游客提供高质量服务的问题。

（三）具体要求和评分标准

1. 城市应提供以下信息：

- 观光项目设计
- 包括产品价格的观光产品数量和描述
- 交通设施的数量和质量
- 导游的数量和质量（培训和语言）
- 顾客满意度（投诉和满意度调查）
- 作为一个观光城市的对外推广展示（国内、区域和国际）

2. 评委应重点把握以下方面：

- 城市提供信息的正确性
- 将城市提供的信息与问卷调查结果进行比较
- 将这个城市观光产品的质量和独特性与中国其他地区的同类产品进行

比较，也可作国际比较

3. 专家组在对报告材料进行全面认真分析的基础上，结合实地考察结果，使用以下评分标准评分：

最高得分

● 游客满意度（游客调查及设诉）100

● 对观光产品的介绍（宣传手册、因特网、印刷品）20

● 对这个观光城市的介绍（宣传手册、因特网、印刷品、交易会 CD 等）20

● 对当地导游队伍的评估（数量、语言、专业、技能）10

● 对游览设备的评估（巴士、扩音器设备）10

● 评委的总体评估 40

4. 评委的总体评估将构成对这个城市作为观光城市的总体评价。评委评估的 40 分，从以下四方面考虑：

● 这个城市提供的旅游产品是以市场为导向吗？10

● 这个城市是否通过创新鼓励游客停留更长的时间，在其观光项目中吸引新的客源？开拓新的市场？10

● 与国内外类似的城市相比，此地观光旅游产品的独特之处在哪些方面？10

● 是否存在游客最佳和最大容量计算以及在游客量超出接待能力时的处理策略？10

专项标准之二：最佳历史文化旅游城市

（一）创建宗旨

国际旅游者之所以到中国旅游，一个主要原因是感受中国的历史文化，并与当地人民进行历史文化方面的交流。国内旅游者也喜欢进行此类旅游。中国大多数城市都有丰富的历史文化积淀，如何向游客展示其价值，让历史和文化遗产成为观光旅游产品的重要组成部分，从而高水平地发展观光旅游，是有关城市发展旅游业亟需重视解决好的问题。创建“最佳历史文化旅游城市”，就是为了推动这项工作。

（二）评估方法

1. 要成为最佳历史文化旅游城市，必须要在以下各项上取得高分：

● 具有高度吸引力的历史文化特色——独特性

● 旅游区（点）的管理和经营

● 旅游区（点）的市场宣传

● 城市的市场宣传

- 潜在资源的充分利用（文化特点的融合）
- 顾客满意度

2. 为了便于评委评估，以下问题将加入到“游客对城市所报专项的体验及满意度”调查问卷当中去：

（1）您是否因为参观文化历史古迹而到该市旅游？

（2）在您旅游期间，参观过哪些文化历史景点？（请在列表中打钩选择）

（3）您是否经历过传统音乐会（是、否）

传统艺术表演（是、否）

民间节庆活动（是、否）

（4）您是否购买过：当地特色的手工艺品

当地传统音乐产品

（5）请就以下事项评估（非常满意、满意、一般、不满意、很不满意）：

- 对历史文化景点的总体印象
- 传统艺术及音乐表演
- 节庆活动
- 手工艺品质量
- 博物馆
- 对这个城市作为历史文化城市的总体印象

3. 评委在评估中，还将获取每一个主要景点的以下统计资料和信息：

- 上一年度海内外旅游者接待人数（包括付门票的旅游者和免费进入的旅游者）
- 主要景区（点）日接待最大游客量
- 主要景区（点）管理系统，包括新产品开发经营和促销投入

（三）具体要求和评分标准

1. 城市应提供以下信息：

- 对主要历史和文化景观的描述，包括向游客的介绍。描述内容包括景区（点）管理的信息，如游客控制（容量评价）和可进入性（停车场）
- 每个景区（点）过去三年以主要客源市场划分的游客接待量
- 每个景区（点）的顾客满意度

2. 评委应重点把握以下方面：

- 城市提供信息的正确性
- 将这个城市作为历史文化城市的综合旅游产品，与中国和国际上其他城市的同类产品进行比较，确定城市在特定专项类别中的独特程度

3. 专家组在对报告材料进行全面分析的基础上，结合实地检查，使用以下

评分标准评分：

最高得分

- 游客满意度（旅游者调查和投诉）100
- 通过宣传手册、因特网、展览会议和其他途径对文化和历史名胜古迹的推介情况 20
- 通过营销渠道对历史文化旅游产品的推介情况 10
- 对当地导游队伍的评估（人数、语言、专业、技能）10
- 对景点内具体信息的评估（标识牌、资料、地图等）10
- 评委的总体评估 50

4. 评委评估的 50 分，从以下四方面考虑：

- 景点独特性（是否属于世界文化遗产？旅游部门评估定为国家级、省级还是地方旅游区？）20
- 主要景点的管理水平及对景点容量的考虑 10
- 当地音乐、舞蹈、手工艺品和其他艺术文化表演的开发状况 10
- 有否利用历史事件举办有特色的旅游文化活动，如节日、特色历史文化表演等 10

专项标准之三：最佳娱乐旅游城市

（一）创建宗旨

娱乐是旅游要素之一。旅游娱乐的范畴很宽，包括通常的艺术表演（音乐、戏剧、杂技）、体育竞赛、针对旅游者的特别表演（旅游场所的表演和音乐、声光场面、餐馆的演出）、社会娱乐场所（夜总会、酒吧、卡拉 OK、迪斯科舞厅)、游乐园和主题公园、节庆活动、餐饮娱乐设施的一体化等等。但中国旅游娱乐总体上还是薄弱环节，仅有极少数城市具有明确的旅游娱乐概念的发展战略，城市娱乐设施供应有限，“娱乐”水平较低，文化民俗演出形式雷同，便于团队参加的娱乐活动（如日光浴游船、有文艺表演并且可以用餐的游船、声光电等高科技娱乐项目）更少，旅游娱乐产品的信息传播更嫌不够。有鉴于此，可推动中国旅游娱乐业的发展，增加城市旅游的吸引力，城市应在发展旅游娱乐方面制定战略和规划，创建“最佳娱乐旅游城市”。

（二）评估方法

1. 要成为最佳娱乐旅游城市，必须在以下各项上有突出表现：

- 为游客举办特殊的有吸引力的娱乐活动（特色）
- 娱乐设施和服务的种类和质量
- 对旅游者的推介
- 对城市自身的宣传

- 游客满意度

2. 为了便于评委评估，在开展“游客对城市所申报专项的体验及满意度”调查中，应包括以下问题：

（1）在您游览这个城市期间，您是否喜欢其娱乐活动？

（2）如果是，请列出这些活动（提供列表）

（3）请从以下几个方面对这些娱乐活动进行评估（非常满意、满意、一般、不满意、很不满意）：

- 活动的整体质量
- 物有所值
- 员工的语言能力
- 娱乐活动的种类
- 将这个城市定为娱乐旅游城市，您如何看待？

（4）请列出您可能错过的娱乐活动

3. 评委在评估中还需要获得这个城市关于娱乐设施及服务的数量、规模和种类方面的信息，并要收集有关市场的资料并亲自参观一些设施。

（三）具体要求和评分标准

1. 专家组使用以下评分标准：

最高得分

- 游客满意度（游客调查和设诉）100
- 对娱乐场所有关状况的评估（是否有英文标价，员工英语水平如何，主题公园布局、信息和标识如何）20
- 对城市通过市场营销渠道（宣传手册、网络、参加交易会及其他市场营销手段）推介旅游娱乐产品力度和效果的评估 20
- 评委的总体评估 60

2. 评委评估的 60 分，从以下三方面考虑：

- 娱乐项目的独特性（按国际标准）30
- 是否已形成一个或几个娱乐区，能树立起这个城市作为娱乐城市的突出形象？20
- 文化、历史和娱乐项目能否很好结合，形成对游客的整体吸引力？10

专项标准之四：最佳商务会展旅游城市

（一）创建宗旨

商务和会展旅游是在国际上普遍被看好的前景广阔的旅游形态，很多城市都专门设置了会展服务机构，积极发展这种旅游。在中国，商务和会展旅游也已经成为一个主要细分市场。随着中国加入世贸组织，越来越多的跨国公司来中国投资，会展设施需求将进一步扩大，会展旅游市场的重要性也将更加突出。对于城市来说，发展会展旅游也有重要经济价值。因为会展旅游者往往都入住高级饭店，消费水平高，而且很容易在原定日程中增加短暂的假期（如在周末安排打高尔夫球或旅游观光等）。同时，会展活动大多安排在城市的旅游淡季，会展旅游的发展有利于提高城市旅游设施和服务的使用率。经济贸易比较发达和开放程度比较高的城市，很有必要创建最佳商务会展旅游城市。

（二）评估方法

1. 要成为最佳商务会展旅游城市，必须在以下各项上取得突出成绩：

- 提供高标准的会展设施及服务。必须拥有配备大型住宿设施的会议中心，这一中心至少能容纳 1000 人（座位及配套设施）；还要有一定数目的单间用作小型会议或会谈。

- 会展市场同时需要其他不同种类的设施及服务。因此，城市旅游产品的多样性（规模、种类、设施、布局、价格）对成为最佳会展城市有非常重要的作用。

- 城市起码应具有一般旅游城市的吸引力。参加会展旅游的客人在闲暇时，同样喜欢进行其他的旅游活动（如购物、观光、打高尔夫球或其他休闲娱乐活动）。通常，与会代表会偕同家人（妻子 / 丈夫）一同前往，在逗留期间，从事常见的旅游活动。

- 城市应设置一个专门的会展营销与协调机构（可作为旅游局下的一个分支），专门负责会展节事和设施的销售。这一机构应该与本城市及省内的主要的关联企业具有广泛联系，与全国和世界各地的重点关联企业有一定程度的联系。

2. 为了便于评委评估，在开展“游客对城市所报专项的体验及满意度”调查中，应增加以下问题：

（1）您是否因参加会议和从事商务而停留在这个城市，或你是否来此城市参加会议和展览？

（2）如果是，请列出是哪个类型（公共部门会议、私人部门会议、研讨会或展览）

（3）请针对以下各方面对此城市商务会展状况进行评估（非常满意、满意、一般、不满意、很不满意）：

- 设施提供
- 服务提供
- 节事组织
- 员工语言能力

● 作为一般旅游城市的功能：会议时间以外可以观光的项目和可以使用的休闲娱乐设施

● 对这个城市成为商务会展城市的综合评估

（三）具体要求和评分标准

在对调查结果和关于商务会展设施及其服务方面的资料进行认真评价的基础上，结合对部分商务会展设施的实地考察，评委们依据以下评分标准进行评分：

最高得分

● 游客满意度（游客调查和投诉情况）100

● 会展设施及其服务 30

● 面向市场的商务会展设施及其服务推介（宣传手册、互联网、参加博览会或其他销售渠道）10

● 作为会展城市对国内和区域国际市场的推销 10

● 城市会展销售工作的组织情况（旅游局与饭店、会展设施及其他旅游设施经营者之间的协调）；是否成立专门的会展局进行合作推销 30

● 评委对这个城市作为商务会展新的城市的独特性评估 20

专项标准之五：最佳餐饮旅游城市

（一）创建宗旨

餐饮是人们从事旅游活动时必不可少的因素。国际游客喜欢到法国、意大利去品尝美食，那里的烹饪学习班也成为推销热点。许多游客去那里旅游，就是为了学习如何烹制这些美食，而其度假需求倒显得不重要了。因此，在号称烹饪王国的中国，进一步发展餐饮文化，对提高旅游吸引力是至关重要的。

中国国内旅游者对中国各大菜系的差异大都有比较清晰的认识，而外国游客对此则很模糊。这种状况，对于在国际上推介中国丰富多彩的饮食文化是不利的。因此，进一步丰富餐饮内容并将相关信息更广更深地传递给外国游客就显得特别重要。当然，在中国一些主要旅游城市，外国快餐店（如肯德基、必胜客、麦当劳）也日益增多。创建“最佳餐饮旅游城市”，全方位打造餐饮旅游城市品牌，吸引更多的海内外旅游者来此消费，对于促进城市的旅游业发展并带动经济社会发展具有重要意义。

（二）评估方法

1. 要成为最佳餐饮旅游城市，必须要在以下各项上表现突出：

● 所提供的餐饮的种类和质量

● 餐馆设施状况

● 向游客进行饮食文化的推介情况，包括有无饮食文化节，有无当地餐

饮特色及相关信息的提供，以及餐馆内是否普遍有方便海内外旅游者的饮食介绍

- 作为餐饮旅游城市的对外宣传促销情况
- 游客满意度

2. 为了便于评委评估，在开展“游客对城市所申报专项的体验及满意度”调查中，应增加以下问题：

（1）您是否发现饮食在您停留的这个城市发挥着重要作用？

（2）如果是，请列出您喜欢的食品（国际饮食、国际快餐、当地特色风味、整体上的中国餐饮）

（3）请根据以下方面对此城市的餐饮进行评估（非常满意、满意、一般、不满意、很不满意）：

- 食品的质量和种类
- 饮品的质量和种类（本地葡萄酒、啤酒和本地白酒）
- 价格水平
- 餐馆及其服务质量
- 餐馆为游客提供饮食文化信息的水平，包括员工语言能力
- 特色食品的选购
- 对这个城市作为餐饮旅游城市的整体评价

（三）具体要求和评分标准

以上述调查结论为基础，结合收集的关于城市餐馆及当地食品饮品的资料，结合评委们对部分餐馆的考察和对当地饮食的品尝，使用以下评分标准评分：

最高得分

- 游客满意度（游客调查和设诉状况）100
- 餐馆的数量和标准（等级）20
- 通过各种信息（宣传册、互联网、饮食文化节以及其他方式）向海内外游客推介当地餐饮、食品和饮品的情况 10
- 餐馆中对当地饮食文化的解说情况（菜单中的英语信息、员工的外语水平）20
- 城市将“餐饮旅游城市”形象向国际市场推介的力度（通过宣传手册或折页、网络、光盘以及其他手段）20
- 针对某种国际或国内饮食举行的特色饮食节事活动（包括对白酒、葡萄酒和啤酒的介绍活动）10
- 评委对当地饮食和餐馆的质量和种类的整体评价 20

专项标准之六：最佳购物旅游城市

（一）创建宗旨

购物是人们旅游的重要动机之一。在欧洲，旅游者到巴黎或伦敦进行采购，或到阿姆斯特丹买钻石。在亚洲，迪拜、香港、曼谷等也是世界闻名的购物中心。中国商品丰富、物美价廉，正吸引世界各地的游客前来购物。然而，在中国的大多数地方，都提供相同或相似的商品；连锁商店和大量出售相似商品的购物街的出现，使城市之间的差异越来越小。

创建“最佳购物旅游城市”，就在于改变这种状况，让各个城市更加注重发展特色购物（如手工艺品、纪念品和食品），打造购物城市的品牌。对外国游客来说，大商场的吸引力远远比不上一些步行购物街或特色市场。北京的秀水街深受外国游客的喜爱，就是最好的例子。

（二）评估方法

1. 要成为最佳购物旅游城市，必须在以下各项中取得突出成绩：

● 面向游客的独特而有吸引力的购物活动（独特性）

● 良好的购物氛围（步行购物街或购物市场）

● 本地特产商品的种类和质量（食品、手工艺品、中草药、时装、日用产品和纪念品）

● 面向游客的热情周到的购物信息服务

● 对城市作为购物旅游城市的积极促销

● 游客满意度

2. 为了便于评委评估，在开展“游客对城市所申报专项的体验和满意度”调查中，应针对“购物”这一专项增加下列问题：

（1）在您停留此城市期间，是否对购物活动感兴趣？

（2）如果感兴趣，请列出这些购物活动的类型（食品、手工艺品、纪念品、国际时装、本地商品）

（3）请根据以下几个方面对您的购物经历进行评估（非常满意、满意、一般、不满意、很不满意）：

● 对这个城市作为购物旅游城市的总体评价

● 物有所值 / 价廉物美

● 商店店员的语言能力

● 特色购物区和特色商店

● 所提供的商品

3. 除了调查所得材料外，评委们还要对城市内的购物设施的统计数据和相关信息（包括购物设施的区位和类型，有关商品的种类、质量、价格和产品说明）进行分析，还要到一些重要的百货商场、购物街、步行街、特色市场以及特定购物区域的商店群进行考察。

（三）具体要求和评分标准

1. 根据对上述游客调查结果和评委所收集的其他信息的分析，结合评委对城市的一般观察和对样本购物设施的实地考察，使用以下评分标准打分：

最高得分

- 游客满意度（游客调查和投诉）100
- 购物场所的类型和规模 20
- 购物环境（步行街、特色市场、综合购物区）的水准 20
- 通过市场营销渠道对该城市作为购物城市的推介状况 20
- 对特定购物设施和区域的宣传促销情况 10
- 评委评估 40

2. 评委评估的 40 分，从以下两方面加以考虑：

- 与国际标准比较，该城市商品的独特性（包括价格）20
- 与国际标准比较，该城市购物环境的独特性 20

专项标准之七：最佳度假旅游城市

（一）创建宗旨

度假旅游正在全球范围内持续发展。这种旅游形式，主要是在一个城市停留较长时间，同时在度假地及其周边地区进行游览活动；这种旅游形式，还非常重视游憩活动，如水上活动、自然体验等。因此，旅游度假地大多集中在海滨城市或自然风景区。

度假旅游在中国起步较晚，因此，大多数城市在度假设施的设计和服务方面距离国际水准还有明显差距，适应新型度假旅游需求的产品较少，并且缺少创新。创建“最佳度假旅游城市”，就在于向中国旅游度假地提供新的概念和新的发展思路，推进有关城市度假旅游更快更好地发展。

（二）评估方法

1. 要成为最佳度假旅游城市，必须在以下几个方面取得突出成绩：

- 有吸引力的度假资源（自然资源：如海滨沙滩、山地、湖泊、河流，如果同时配合以文化和历史景点，就更加受欢迎）
- 从主要度假客源市场出发，有相对容易的可进入性
- 产品以市场为导向，设施、服务和活动均围绕“游客的停留时间在数天或几周”而设计
- 面向市场的度假产品推介
- 对城市作为度假目的地的宣传

● 游客满意度

2. 为了便于评委评估，在开展“游客对城市所申报专项的体验及满意度”调查中，还要增加以下问题：

（1）您到此城市是来度假的吗？

（2）您在此城市停留了多少天？

（3）请从以下几个方面进行评估（非常满意、满意、一般、不满意、很不满意）：

● 该城市作为度假目的地

● 从度假目的评估接待设施

● 所提供的度假活动

● 是否物有所值

（4）您是否愿意再次来此度假或推荐你的亲友来此旅游度假？

3. 评委还要对面向度假旅游者的专门设施、服务和活动进行资料（包括城市的营销资料）收集与分析工作，还要对部分样本度假设施和服务进行考察。

（三）具体要求和评分标准

1. 根据上述调查结果和评委所收集的信息，使用以下评分标准评分：

最高得分

● 游客满意度（游客调查和投诉）100

● 对各个不同度假接待单位向旅游者提供的信息状况进行评估（宣传手册、因特网、贸易博览会参与，以及其他营销方式）20

● 对城市作为度假目的地的宣传促销状况（宣传手册、互联网、贸易博览会参与、光盘或其他方式）20

● 评委评估 60

2. 评委评估的 60 分，从以下三方面进行考察：

● 根据国际标准，该城市作为度假目的地的独特性及主要特点是什么？20

● 总体评价各项设施和服务是否适合于度假 20

● 总体评价为度假旅游者提供的活动状况 20

专项标准之八：最佳民俗风情旅游城市

（一）创建宗旨

民俗风情旅游在世界各国旅游业发展中扮演着重要角色。中国地域辽阔，民族众多，民俗风情旅游资源特别丰富，进一步开发利用好这方面的资源，提高其品位和知名度，对于中国旅游业特别是少数民族相对集中的西部地区的旅游业的发展具有重要意义。创建“最佳民俗风情旅游城市”，就是对这方面工作的有力推动。

（二）评估方法

1. 要成为最佳民俗风情旅游城市必须在以下几个方面取得突出成绩：

● 当地民俗风情具有真正特点，文化品味独特

● 有多种方式（舞蹈、音乐、艺术、手工艺品和民俗仪式）展示民俗风情和文化

● 当地居民积极参与旅游开发和管理，旅游收益在当地居民和旅游开发商之间的分配比较合理

● 对民俗文化采取的保护措施有力，当地居民参与度较高

● 游客对民俗文化特征的体验深度大（饭店和餐馆的建筑风格和装饰风格；餐馆提供的地方民俗特色食品；民俗文化博物馆；民俗风情文化表演；民俗手工艺品和艺术；参观少数民族村寨等“活文化”）

为了便于评委评估，在开展“游客对城市所申报专项的体验及满意度”调查中还要增加以下问题：

（1）您是否因为受当地民俗风情的吸引而光临这个城市？

（2）在您停留该城市期间，是否参观过民俗文化旅游点或民族村寨？

（3）如果有，请列出有关民俗文化类型（接待设施和所参观的具有民族特色的建筑物的风格和装饰风格、民俗博物馆、民俗食品、民俗文化表演、手工艺品和艺术、民俗典仪展示）

（4）对于这个城市作为一个民俗风情旅游城市，请给出您的评价（非常满意、满意、一般、不满意、很不满意）：

● 综合吸引力与积极的体验

● 民俗风情宣传介绍的质量

● 走访“活文化”的经历（访问民族村寨）

（5）根据在这个城市停留期间的经历，请您对该市民俗文化旅游提出宝贵建议

2. 评委必须全面了解当地居民如何参与旅游开发的情况；评委应该走访民族群体，与他们的领导人交谈，以了解他们如何参与旅游开发。这对人们理解民俗文化保护问题、避免居民对可能产生的破坏的抱怨，是极为重要的。

评委需要对旅游开发的利益分配机制以及安排游客和当地居民的接触方式加以重视，全面了解规划和控制手段是否恰当。

此外，评委还需要收集一些定量数据（旅游团的类型和数量、导游和导游培训、当地居民从旅游业发展中的获益情况、文化表演的类型、手工艺品的生产等），以便作出准确评估。

（三）具体要求和评分标准

1. 参评城市需要提供以下信息：

● 对民俗风情旅游产品的陈述（包括产品的类型以及面向旅游者的产品介绍）

● 为实现资源可持续利用所采取的保护措施

● 当地居民分享旅游业发展利益的说明材料

● 对参加民俗风情旅游人数的统计资料（实际参加民俗风情旅游活动的游客人数，包括访问民俗村寨的游客人数）

● 对整个城市综合旅游容量的评价

2. 评审人员应做以下方面的工作：

● 走访民俗风情地，与当地领导人讨论他们如何看待旅游业的可持续发展

● 评价当地民俗风情产品是否具有可持续性？控制措施是否足以保证其可持续性？

● 对获得的信息特别是关于利益分享的信息进行总体评价

● 与中国国内和国际同类产品进行比较，综合评价该城市产品在同类产品中的独特性程度

3. 根据游客满意度调查和评委收集的信息，使用以下标准打分：

最高得分

● 游客满意度（游客调查和投诉状况）50

● 利益分享和可持续发展手段 60

● 民俗特色在各种建筑中的运用程度 10

● 民俗文化（舞蹈、音乐、表演、手工艺品和艺术）的展示程度 10

● 在城市宣传材料中对民俗风情产品的推介程度 10

● 从处理与当地居民关系的角度出发，评估导游的协调能力 10

● 为游客提供当地居民有关信息的工作水平 10

● 评委综合评估 40

4. 评委评估的 40 分，从以下两方面来考察：

● 所在社区参与和协调管理水平 20

● 当地民俗风情旅游产品的独特性有其宣传促销水平 20

专项标准之九：最佳绿色旅游城市

（一）创建宗旨

1992 年在巴西首都里约热内卢召开的全球峰会，首次提出了可持续发展的概念，得到了世界各国政府、旅游界和学术界的认同。作为这一创新工程的一部分，以改善环境为宗旨的建立“绿色地球”的方法已经纳入与国际标准相关的资质认定程序。

生态旅游产品和“绿色旅游目的地”，在世界范围内的号召力越来越大，甚至比其他类型的旅游产品和目的地更加能吸引游人。对于中国来说，发展生态旅游产品、倡导“绿色旅游”的活动已经起步。创建“最佳绿色旅游城市”，有利于从旅游业发展全局上更加重视环境保护，并在旅游开发、建设和经营管理中积极引入环保手段，推动城市积极打造“绿色旅游”品牌，在保护好生态环境的同时吸引更多的旅游者。

（二）评估方法

1. 要成为最佳绿色旅游城市必须在以下几个方面有突出成绩：

● 环境保护措施得力有效（参见基础标准五），其得分应在60分以上（一般情况下排除线为50分）

● 这个城市应当引入全面的“绿色”方面的国际标准、国家标准和行业标准，以减少各方面生产生活活动对环境的影响

● 在旅游业发展领域，这个城市必须引进或决定在近期引进“绿色”方面的国际标准、国家标准和行业标准，树立“绿色旅游目的地”的品牌

● 这个城市的旅游业自身，必有明显业绩证明对绿色政策持积极态度

● 这个城市自身，必须在国内和国际市场营销中，突出显示其“绿色旅游目的地”的亮点

2. 为了便于评委评估，在开展“游客对城市所申报专项的体验及满意度”调查中，应增加下述问题：

（1）您是否体察到这个城市是一座对自身生态环境特别关注的绿色城市？

（2）您是否体察到这个城市的旅游饭店为保护环境采取了特殊措施（判别：是、一般、没有）

（3）您对这个城市作为一个环境保护城市有何评价？（判别：好、一般、差）

（4）针对上述问题提出您的意见和建议

3. 上述调查结果将对评委的评估起关键作用。此外，评委还要：

● 收集基础标准五中罗列的所有信息，并对这方面的信息作出综合评价

● 全面收集这个城市采取特殊措施来开发绿色旅游产品的资料（如饭店和其他旅游项目采用绿色体系，旅游经营单位采用“绿色”方面的国际标准、国家标准和行业标准的状况，城市所开发的生态旅游项目数量和种类，社区参与旅游开发的程度，自然景区的环境容量等）

（三）具体要求和评分标准

在分析所取得的资料以及实地检查的基础上，使用以下评分标准评分：

最高得分

- 游客的评价（在此专项不占有非常重要的地位）25
- 城市对其作为“绿色旅游目的地”的推介 15
- 城市的环保手段及其成效 20
- 旅游经营单位和创建“绿色旅游目的地”实施的特殊项目（绿色饭店品牌等）50
- EIA（环境影响评价）在旅游项目开发建设中的运用 10
- 在创建“绿色旅游目的地”方面的特别性工作（电瓶车、太阳能应用以及其他类似行动）10
- 评委评估：以国际经验观察这个城市的“绿色”品牌是否过硬 70

附录 G　中国优秀旅游城市检查标准

（2007 修订本）

国家旅游局

二OO七年六月

《中国优秀旅游城市检查标准》修订说明

一、修订原因

《中国优秀旅游城市检查标准》（2003 年修订版）已经执行了四年时间，在引导城市创建和验收工作中发挥了重要的作用。随着近年来我国旅游业的快速发展，标准中的一些要求和提法已不能适应行业发展实际的需要。与此同时，旅游行政主管部门在推动旅游业发展、加强行业管理与服务的实践中，推出了一些新的政策、规定和工作措施。为了继续深入开展中国优秀旅游城市创建工作，在认真研究创优工作实际的基础上，针对标准执行过程中发现的问题，吸收各地旅游及相关部门提出的意见和建议，从具体内容上进行了修订。

二、修订原则

1. 保持标准原有框架和总分设置不变，保持标准主要内容的一贯性和连续性，尽可能减少城市执行新标准的困难。

2. 积极适应旅游业发展形势的要求，结合国家旅游局中心工作，导入新的政策与规定。

三、修订主要内容

1. 增加了推进旅游诚信建设、使用《中国公民出境旅游合同文本》、建立假日旅游协调机构、主要旅游饭店受理银行卡、中高级导游员占导游总人数比例、开展提升中国公民旅游文明素质行动等方面的内容。

2. 充实了推动新的旅游标准如“绿色旅游饭店”、“星级旅游厕所”、“5A

级景区”等内容，以及“工农业旅游示范点”项目。

3. 对第六大项“城市旅游行业精神文明建设”，进一步清晰具体项目，如国家旅游局表彰的劳动模范、先进集体或个人、全国模范导游员、全国优秀导游员、巾帼建功标兵、青年文明号和全国文明风景旅游区等。

4. 将创优验收的游客抽样调查结果放到第六大项，并计入总分。

5. 将导游概念涵盖面向游客的全国导游员、景区讲解员。

6. 修改了不便于操作的“饭店星级评定率”等项目，淡化了旅行社类别划分，提高了接待国内游客人天数年均递增指标。

7. 对部分条目和内容作了文字修改。根据调整后的内容，对部分项目的分值作了适当调整。

8. 标准修订本由原设定 20 大项、176 个评分点，改为 20 大项 183 个评分点。

目 次

		最高得分	分档计分	检查得分
1	**城市旅游经济发展水平（60）**			
1.1	旅游业总收入相当于本市 GDP 比重	30		
1.1.1	大于 15%(含 15%)		30	
1.1.2	在 10%～15%之间		20	
1.1.3	在 5%～10%之间		15	
1.1.4	在 3%～5%之间		10	
1.2	旅游业外汇收入	30		
1.2.1	超过 10 亿美元(含 10 亿美元)		30	
1.2.2	在 5～10 亿美元之间(含 5 亿美元)		20	
1.2.3	在 1～5 亿美元之间(含 1 亿美元)		15	
1.2.4	在 1000 万～1 亿美元之间(含 1000 万美元)		10	
1.2.5	在 500～1000 万美元之间(含 500 万美元)		8	
1.2.6	在 500 万美元以下		5	
2	**城市旅游产业定位与规模（35）**			
2.1	城市对旅游业发展有明确且重要定位(如支柱产业、龙头产业、优先发展的重点产业)	10		
2.1.1	由市人代会议通过的市政府工作报告中正式提出产业定位的		10	
2.1.2	由市政府专门下发文件明确产业定位的		8	
2.1.3	市政府有关文件中提及但定位不够明确突出的		6	
2.2	旅游业纳入国民经济和社会发展规划			
2.2.1	纳入五年发展规划和远景目标规划	5		
2.2.2	纳入年度国民经济和社会发展计划	5		
2.2.3	市政府制定了旅游业发展中长期规划	5		
2.3	城市旅游产业规模（即旅游总收入、旅游外汇收入等）与同级城市相比居领先水平	10		
2.3.1	在全国居前三名		10	
2.3.2	在本省居前三名		5	
2.3.3	县级市在本地区居前两名		3	
3	**城市旅游业投入和专项政策支持（35）**			
3.1	旅游业被列为新的经济增长点并有相应配套政策			
3.1.1	财政政策(在投资、贷款等方面)	5		

		最高得分	分档计分	检查得分
3.1.2	旅游企业发展优惠政策(在税收、创汇奖励、入境旅游人数或人天数增长奖励等方面)	**5**		
3.1.3	旅游相关部门支持配合旅游业发展的政策(交通、园林、城建、文化、铁路、物价等部门)	**5**		
3.2	市政府对旅游业发展有专项资金或专项政策支持	**10**		
3.2.1	旅游业在市计划部门和财政的年度的计划中单列户头或有专项投资资金安排		**10**	
3.2.2	市政府设立制度化专项资金支持或有专项政策		**8**	
3.2.3	市政府有专项资金投入		**6**	
3.3	旅游市场促销经费有保障	**10**		
3.3.1	旅游市场促销经费在市财政有制度化来源且每年保持增长		**10**	
3.3.2	旅游市场促销经费在市财政有制度化来源		**8**	
3.3.3	旅游市场促销经费有来源		**6**	
4	**城市旅游业发展的主导机制（35）**			
4.1	市委、市政府每年就旅游业发展有专题部署	**5**		
4.2	有市政府主要领导牵头的旅游协调议事机构或制度	**5**		
4.2.1	建立机构或制度并且每年经常专题协调议事		**5**	
4.2.2	建立机构或制度并且协调议事(每年两次以下)		**3**	
4.3	建立假日旅游协调机构，有效解决所出现的问题	**5**		
4.4	市政府每年召开旅游工作会议	**5**		
4.5	市政府发布旅游业管理规章	**5**		
4.5.1	市政府发布旅游业管理规章		**5**	
4.5.2	市政府发布旅游业管理规范性文件		**3**	
4.6	城市具有健全的旅游业法规体系	**10**		
4.6.1	市人大颁发综合性旅游法规		**10**	
4.6.2	市人大转发上级人大综合性旅游法规		**8**	
4.6.3	市人大发布规范旅游管理的决定或决议		**5**	
5	**城市旅游业的管理体系（70）**			
5.1	旅游行政管理机构			
5.1.1	旅游行政管理部门机构健全，职责明确，统一管理全市旅游业发展	**10**		
5.1.1.1	市编委批准的机构及“三定方案”，有固定办公地点		**10**	
5.1.1.2	单独设立机构与其他部门合署办公		**6**	

		最高得分	分档计分	检查得分
5.1.2	有行政执法授权的旅游执法队伍，依法进行管理，使旅游市场发展健康有序	5		
5.1.2.1	有专职旅游执法机构，旅游市场发展健康有序		5	
5.1.2.2	有常设的旅游执法机构，有成效		3	
5.1.2.3	有兼职旅游执法人员，有检查，有一定成效		1	
5.2	旅游行业管理工作			
5.2.1	旅游质量监督机构健全	5		
5.2.2	为旅游消费者处理投诉，使各种质量纠纷得以圆满解决	10		
5.2.2.1	圆满解决率 100%		10	
5.2.2.2	圆满解决率 90%以上		8	
5.2.2.3	圆满解决率 80%以上		6	
5.2.2	旅游与公安、工商等部门建立协调配合的工作机制	10		
5.2.2.1	对旅游市场综合治理有文件，经常联合检查，查处违反国家法规和行业管理规定的行为，效果显著		10	
5.2.2.2	对旅游市场综合治理有文件，联合抽查，并查处违反国家法规和行业管理规定的行为，效果较明显		8	
5.2.2.3	对旅游市场综合治理有文件，各自抽查，查处违反国家法规和行业管理规定的行为，有一定效果		6	
5.2.3	旅游行政管理部门参与本市旅游投资项目的审批	5		
5.2.4	贯彻落实国家旅游局、国家统计局发布的《旅游统计管理办法》、《旅游统计调查制度》			
5.2.4.1	本市已建立较为完整科学的旅游统计制度，旅游和统计部门联合发布旅游统计数据	5		
5.2.4.2	旅游和统计部门联合开展抽样调查	5		
5.2.4.2.1	对海外及国内旅游者进行抽样调查		5	
5.2.4.2.2	仅对国内旅游者进行抽样调查		3	
5.2.5	城市对旅游标准化工作有持续推进的方案和措施，有经过专业培训的旅游标准化工作管理人员并开展了相关工作	5		
5.2.6	积极开展旅游标准化工作；宣传贯彻旅游业国家标准、行业标准；指导和推动旅游企业制定标准	10		
5.2.6.1	以上三项工作全面开展		10	
5.2.6.2	以上三项工作能够开展两项		8	
5.2.6.3	以上三项工作仅能够开展一项		6	
6	**城市旅游行业精神文明建设（60）**			

		最高得分	分档计分	检查得分
6.1	旅游行业精神文明建设成效显著	10		
6.1.1	有获得国家级精神文明建设先进称号		10	
6.1.2	有获得省部级精神文明建设先进称号		8	
6.1.3	有获得市级精神文明建设先进称号		6	
6.2	旅游行业积极开展职业道德教育和爱岗敬业活动，成效显著	10		
6.2.1	有国家旅游局表彰的劳动模范、先进集体或个人、全国模范导游员、全国优秀导游员、巾帼建功标兵		10	
6.2.2	有省部级表彰的劳动模范、先进集体或个人、导游员、巾帼标兵		8	
6.2.3	有市级表彰的劳动模范、先进集体或个人、导游员、巾帼标兵		6	
6.3	旅游行业和相关经营单位开展创“青年文明号”、“文明示范窗口”、“巾帼文明岗”活动，成效显著	10		
6.3.1	三家(含)以上企业获国家级称号		10	
6.3.2	二家(含)以上企业获国家级或省级称号		8	
6.3.3	三家(含)以上企业获省级、市级称号		6	
6.4	开展创建文明风景旅游区活动，成效显著	8		
6.4.1	有全国文明风景旅游区 1 处以上		8	
6.4.2	有省级文明风景旅游区 2 处以上		6	
6.4.3	有市级文明风景旅游区 3 处以上		4	
6.5	积极开展提升中国公民旅游文明素质行动	2		
6.6	创优验收对海内外游客抽样调查结果	20		
6.6.1	总分 4.5 分以上		20	
6.6.2	总分 4 分以上		15	
7	**城市的生态自然环境（45）**			
7.1	建成区绿化覆盖率	8		
7.1.1	绿化覆盖率＞30%		8	
7.1.2	绿化覆盖率＞20%		5	
7.1.3	绿化覆盖率＞10%		3	
7.2	生活垃圾无害化处理率	8		
7.2.1	无害化处理率＞80%		8	
7.2.2	无害化处理率＞60%		5	
7.2.3	无害化处理率＞50%		3	
7.3	城市建成区噪声平均值＜58 分贝	5		

		最高得分	分档计分	检查得分
7.4	空气污染指数（全年 API 指数<100 的天数）（%）	**8**		
7.4.1	（全年 API 指数<100 的天数）>80%		**8**	
7.4.2	（全年 API 指数<100 的天数）>75%		**6**	
7.4.3	（全年 API 指数<100 的天数）≤75%		**4**	
7.5	城市饮用水质达标率>95%	**8**		
7.6.	动员全市人民搞好旅游环境和市容市貌的整治，无乱张贴小广告，无垃圾积存，无占街摆摊，无乱扔杂物与随地吐痰，城区及通往景区的城郊结合部无卫生死角	**8**		
8	**城市的现代旅游功能（100）**			
8.1	旅游咨询服务中心			
8.1.1	在机场、火车站、码头、商业及交通中心区等游客集散地设立旅游咨询服务中心，具有咨询、预定、受理游客投诉等功能，各种信息资料能够及时更新，工作人员服务规范	**10**		
8.1.1.1	设有咨询服务中心，布局合理，功能齐全，服务规范		**10**	
8.1.1.2	设有咨询服务中心，布局不够合理或功能有欠缺		**8**	
8.1.1.3	以上地点仅能提供旅游宣传资料，使游客能从中查到旅游信息		**6**	
8.1.2	饭店前厅或商务中心提供本地“一日游”等短程旅游产品资料	**2**		
8.1.3	电台、电视台、主要报纸有固定的旅游栏目	**2**		
8.1.4	建立旅游网站，推动网上旅游信息发布，健全旅游公众信息服务渠道	**3**		
8.1.5	设有面向公众的旅游咨询电话	**3**		
8.1.6	设有面向公众的旅游投诉电话	**3**		
8.1.7	机场、火车站、码头、汽车站等交通集散地设有旅游地图广告牌，提供旅游信息服务	**5**		
8.1.7.1	普遍设有旅游地图广告牌		**5**	
8.1.7.2	部分设有旅游地图广告牌		**3**	
8.2	以下场所设置规范、醒目的公共信息图形符号			
8.2.1	机场、火车站、码头	**2**		
8.2.2	市区通往机场、火车站、码头的干道	**1**		
8.2.3	市区主要街道及通往主要旅游区的道路	**1**		
8.2.4	旅游饭店	**1**		
8.2.5	旅游景区内	**1**		
8.2.6	国际会议中心、展览中心	**1**		

		最高得分	分档计分	检查得分
8.2.7	旅游娱乐场所	**1**		
8.2.8	旅游购物场所	**1**		
8.2.9	旅游餐饮场所	**1**		
8.3	语言环境			
8.3.1	城市主要道路有中英文对照的交通指示牌（方向）和旅游景区（方向）指示牌	**5**		
8.3.2	主要旅游景区有中英文对照说明牌或导游录音	**2**		
8.3.3	旅游服务场所服务人员能用普通话接待客人	**2**		
8.3.4	旅游服务场所有能够用英语会话的服务人员	**2**		
8.4	公用设施服务系统			
8.4.1	主要街区设有公用电话亭且完好无损	**2**		
8.4.2	主要旅游经营单位的水、电、燃料供应有保障且价格有优惠	**5**		
8.4.2.1	水、电、燃料供应有保障且价格有优惠		**5**	
8.4.2.2	水、电、燃料供应有保障		**3**	
8.4.3	星级饭店的外币兑换点设置符合《旅游饭店星级的划分与评定》国家标准	**2**		
8.4.4	机场外币兑换点设在醒目位置，有当日外汇牌价公告，营业时间在18小时以上	**2**		
8.4.5	主要旅游饭店接受国际旅行支票及信用卡支付、受理银行卡	**5**		
8.4.6	有可以容纳200人以上、具有同声传译系统的国际会议中心，每年举办国际会议	**5**		
8.4.7	有800个标准展位以上的展览场馆，每年举办展会	**5**		
8.5	城市夜景与晚间旅游活动			
8.5.1	有用霓虹灯或彩灯装饰的街区，向市民和旅游者提供购物、娱乐、休闲、餐饮服务	**10**		
8.5.2	有用霓虹灯或彩灯装饰的晚间游览点	**5**		
8.5.3	有晚间水上游览项目	**5**		
8.5.4	旅游景区有晚间固定接待旅游团队的旅游项目	**5**		
9	**城市的旅游教育培训（40）**			
9.1	旅游院校			
9.1.1	开办旅游职业高中或职业中专	**5**		
9.1.1.1	单独设立旅游职业高中或中专的		**5**	
9.1.1.2	在职业高中或中专设立旅游班的		**3**	

		最高得分	分档计分	检查得分
9.1.2	高等院校中设有旅游系或旅游专业	5		
9.1.2.1	本市高等院校设有旅游系或旅游专业		5	
9.1.2.2	有非本市高等院校旅游系或旅游专业合办点		3	
9.2	旅游培训			
9.2.1	旅游部门制定旅游从业人员的教育培训规划及年度计划，档案资料完整	5		
9.2.2	有面向社会的旅游培训基地或固定培训点	5		
9.2.3	饭店的高中级管理人员培训	5		
9.2.3.1	80%以上取得全国旅游行业岗位培训证书		5	
9.2.3.2	70%～79%取得全国旅游行业岗位培训证书		3	
9.2.4	旅行社的高中级管理人员培训	5		
9.2.4.1	80%以上取得旅行社经理资格证书		5	
9.2.4.2	70%～79%取得旅行社经理资格证书		3	
9.2.5	A 级旅游景区的高中级管理人员培训	5		
9.2.5.1	80%以上取得全国旅游行业岗位培训证书		5	
9.2.5.2	70%～79%取得全国旅游行业岗位培训证书		3	
9.2.6	旅游企业从业人员 80%以上经过各种专业培训	5		
10	**城市的旅游交通（60）**			
10.1	城市的可进入性			
10.1.1	本市有民用机场或有距市区 1 小时车程以内的其他民用机场	5		
10.1.2	机场开通国际航线(或包机)并有相应配套服务	5		
10.1.3	本市有火车客运站或有距市区半小时车程以内的其他客运火车站	3		
10.1.4	沿海（江、河、湖）城市有客运码头	5		
10.1.5	以山为主要景区的城市，山上有方便游客的旅游缆车或索道	5		
10.1.6	有距市区半小时车程高速公路进、出口	5		
10.2	市内交通			
10.2.1	通往城市主要旅游景区的交通			
10.2.1.1	有规范服务的观光巴士	3		
10.2.1.2	有能满足游客需求的旅游专线车	3		
10.2.1.3	有通往城市主要旅游景区公共汽车	3		
10.2.2	出租汽车服务			
10.2.2.1	出租汽车数量能满足海内外旅游者需求	5		

		最高得分	分档计分	检查得分
10.2.2.2	出租汽车统一座套，清洁卫生，规范服务，按里程表计价，不拒载，不欺诈	**5**		
10.2.3	旅游车船			
10.2.3.1	城市有旅游汽车公司，认真执行《旅游汽车服务质量标准》	**3**		
10.2.3.2	以山水风光为主要景观的城市有游船公司，且规范化服务，游船清洁卫生，安全措施有保障	**5**		
10.2.3.3	沿海（江、河、湖）城市的游船公司有符合《内河游船星级标准》二星级以上游船及高档游船	**5**		
11	**城市的旅游景区的开发与管理（40）**			
11.1	旅游景区开发			
11.1.1	开展旅游资源普查与开发，并有年接待游客总量不低于 50 万人次的旅游景区 5 处以上	**8**		
11.1.2	有已投入运营、年接待量在 10 万人次以上的旅游度假区	**6**		
11.2	旅游景区质量等级	**10**		
11.2.1	有评为 AAAAA 级的旅游景区		**10**	
11.2.2	有评为 AAAA 级的旅游景区		**8**	
11.2.3	有评为 AAA 级的旅游景区		**6**	
11.2.4	有评为 AA 级的旅游景区		**4**	
11.2.5	有评为 A 级的旅游景区		**2**	
11.3	旅游景区的质量管理			
11.3.1	管理制度落实，游览秩序井然，无游客拥挤现象	**2**		
11.3.2	清洁卫生保持良好，无乱堆乱放现象	**2**		
11.3.3	安全设施齐备且维护良好，无安全隐患	**2**		
11.4	旅游景区规划与保护			
11.4.1	旅游景区都有经市政府批准的总体规划，无违反规划建设项目	**5**		
11.4.2	城市规划确定本市风格独特、具有游览价值的街区，并制定法规加以保护，如禁止再建高层建筑、清理违章乱立的广告牌、调整街道园林绿化等	**5**		
12	**城市的旅游促销与产品开发（60）**			
12.1	旅游促销指标			
12.1.1	近三年接待海外旅游者人天数年均递增 5%以上	**10**		
12.1.2	近三年接待国内旅游者人天数年均递增 5%以上	**10**		
12.2	旅游促销工作			
12.2.1	制定国内外旅游市场促销目标、计划，并付诸实施	**5**		

		最高得分	分档计分	检查得分
12.2.2	积极参加国家旅游局主办的国际、国内旅游交易会，并积极参加国家和省旅游局组织的海外促销	5		
12.2.3	每年举办有地方特色的旅游节庆活动	5		
12.3	旅游产品特色			
12.3.1	城市有历史文化、文物古迹、古代园林等资源，市政府对资源保护有投资，措施得力，并在市场促销中突出产品特色	2		
12.3.2	城市有人文景观（主题公园），其主要景观具有国内独特性，无重复性建设，经营情况良好，并在市场促销中突出产品特色	2		
12.3.3	城市有休闲度假设施，其主要休闲度假功能区内设施完备、服务规范、项目丰富，并在市场促销中突出产品特色	2		
12.3.4	城市经常举办国际会议、展览或体育赛事、文化交流活动，其设施、组织水平与国际水平接轨，并在市场促销中突出城市特色	2		
12.4	旅游产品开发			
12.4.1	有 2 条以上成熟的生态旅游线路	2		
12.4.2	有 2 条以上成熟的红色旅游线路	2		
12.4.3	有 2 条以上成熟的农业或工业旅游线路	2		
12.4.4	有 2 条以上成熟的体育或保健旅游线路	2		
12.4.5	有 2 条以上成熟的乡村或民俗旅游线路	2		
12.4.6	有 2 种以上成熟的其他专项(或特种)旅游产品	2		
12.4.7	工农业旅游示范点	5		
12.4.7.1	有国家级工农业旅游示范点		5	
12.4.7.2	有省级工农业旅游示范点		3	
13	**城市的旅游住宿（50）**			
13.1	旅游饭店			
13.1.1	客房的数量、档次基本满足海内外旅游者需求	5		
13.1.2	星级饭店的复核率每年达到 100%	10		
13.1.3	绿色旅游饭店	10		
13.1.3.1	有金叶级绿色旅游饭店		10	
13.1.3.2	有银叶级绿色旅游饭店		6	
13.1.4	全市旅游饭店客房全年出租率	10		
13.1.4.1	达到 60%以上		10	
13.1.4.2	50%～60%之间		5	
13.2	社会旅馆			

		最高得分	分档计分	检查得分
13.2.1	市旅游局对接待国内旅游团队的住宿场所有相应的管理措施	5		
13.2.2	安全、卫生管理制度及措施符合有关法规和标准	5		
13.2.3	为入住旅游者提供规范服务，保障客人的合法权益	5		
14	**城市的旅行社（40）**			
14.1	旅行社经营形象			
14.1.1	旅行社门市门面整洁、标志醒目；经营许可证明悬挂在明显位置；有旅游价目表及资料	8		
14.1.1.1	以上三项均符合要求		8	
14.1.1.2	以上两项均符合要求		6	
14.1.1.3	以上一项符合要求		4	
14.1.2	有国家旅游局近两年内公布的百强旅行社	5		
14.1.3	有经过省市旅游及相关部门评定的服务质量资质等级旅行社、诚信旅游社	2		
14.2	旅行社规范经营			
14.2.1	认真贯彻《旅行社管理条例》，全市旅行社经营规范，无超范围经营，无承包挂靠，无虚假广告	5		
14.2.2	旅行社普遍推行《旅行社国内旅游服务质量要求》行业标准，与旅游团(者)普遍签订规范化的合同	5		
14.2.3	出境游经营规范，使用《中国公民出境旅游合同文本》	5		
14.2.4	旅行社与导游员签订劳动合同	5		
14.2.5	旅行社及时、认真地处理旅游者投诉，近两年内没有严重质量事故的投诉	5		
15	**城市的旅游餐饮（40）**			
15.1	市旅游局对旅游团队餐有相应的管理措施	10		
15.2	餐饮特色与质量			
15.2.1	有提供地方特色或民族特色餐饮风味的餐饮点相对集中的街区	5		
15.2.2	在旅游者活动相对集中的地区和场所，有符合卫生标准的快餐店	5		
15.2.3	有提供正餐的西餐馆	5		
15.2.4	有适应主要客源国（地）游客口味的餐馆	5		
15.2.5	以上餐馆就餐环境整洁，严格执行食品卫生、保鲜等有关法规和标准	10		
16	**城市的旅游购物（40）**			
16.1	旅游商品创汇占全市旅游创汇(或旅游商品收入占全市旅游总收入)的比重(以本市统计局公报为准)	20		

		最高得分	分档计分	检查得分
16.1.1	在25%(含)以上		**20**	
16.1.2	在20%(含)～25%之间		**15**	
16.1.3	在15%(含)～20%之间		**10**	
16.1.4	低于15%		**5**	
16.2	旅游购物场所及商品			
16.2.1	市旅游局对旅游团队购物场所有相应的管理措施	**5**		
16.2.2	有方便旅游者购物的相对集中的步行商业街区	**5**		
16.2.3	购物商场设立具有本地特色的旅游商品专柜	**5**		
16.2.4	主要旅游景区销售反映本景区特征的旅游纪念品	**5**		
17	**城市的旅游文化娱乐（40）**			
17.1	城市有固定场所常年在晚间为海内外旅游者演出	**8**		
17.2	城市有为旅游团队提供文艺表演的歌舞餐厅	**8**		
17.3	城市有旅游景区在白天开展定时文艺表演	**8**		
17.4	以民族风情为主要景观的少数民族较多的城市，在少数民族生活区内有固定接待旅游团队的民族文娱表演和参观项目	**5**		
17.5	城市普遍有比较丰富的晚间娱乐活动	**3**		
17.6	各种旅游文化娱乐活动内容健康，无“黄、赌、毒”	**8**		
18	**城市的旅游厕所（40）**			
18.1	数量与分布			
18.1.1	主要街区及旅游景区的厕所可以满足需求	**5**		
18.1.2	市区通往郊区(县)旅游景区路上，如需设立厕所的已设立旅游厕所	**5**		
18.1.3	旅行社门市所在地及旅游购物、餐饮场所已设立旅游厕所	**3**		
18.2	质量与管理			
18.2.1	以上厕所都是水冲式厕所或环保型厕所	**5**		
18.2.2	以上厕所厕位间设隔板和门，有挂钩，有手纸，男厕设小便器	**5**		
18.2.3	有设置残疾人专用厕位的旅游厕所	**3**		
18.2.4	以上厕所公共信息图形符号标识规范、清楚	**5**		
18.2.5	以上厕所管理制度严格，无秽物，无异味	**7**		
18.3	有通过省市旅游及相关部门按照旅游厕所质量等级标准评定的星级旅游厕所	**2**		
19	**城市的旅游市场秩序（70）**			
19.1	“一日游”市场秩序			

		最高得分	分档计分	检查得分
19.1.1	城市制定“一日游”管理规章，对“一日游”市场进行检查	**5**		
19.1.2	“一日游”经营规范，无争夺地盘、强拉游客和敲诈勒索等欺行霸市行为	**4**		
19.2	游览环境和旅游商品市场秩序			
19.2.1	主要旅游景区对摊贩实行集中管理，主要旅游景区、集中购物街区及其他旅游购物场所环境整洁	**5**		
19.2.2	无围追兜售、尾随强卖现象，无乞讨现象	**4**		
19.2.3	无假冒伪劣商品	**4**		
19.2.4	无价格欺诈、胁迫消费等行为	**4**		
19.3	旅游车辆证照齐全，无“黑车”	**4**		
19.4	城市对从事旅行社业务的主体资格进行严格审核，无“黑社”	**5**		
19.5	严格执行导游计分制和网络化管理，全市导游皆有归属，无“黑导”，无非法“陪游”、“伴游”	**5**		
19.6	旅游服务质量			
19.6.1	执行《导游人员管理条例》和《导游服务质量》标准，导游全部持证上岗，导游词规范、健康、文明	**5**		
19.6.2	中高级导游员占导游人员总数达到5%以上	**5**		
19.6.3	旅游和相关部门建立旅游企业信誉档案	**5**		
19.6.4	旅游和相关部门建立旅游企业诚信评价制度	**5**		
19.6.5	组织旅游企业开展诚信旅游活动，建立行业自律机制，签订“诚信公约”等	**5**		
19.6.6	近两年无关于旅游市场秩序的重大投诉	**5**		
20	**城市的旅游安全与保险（40）**			
20.1	旅游安全			
20.1.1	城市有巡警制度，突发情况下可以救助游客	**3**		
20.1.2	在旅游场所规范执法，保护旅游者合法权益	**3**		
20.1.3	旅游景区和游客集中场所设专职安全保卫人员	**3**		
20.1.4	旅游经营单位普遍建立健全安全教育、防范制度，每年都进行检查落实	**3**		
20.1.5	近两年内无重大旅游安全事故发生	**8**		
20.2	旅游紧急救援			
20.2.1	城市建立旅游突发公共事件应急预案，有紧急救援机构并公布紧急救援电话号码，突发情况下可以救援海内外旅游者	**3**		
20.2.2	主要旅游景区有医疗救护点	**3**		

		最高得分	分档计分	检查得分
20.2.3	执行重大旅游安全事故发生后的处理及报告制度	**3**		
20.3	旅游保险			
20.3.1	旅行社投保旅行社责任险率达 100%	**8**		
20.3.2	旅行社能够向旅游者提供有关旅游项目保险服务	**3**		
合计得分：				

后　记

完稿的那一刻，我脑海里闪现最多就是“感谢”二字。因为，这本书凝结了许多人的心血与期望。要感谢的人有很多，特别感谢我的恩师李天元教授。是李老师带我走上了旅游研究的道路，是李老师循循善诱、排疑解惑，为我指明了学术研究的方向。李老师学识渊博、治学严谨，为人谦逊、宽容纯善，这一切都深深地教育和影响着我，并激励我更加认真、更加负责地对待学习、工作和生活。衷心感谢张玉利教授的鼎力相助和悉心关照，且总在我最困惑的时刻给予我力量与方向。感谢孙淑兰老师在选题和写作中给予我的鼓励与肯定，感谢邱静老师及时地督促和在编务工作中给予我的帮助。

科学研究的道路上，充满着艰辛、也饱含着快乐。这当中有文若泉涌时短暂的欣喜，也有苦苦求索后柳暗花明时的些许安慰。写作过程中，我遍尝了独立思考时的甜酸苦辣，也独享了到达学术彼岸时的幸福与快慰。科学研究提高了我的学术水平，也磨练了我的意志品质。我愿以此为新的起点，在更加崎岖的科研道路上，不懈追求、顽强拼搏，向着更高的目标奋进、前行。

最后，向所有关心和支持过的我的老师和朋友们致以诚挚的谢意！

陈家刚

2010 年 3 月于南开园